**TEMPO DA VIDA E A
VIDA DO NOSSO TEMPO**
REPERCUSSÕES NA PSICOLOGIA HOSPITALAR

Outros títulos publicados em Psicologia, Psiquiatria e Psicanálise

A Ciência e a Arte de Ler Artigos Científicos – **Braulio Luna Filho**
A Medicina da Pessoa 5ª ed. – **Perestrello**
A Natureza do Amor – **Donatella**
A Neurologia que Todo Médico Deve Saber 2ª ed. – **Nitrini**
Adoecer: As Interações do Doente com sua Doença 2ª ed. – **Quayle**
Adolescência... Quantas Dúvidas! – **Fisberg e Medeiros**
As Lembranças que não se Apagam – Wilson Luiz **Sanvito**
Autismo Infantil: Novas Tendências e Perspectivas – **Assumpção Júnior**
Chaves/Resumo das Obras Completas (Organização Editorial: National Clearinghouse for Mental Health Information) – **Jung**
Coleção Psicologia do Esporte e do Exercício – Maria Regina Ferreira **Brandão** e Afonso Antonio **Machado**
   Vol. 1 - Teoria e Prática
   Vol. 2 - Aspectos Psicológicos do Rendimento Esportivo
   Vol. 3 - Futebol, Psicologia e Produção do Conhecimento
   Vol. 4 - O Treinador e a Psicologia do Esporte
   Vol. 5 - O Voleibol e a Psicologia do Esporte
Coluna: Ponto e Vírgula 7ª ed. – **Goldenberg**
Criando Filhos Vitoriosos - Quando e como Promover a Resiliência – **Grunspun**
Cuidados Paliativos – Diretrizes, Humanização e Alívio de Sintomas – **Franklin Santana**
Cuidados Paliativos - Discutindo a Vida, a Morte e o Morrer – **Franklin Santana**
Cuidando de Crianças e Adolescentes sob o Olhar da Ética e da Bioética – **Constantino**
Delirium – **Franklin Santana**
Demências: Abordagem Multidisciplinar – **Leonardo Caixeta**
Dependência de Drogas 2ª ed. – Sergio Dario **Seibel**
Depressão e Cognição – Chei **Tung Teng**
Depressão em Medicina Interna e em Outras Condições Médicas - Depressões Secundárias – **Figueiró e Bertuol**
Dicionário Médico Ilustrado Inglês-Português – **Alves**
Dilemas Modernos – Drogas – **Fernanda Moreira**
Dinâmica de Grupo – **Domingues**
Distúrbios Neuróticos da Criança 5ª ed. – **Grunspun**
Do Nascimento à Morte - Novos Caminhos na Prática da Psicologia Hospitalar – Silvia M. C. Ismael e Simone K. N. Guidugli
Doença de Alzheimer – **Forlenza**
Dor – Manual para o Clínico – **Jacobsen Teixeira**
Dor Crônica – Diagnóstico, Pesquisa e Tratamento – **Ivan Lemos**
Dor e Saúde Mental – **Figueiró**
Epidemiologia 2ª ed. – **Medronho**
Esquizofrenia – **Bressan**
Ginecologia Psicossomática – **Tedesco e Faisal**
Guia de Consultório - Atendimento e Administração – **Carvalho Argolo**
Guia para Família - Cuidando da Pessoa com Problemas – **Andreoli e Taub**
Hipnose - Aspectos Atuais – **Moraes Passos**

Hipnose na Prática Clínica 2a. Ed. – **Marlus**
Hipnoterapia no Alcolismo, Obesidade e Tabagismo – **Marlus Vinícius** Costa Ferreira
Horizontes da Psicologia Hospitalar - Saberes e Fazeres – **Valéria A. Elias, Glória H. Perez, Maria Lívia T. Moretto e Leopoldo N. F. Barbosa**
Introdução à Psicossomática – Maria Rosa **Spinelli**
Introdução à Psiquiatria - Texto Especialmente Escrito para o Estudante das Ciências da Saúde – **Spoerri**
Manual: Rotinas de Humanização em Medicina Intensiva 2ª ed – **AMIB - Raquel Pusch** de Souza
Medicina um Olhar para o Futuro – **Protásio da Luz**
Nem só de Ciência se Faz a Cura 2ª ed. – **Protásio da Luz**
O Coração Sente, o Corpo Dói - Como Reconhecer, Tratar e Prevenir a Fibromialgia – **Evelin Goldenberg**
O Cuidado do Emocional em Saúde 3ª ed. – **Ana Cristina** de Sá
O Desafio da Esquizofrenia 2ª ed. – **Itiro** Shirakawa, Ana Cristina Chaves e Jair J. Mari
O Livro de Estímulo à Amamentação - Uma Visão Biológica, Fisiológica e Psicológico-comportamental da Amamentação – **Bicalho Lana**
O Médico, Seu Paciente e a Doença – **Balint**
O que Você Precisa Saber sobre o Sistema Único de Saúde – **APM-SUS**
Panorama Atual de Drogas e Dependências – **Silveira Moreira**
Políticas Públicas de Saúde Interação dos Atores Sociais – **Lopes**
Psicofarmacologia – Chei **Tung Teng**
Psicologia do Desenvolvimento - Do Lactente e da Criança Pequena – Bases Neuropsicológicas e Comportamentais – **Gesell e Amatruda**
Psicologia e Cardiologia - Um Desafio Que Deu Certo - SOCESP – Ana Lucia Alves Ribeiro
Psicologia e Humanização: Assistência aos Pacientes Graves – **Knobel**
Psicologia Hospitalar - Sobre Adoecimento...Articulando Conceitos com a Prática Clínica – **Silvia Maria Cury Ismael e Janaina Xavier de Andrade dos Santos**
Psiquiatria Perinatal – Chei **Tung Teng**
Psicologia na Fisioterapia – **Fiorelli**
Psicopatologia Geral 2ª ed. (2 vols.) – **Jaspers**
Psicossomática, Psicologia Médica, Psicanálise – **Perestrello**
Psiquiatria e Saúde Mental – Conceitos Clínicos e Terapêuticos Fundamentais – **Portella Nunes**
Psiquiatria Ocupacional – Duílio Antero de **Camargo** e Dorgival **Caetano**
Saúde Mental da Mulher – **Cordás**
Segredos de Mulher - Diálogos entre um Ginecologista e um Psicanalista – Alexandre **Faisal** Cury
Série da Pesquisa à Prática Clínica - Volume Neurociência Aplicada à Prática Clínica – Alberto **Duarte** e George **Bussato**
Série Fisiopatologia Clínica – **Busatto**
   Vol. 4 - Fisiopatologia dos Transtornos Psiquiátricos
Série Usando a Cabeça – **Alvarez e Taub**
   Vol. 1 - Memória
Sexualidade Humana - 750 Perguntas Respondidas por 500 Especialistas – **Lief**
Situações Psicossociais – **Assumpção**
Suicídio: Uma Morte Evitável – **Corrêa (Perez Corrêa)**
Transtornos Alimentares – **Natacci Cunha**
Transtorno Bipolar do Humor – José Alberto **Del Porto**
Tratado de Psiquiatria da Infância e da Adolescência – **Assumpção**
Tratamento Coadjuvante pela Hipnose – **Marlus**
Um Guia para o Leitor de Artigos Científicos na Área da Saúde – **Marcopito Santos**

TEMPO DA VIDA E A VIDA DO NOSSO TEMPO
REPERCUSSÕES NA PSICOLOGIA HOSPITALAR

EDITORAS

Glória Heloise Perez

Sílvia Maria Cury Ismael

Valéria de Araújo Elias

Maria Lívia Tourinho Moretto

EDITORA ATHENEU

São Paulo — Rua Jesuíno Pascoal, 30
Tel.: (11) 2858-8750
Fax: (11) 2858-8766
E-mail: atheneu@atheneu.com.br

Rio de Janeiro — Rua Bambina, 74
Tel.: (21)3094-1295
Fax: (21)3094-1284
E-mail: atheneu@atheneu.com.br

Belo Horizonte — Rua Domingos Vieira, 319 — conj. 1.104

CAPA: Paulo Verardo

PRODUÇÃO EDITORIAL: MKX Editorial

CIP-BRASIL. CATALOGAÇÃO NA PUBLICAÇÃO
SINDICATO NACIONAL DOS EDITORES DE LIVROS, RJ

T28

Tempo da vida e a vida do nosso tempo : repercussões na psicologia hospitalar /
Glória Heloise Perez ... [et al.] – 1.ed – Rio de Janeiro : Atheneu, 2017.
: il. ; 21 cm.

Inclui bibliografia
ISBN 978-85-388-0765-0

1. Psicologia clínica. 2. Psicoterapia. 3. Comportamento humano -
Aspectos sociais. I. Perez, Glória Heloise. II. Título.

16-38058
CDD: 155.92
CDU: 159.923

Índice para Catálogo Sistemático
1. Psicologia Clínica   155.92

PEREZ, G. H.; ISMAEL, S. M. C.; ELIAS, V. A.; MORETTO, M. L. T.

Tempo da Vida e a Vida do Nosso Tempo – Repercussões na Psicologia Hospitalar

© EDITORA ATHENEU

São Paulo, Rio de Janeiro, Belo Horizonte, 2017.

Editores

Glória Heloise Perez

Psicóloga Chefe do Ambulatório do Instituto do Coração do Hospital das Clínicas da Faculdade de Medicina da Universidade de São Paulo – InCor HCFMUSP. Supervisora Clínica e Professora nos Cursos de Aprimoramento e de Especialização em Psicologia Clínica Hospitalar em Cardiologia do InCor HCFMUSP. Doutora em Ciências pelo Departamento de Psiquiatria da Universidade Federal de São Paulo – UNIFESP. Especialista em Psicologia Hospitalar pelo InCor HCFMUSP. Especialista em Psicossomática Psicanalítica pelo Instituto Sedes Sapientiae. Especialista em Dependência Química pelo UNIAD – UNIFESP. Sócia fundadora, Vice-presidente (biênio 2013-2015) e Presidente da Comissão Científica Permanente da Sociedade Brasileira de Psicologia Hospitalar – SBPH (biênio 1997-1999). Organizadora, juntamente com Valéria de Araújo Elias, Maria Lívia Tourinho Moretto e Leopoldo Nelson Fernandes Barbosa, do livro da Sociedade Brasileira de Psicologia Hospitalar – SBPH – *Horizontes da Psicologia Hospitalar: Saberes e Fazeres* (São Paulo, Atheneu, 2015).

Sílvia Maria Cury Ismael

Psicóloga Clínica e Hospitalar. Gerente do Serviço de Psicologia do Hospital do Coração – HCor. Mestre e Doutora em Ciências pela Faculdade de Medicina da Universidade de São Paulo – FMUSP. MBA em Gestão Executiva em Saúde pela Fundação Getulio Vargas – FGV. *Leadership in Tobacco Control* – Johns Hopkins Bloomberg School of Public Health. Sócia fundadora, Presidente (biênio 2003-2005) e Membro do Conselho Consultivo Permanente da Sociedade Brasileira de Psicologia Hospitalar – SBPH. Membro da Comissão Editorial da Revista da SBPH.

Valéria de Araújo Elias

Psicóloga. Psicanalista. Psicóloga do Serviço de Psicologia do Hospital Universitário e do Ambulatório do Hospital de Clínicas da Universidade Estadual de Londrina – UEL. Supervisora de estágio em Psicologia Hospitalar. Especialista em Psicologia Clínica e Psicanálise pela UEL/Instituto Sedes Sapientiae. Especialista em Psicologia Clínica e Hospitalar pelo CFP, Mestre e Doutora em Psicologia pela Universidade Estadual Paulista – UNESP. Presidente (biênio 2013-2015) e Membro do Conselho Consultivo Permanente da Sociedade Brasileira de Psicologia Hospitalar – SBPH. Membro da Comissão Editorial da Revista da SBPH. Organizadora, juntamente com Glória Heloise Perez, Maria Lívia Tourinho Moretto e Leopoldo Nelson Fernandes Barbosa, do livro da Sociedade Brasileira de Psicologia Hospitalar – SBPH – *Horizontes da Psicologia Hospitalar: Saberes e Fazeres* (São Paulo, Atheneu, 2015).

Maria Lívia Tourinho Moretto

Psicóloga. Psicanalista. Professora do Departamento de Psicologia Clínica do Instituto de Psicologia da Universidade de São Paulo (IPUSP). Orientadora do Programa de Pós-graduação em Psicologia Clínica do IPUSP. Membro do Fórum do Campo Lacaniano de São Paulo (FCL-SP). Coordenadora da Rede de Pesquisa de Psicanálise e Saúde Pública do FCL-SP. Membro da Diretoria da Sociedade Brasileira de Psicologia Hospitalar (SBPH), biênio 2013-2015. Editora-chefe da Revista da SBPH. Organizadora, juntamente com Valéria de Araújo Elias, Glória Heloise Perez e Leopoldo Nelson Fernandes Barbosa, do livro da SBPH *Horizontes da Psicologia Hospitalar: Saberes e Fazeres* (São Paulo, Atheneu, 2015).

Colaboradores

Bruna Teixeira de Jesus de Souza
Psicóloga. Graduada pela Faculdade da Serra Gaúcha (FSG), Caxias do Sul (RS).

Catarina Ramos
Psicóloga. Graduada pelo ISPA – Instituto Universitário de Ciências Psicológicas, Sociais e da Vida (Lisboa, Portugal). Doutoranda em Psicologia da Saúde no William James Center for Research, ISPA. Membro-fundador da ABC – Associação para a Divulgação e Investigação do Câncer da Mama.

Christian Ingo Lenz Dunker
Psicanalista. Professor Titular em Psicanálise e Psicopatologia do Instituto de Psicologia da Universidade de São Paulo (USP). Analista Membro da Escola do Fórum do Campo Lacaniano. Coordenador do Laboratório de Teoria Social, Filosofia e Psicanálise da USP. Autor de "Estrutura e Constituição da Clínica Psicanalítica" (Anablume, 2012) e "Mal-Estar, Sofrimento e Sintoma" (Boitempo, 2015).

Fernanda Rizzo di Lione
Psicóloga Fenomenológica Existencial. Mestre em Health Psychology pela City University, Londres . Formada em Terapia de Grupo na abordagem Fenomenológico-Existencial pelo Fenô e Grupos. Especialista em Psico-Oncologia pela Sociedade Brasileira de Psico-Oncologia e em Cuidados ao Paciente com Dor pelo Instituto de Ensino e Pesquisa do Hospital Sírio-Libanês (IEP-HSL). Coordenadora do Curso Avançado em Cuidados Paliativos e do Projeto Cuidando de Quem Cuida da Casa do Cuidar. Tutora da Pós-Graduação "Cuidados ao Paciente com Dor" do IEP-HSL. Foi membro da Diretoria da Sociedade Brasileira de Psico-Oncologia na gestão 2010-2013 e coordenadora da Unidade de Psicologia Hospitalar do Hospital Sírio-Libanês (2005-2011).

Isabel Cristina Gomes
Psicanalista. Livre-docente, Professora Titular do Departamento de Psicologia Clínica do Instituto de Psicologia da Universidade de São Paulo (USP). Orientadora de mestrado e doutorado do Programa de Psicologia Clínica. Coordenadora do Laboratório "Casal e Família: Clínica e Estudos Psicossociais". Autora de "O sintoma da criança e a dinâmica do casal" (Zagodoni, 2011, 2ª Ed.) e "Uma clínica específica com casais: contribuições teóricas e técnicas" (Escuta, 2007) e coautora de "Diálogos Psicanalíticos sobre Família e Casal: As Vicissitudes da Família Atual", com M. I. Assumpção e Ruth Levisky (Zagodoni, 2014), "Atendimento Psicanalítico de Casal", com Lidia Levy (Zagodoni, 2013) e "Atendimento Psicanalítico de Família", com Lisette Weismann (Zagodoni, 2014).

Jean-Richard Freymann

Psiquiatra, Psicanalista em Estrasburgo (França). Professor na Universidade de Estrasburgo. Presidente da Federação Europeia de Psicanálise e Escola Psicanalítica de Estrasburgo (FEDEPSY).

Julieta Jerusalinsky

Psicóloga. Psicanalista membro da APPOA (Associação Psicanalítica de Porto Alegre) Graduada pela Universidade Federal do Rio Grande do Sul. Mestre e Doutora em Psicologia Clínica pela Pontifícia Universidade de São Paulo (PUC-SP). Especialista em Estimulação Precoce pela Fundación para el Estudio de los Problemas de la Infancia F.E.P.I, Argentina. Membro docente da Clínica Interdisciplinar Centro Lydia Coriat de Porto Alegre (RS). Membro Clínico da Clínica Prof. Dr. Mauro Spinelli – SP. Professora do Cogeae da PUC-SP e do Centro Lydia Coriat. Autora dos livros "Enquanto o futuro não vem – a psicanálise na clínica interdisciplinar com bebês" (Ágalma, 2002), terceira edição, e "A criação da criança: brincar, gozo e fala entre a mãe e o bebê" (Ágalma, 2011).

Leda Maria Branco

Psicóloga. Mestre e Doutora em Ciências da Saúde pela Faculdade de Medicina de São José do Rio Preto (FAMERP). Professora Adjunta e Psicóloga do Serviço de Orientação Psicológica ao Aluno da FAMERP. Orientadora do Programa de Mestrado em Psicologia e Saúde da FAMERP. Foi chefe do Serviço de Psicologia do Hospital de Base de São José do Rio Preto.

Liliane Goldsztaub

Psicóloga. Psicanalista em Estrasburgo (França). Professora de Psicopatologia Clínica na Universidade de Estrasburgo.

Lucia Emmanoel Novaes Malagris

Psicóloga. Doutora em Ciências pela Universidade do Estado do Rio de Janeiro (UERJ) e pós-doutorado pela Pontifícia Universidade Católica de Campinas (PUC-Camp). Professora na Universidade Federal do Rio de Janeiro.

Maria Cristina de Oliveira S. Miyazaki

Psicóloga. Doutora em Psicologia pela Universidade de São Paulo (USP), pós-doutorado pela Universidade de Londres e livre-docência pela Faculdade de Medicina de São José do Rio Preto (FAMERP). Responsável pelo Laboratório de Psicologia da Saúde, professora adjunta e coordenadora do Programa de Mestrado em Psicologia e Saúde da FAMERP.

Maria Helena Fernandes

Psicanalista. Doutora em Psicanálise e Psicopatologia pela Universidade de Paris VII, com pós-doutorado pelo Departamento de Psiquiatria da Escola Paulista de Medicina da Universidade Federal de São Paulo (EPM-Unifesp). Professora do Curso de Psicanálise e professora-colaboradora do Curso de Psicossomática do Instituto Sedes Sapientiae em São Paulo. É autora dos livros "L'hypocondrie du rêve et le silence des organes: une clinique psychanalytique du somatique" (Presses Universitaires du Septentrion, 1999), "Corpo" (Casa do Psicólogo, 2003) e "Transtornos alimentares: anorexia e bulimia" (Casa do Psicólogo, 2006).

Maria Julia Kovács

Professora Livre-docente do Instituto de Psicologia da Universidade de São Paulo (USP). Coordenadora do Laboratório de Estudos sobre a Morte. É autora dos livros *Morte e desenvolvimento humano* (São Paulo: Casa do Psicólogo, 1992), *Educação para a morte: temas e reflexões* (São Paulo: Casa do Psicológo, 2003), *Educação para a morte: Desafio na formação de profissionais de saúde e educação* (São Paulo: Casa do Psicólogo. 2003), *Morte e existência humana: caminhos de cuidados e possibilidades de intervenção.* (Org.) (Rio de Janeiro: Guanabara Koogan, 2008).

Marisa Beatriz Leonetti Marantes Sanchez

Psicóloga, Mestre em Psicologia (PUCRS), Especialista em Psicoterapia Cognitivo-Comportamental (WP/FACCAT), Formação em Terapia do Esquema (WP & Institute of Schema Therapy, New Jersey). Docente da ULBRA. Tutora da atenção humanizada ao recém-nascido de baixo peso pela Secretaria Estadual da Saúde (SES/RS) e Ministério da Saúde (MS/BR).Diretora da Sociedade Brasileira de Psicologia Hospitalar - SBPH (Gestão 2013-2015/2015-2017). Coordenadora do Núcleo SBPH-RS. Sócia Diretora do Instituto de Terapia Cognitiva em Psicologia da Saúde - ITEPSA.

Neide Micelli Domingos

Psicóloga. Mestre e Doutora pela Pontifícia Universidade Católica de Campinas (PUC-Camp), pós-doutorado pelo Laboratório de Estudos Psicofisiológicos do Stress da PUC-Camp. Responsável pelo Laboratório de Psicologia da Saúde, Professora-adjunta e Vice-coordenadora do Programa de Mestrado em Psicologia e Saúde da Faculdade de Medicina de São José do Rio Preto (Famerp).

Patricia Pereira Ruschel

Psicóloga Clínica e Hospitalar pelo Conselho Federal de Psicologia. Mestre em Psicologia Clínica pela Pontifícia Universidade Católica do Rio Grande do Sul (PUC-RS). Doutora em Ciências da Saúde: Cardiologia pela Fundação Universitária de Cardiologia-RS (FUC-RS). Coordenadora da Residência Multiprofissional Integrada em Ciências da Saúde: Cardiologia/Psicologia e do Serviço de Psicologia Clínica do Instituto de Cardiologia da FUC-RS. Sócia-fundadora, presidente do biênio 2001-2003 e membro do Conselho Consultivo da Sociedade Brasileira de Psicologia Hospitalar (SBPH).

Renata Tamie Nakao

Psicóloga. Mestre em Psicologia pela Faculdade de Filosofia, Ciências e Letras de Ribeirão Preto da Universidade de São Paulo (FFCLRP-USP). Especialista em Psicologia Hospitalar pelo Conselho Federal de Psicologia. Psicóloga do Departamento de Neurociências e Ciências do Comportamento da Faculdade de Medicina de Ribeirão Preto da Universidade de São Paulo (FMRP-USP).

Ricardo Gorayeb

Psicólogo. Professor livre-docente de Psicologia Médica do Departamento de Neurociências e Ciências do Comportamento da Faculdade de Medicina de Ribeirão Preto da Universidade de São Paulo (FMRP-USP). Responsável pelo Serviço de Psicologia do Hospital das Clínicas da FMRP-USP.

Rubens Marcelo Volich

Psicanalista. Doutor pela Universidade de Paris VII – Denis Diderot. Professor do Curso de Psicossomática Psicanalítica do Instituto Sedes Sapientiae. Autor de *Psicossomática: de Hipócrates à Psicanálise* (São Paulo: Casa do Psicólogo, 2000); *Hipocondria: impasses da alma, desafios do corpo* (São Paulo: Casa do Psicólogo, 2002); *Segredos de mulher: diálogos entre um ginecologista e um psicanalista* (em coautoria com Alexandre Faisal), (São Paulo: Atheneu, 2010); co-organizador e autor dos livros da série *Psicossoma* (São Paulo: Casa do Psicólogo).

Salmo Raskin

Médico. Especialista em Pediatria pela Universidade Federal do Paraná (UFPR) e em Genética Médica pela Universidade de Vanderbilt, Nashville, Tennessee, EUA. Mestre em Genética e Doutor em Genética pela UFPR. Diretor do Centro de Aconselhamento e Laboratório Genetika, em Curitiba. Professor titular do Curso de Medicina e pesquisador no Curso de pós-graduação da Pontifícia Universidade Católica do Paraná (PUC-PR). Professor titular do curso de Medicina da Faculdade Evangélica do Paraná e professor do Curso de Medicina da Universidade Positivo. Médico geneticista do Hospital Evangélico, Nossa Senhora das Graças, Vita Batel e Pequeno Príncipe, em Curitiba (PR). Ex-Presidente por dois mandatos da Sociedade Brasileira de Genética Médica. Membro do HUGO (Human Genome Organization).

Sheyna Cruz Vasconcellos

Psicóloga e Psicanalista. Mestre em Família na Sociedade Contemporânea. Especialista em Teoria da Clínica Psicanalítica. Especialista em Psicologia Hospitalar. Docente da Unijorge. Coordenadora do Serviço de Psicologia do Hospital Jorge Valente, Idealizadora do Núcleo de Investigação Psicológica em Saúde (NIPSIS) e Secretária da Sociedade Brasileira de Psicologia Hospitalar (SBPH) entre 2013 e 2015.

Tânia Rudnicki

Psicóloga. Doutora em Psicologia. Pós-doutorado pela Capes Foundation Ministry of Education of Brazil-Brasília/DF. Pesquisadora Associada no William James Center for Research, Instituto Universitário (ISPA/Lisboa, PT). Professora na Faculdade da Serra Gaúcha (FSG – Caxias do Sul, RS). Terapeuta Certificada pela Federação Brasileira de Terapias Cognitivas (FBTC). Vice-presidente da Diretoria Estadual da Sociedade Brasileira de Psico-oncologia no Rio Grande do Sul (SBPO/RS). Membro Permanente do Conselho Consultivo da Sociedade Brasileira de Psicologia Hospitalar (SBPH).

Prólogo

Em setembro de 2015, realizou-se em São Paulo o X Congresso da Sociedade Brasileira de Psicologia Hospitalar, com o tema "Tempo da Vida e a Vida do Nosso Tempo: Repercussões na Psicologia Hospitalar". Foi um grande sucesso. Um evento grandioso e plural, em termos de público que esgotou a capacidade do Centro de Convenções Rebouças, de número de atividades que, por serem muitas, foi necessário acontecerem em seis auditórios simultaneamente e de palestrantes que trataram dos temas com *expertise* e de forma provocativa e instigante.

A escolha, pela comissão científica, do "Tempo" como tema do congresso, foi norteada pela experiência, muito presente na cultura contemporânea, do sentido de urgência, de aceleração, de que o tempo está passando mais rápido, de que o tempo nos falta... Na vida do nosso tempo o dia e a noite se igualaram, lutamos contra os efeitos da temporalidade e o tempo da nossa vida se prolongou. O tempo do viver deve ser rápido e instantâneo, o que tem trazido como consequência um empobrecimento das experiências subjetivas. O corpo está em evidência. E na cultura da tecnociência, o corpo passa a ser encarado como passível de mudança. A medicina tecnológica e mercantilista passa a oferecer procedimentos capazes de transformá-lo de forma inimaginável em outros tempos. Surge o denominado sujeito pós-orgânico, pós-biológico.

E assim, tangenciando as questões sobre o tempo da vida e sobre a vida do nosso tempo, a programação do congresso foi organizada com temas relacionados à cultura, à subjetividade e ao adoecimento na contemporaneidade, bem como às questões atuais da clínica no contexto hospitalar.

Entre os vários fóruns, conferências, mesas-redondas, discussões de casos clínicos, temas livres e pôsteres tivemos a apresentação de trabalhos nas várias abordagens teóricas que foram muito ricas e interessantes, que muito ensinaram, trouxeram reflexões, promoveram troca de experiências e colocaram novas questões. Isto nos despertou o desejo de que esta experiência não ficasse somente na memória de quem teve a possibilidade de estar presente naquela apresentação, uma vez que mesmo quem participou do congresso teve que optar entre uma das seis atividades simultâneas e não pode assistir à maior parte das atividades. Queríamos um outro tipo de registro desses trabalhos e daí surgiu a ideia de organizarmos um livro. Uma maneira de subverter a efemeridade do evento. E aqui nos vemos, mobilizadas pela luta essencial do homem contra o tempo. O livro traz, do passado do congresso para o presente, os trabalhos apresentados e os deixa registrados de maneira que possam ser acessados no futuro.

Escolhemos os temas centrais do congresso e convidamos os palestrantes para escreverem o trabalho e eles, entusiasmados, aceitaram o nosso convite. Assim, chegamos a uma coletânea de dezenove capítulos. E, da mesma maneira que tem sido o paradigma de pluralidade no programa científico dos congressos da Sociedade Brasileira de Psicologia Hospitalar (SBPH), os temas foram tratados em várias abordagens teóricas.

Os seis primeiros capítulos tratam de características da cultura e da subjetividade na contemporaneidade.

No capítulo "A Psicologia a Serviço dos Avanços Tecnológicos: o que se Transforma com o Bisturi?", a psicóloga e psicanalista Valéria Araújo Elias focaliza-se na reflexão sobre os aspectos envolvidos e as implicações na subjetividade – do fenômeno de oferta da biotecnologia no campo da medicina – de viabilização, das antes inimagináveis transformações corporais, demandadas por determinados sujeitos, para alívio de seu sofrimento. Seu texto nos brinda com uma rica descrição das várias modificações do homem contemporâneo na sua relação com o mundo, com seu corpo e com seu próprio ser, atendo-se na questão da nova realidade da revolução da identidade de gênero. Um dos exemplos abordados pela autora, a partir da sua rica e rara experiência clínica de acompanhamento de transexuais, é o da cirurgia de redesignação sexual, trazendo a reflexão sobre o que representa em termos culturais, sociais e subjetivos a possibilidade de intervenção médica na questão do conflito do sujeito entre sua identidade de gênero e o sexo biológico. Nesse sentido, ressalta que a oferta de uma solução estandarizada desparticulariza a demanda do sujeito, desqualificando-o e liberando-o de buscar – pela via do saber sobre si – um modo singular de se haver com suas faltas. E essa possibilidade que a tecnociência oferece determina um desafio ao psicólogo que atua em hospitais que se depara com pacientes com questões absolutamente impensáveis na época de Freud, o que lhes coloca o desafio de criar uma teoria que dê conta dessa nova realidade. É o que a autora nos traz neste texto, que é fruto dos estudos realizados no seu doutoramento.

No capítulo "A Infância Medicalizada: Novos Destinos da Psicopatologia", Julieta Jerusalinsky analisa o fenômeno atual da patologização precoce e da medicalização na infância, que se concretiza na epidemia de diagnósticos psicopatológicos de crianças, atrelada à crescente comercialização e busca, por parte dos pais, de psicofármacos para seus filhos. Seu trabalho discute o que se revela neste fenômeno: se teria havido uma mudança efetiva no sofrimento da criança ou seria o caso de um sintoma social, de uma epidemia diagnóstica, da objetalização do sujeito.

No capítulo "A Reprodução Assistida e as Novas Formas de Parentalidade na Contemporaneidade", Isabel Cristina Gomes discute, ilustrando com rico material clínico, o impacto na subjetividade, na parentalidade e na conjugalidade, da reprodução assistida. Trata do tema considerando as repercussões do que a reprodução assistida representa em termos de transgressão dos limites biológicos na viabilização da procriação e de resposta imediata para a demanda de ter filho direcionada ao corpo. Reflete sobre a questão de que, na medida em que o sujeito obtém resposta imediata para a demanda consciente de ter filho, nada mais se escuta sobre o "desejo de filho" e sobre o "desejo de família".

Maria Julia Kovács, no capítulo "Angústia de Morte e Envelhecimento", trata de maneira bastante abrangente dos vários aspectos envolvidos na vivência da nova velhice, mais longeva na atualidade. Começa por descrever as peculiaridades desta fase da vida, saesaltando a experiência subjetiva do envelhecimento e de final da vida na atualidade e seu impacto na saúde, na família e na vida social. A partir da sua longa trajetória de estudos sobre o assunto, trata dos vários aspectos da nova tarefa que este momento cultural nos propõe que é a da preparação para a morte: luto, dignidade e autonomia no final da vida e do extremamente novo tema das Diretivas Antecipadas de Vontade.

Em "Medicina Preditiva: o Tratamento de um "Futuro Doente", o médico geneticista Salmo Raskin nos fala da realidade, que se coloca para o sujeito contemporâneo, a partir dos conhecimentos advindos do projeto Genoma Humano. O consultório do médico geneticista e o laboratório de genética passam a contar com uma variedade de ferramentas para avaliar os riscos de que pessoas saudáveis venham a ter uma série crescente de doenças. O autor afirma que, em menos de uma década, teremos a possibilidade de analisar rotineiramente a sequência completa do genoma humano em poucas semanas, a custo acessível, o que transformará a medicina em mais preditiva e profilática e menos terapêutica. E adverte que o psicólogo terá um papel fundamental e insubstituível neste processo, mas para isso precisa iniciar seu treinamento agora e nos ajuda com o material apresentado neste trabalho. Muito didaticamente, nos traz uma explicação sobre o que é o teste genético preditivo. Discute detalhadamente, considerando os princípios bioéticos como autonomia, confidencialidade, beneficência e não-maleficência, os múltiplos benefícios e os riscos dos variados testes preditivos, de ordem psicológica, médico-clínica e social. E, ainda, aborda as regras gerais de conduta ética em testes genéticos preditivos.

A psicóloga Sheyna Cruz Vasconcellos, em "Medicina Preditiva: O Candidato a Doente, o Psicólogo e os Dilemas de um Futuro Incerto", explora o que a psicologia tem a dizer sobre os conflitos gerados como efeito colateral do conhecimento de resultados de exames genéticos preditivos, tais como antecipar o futuro de seu corpo e de seus familiares. Discute se as predições são traumáticas e qual será a posição do psicólogo frente a estas questões. Para tanto, traz elementos da teoria psicanalítica sobre o trauma para que o leitor fique confortável na compreensão do seu pensamento. Ressalta a necessidade de uma escuta apurada para favorecer uma relação custo-benefício mais balanceada nesta conjuntura "uma doença do futuro". E, do alto de sua vasta experiência clínica, propõe um esboço de roteiro para essa escuta: conhecer quem é este que quer o exame, porquê ele busca investigar o risco de doença e o que fará após a posse desse resultado.

Com o capítulo "A Psicologia da Adesão ao Tratamento Médico na Contemporaneidade", inauguramos uma seção que vai tratar de temas relacionados ao doente e sua relação com o tratamento médico na atualidade. A psicóloga Patrícia Ruschel inicia seu trabalho nos mostrando que, diferente de outros tempos onde se enfatizava o valor de não se informar ao paciente sobre riscos ou o real diagnóstico, pois se acreditava que de nada adiantaria este "sofrimento", hoje a medicina considera que o envolvimento do doente nas decisões relativas ao tratamento da sua doença é um fator chave para melhorar o seu comportamento de adesão. Ilustra os vários fatores envolvidos na psicologia da adesão ao tratamento com dados de pesquisas sobre o tema. E conclui analisando o recurso atual da tecnologia, que também modula atualmente a relação do paciente com sua saúde, que é o uso da internet para o acesso às informações sobre saúde e suas repercussões na sua relação com o tratamento médico.

Seguem-se nesta coletânea dois capítulos sobre o efeito placebo, o que se justifica pela nossa percepção de que este tem uma presença marcante na medicina contemporânea, que opera segundo os referenciais da medicina baseada em evidências.

Esta tem como paradigma que a conduta médica deve estar baseada nas evidências dos resultados de pesquisas epidemiológicas recentes. Os ensaios clínicos que são o tipo de pesquisa que tem maior consistência científica, pois testam a eficácia de uma intervenção terapêutica, têm no seu desenho de estudo a comparação dos resultados de um grupo de pacientes que recebeu o tratamento, com um grupo que foi tratado com placebo, portanto farmacologicamente neutro. Pois bem, podemos dizer que o efeito placebo é um fator importante que permeia a conduta médica baseada em evidências. Sabemos do quanto o efeito placebo é marcadamente permeado de aspectos subjetivos da experiência do adoecer e, por esta razão, consideramos que este deve ser objeto de atenção dos psicólogos da área hospitalar. Para chamar atenção sobre este tema que consideramos tão importante na medicina atual e pouco explorado na psicologia hospitalar, incluímos uma mesa redonda no congresso e aqui trazemos os trabalhos apresentados por dois de seus participantes .

Rubens Volich no capítulo "Efeito Placebo e Subjetividade: Dor, Desejo e Palavra", inicia seu artigo nos trazendo as pesquisas que evidenciam a eficácia dos tratamentos com placebo. Desenvolve o seu pensamento desafiando a colocação de Spiegel em seu editorial no British Medical Journal em 2004 de que não se sabe como funcionam os placebos. Diz ele: "Será mesmo que não sabemos? E, se assim for, o que será que nos impede de saber?". Traz os fatores essenciais da ordem da subjetividade do paciente e do médico, que são esquecidos nas pesquisas – que se atém apenas aos diversos fatores de ordem material – para explicar o efeito evidente de substâncias e procedimentos placebo falando da operação platônica do pharmakon, da eficácia simbólica e da função materna.

No capítulo "Psicanálise e Efeito Placebo: Uma Hipótese sobre a Determinação Clínica do Sofrimento", Christian Ingo Lenz Dunker inicia considerando os laços entre a psicanálise e o efeito placebo. Analisa que o próprio nascimento da clínica psicanalítica e da psicopatologia se deu a partir da investigação do efeito Nocebo, ou seja, no efeito mórbido da influência psíquica gerado por uma palavra, situação ou ideia que se evidenciou com o uso da sugestão pós-hipnótica junto às histéricas do século XVIII. O trabalho se desenvolve a partir da ideia central de que, para entender a lógica do placebo, é preciso entender seu funcionamento em termos de linguagem, bem como entender a estrutura de linguagem na qual o sofrimento acontece. Diferencia sintoma e sofrimento e apresenta uma preciosa descrição sobre o que é sintoma, sofrimento determinado e sofrimento indeterminado. À luz do seu pensamento sobre estes conceitos, atenta para uma importante limitação nos estudos epidemiológicos sobre os efeitos do placebo. Eles não contemplam a trama da linguagem na ministração do placebo porque estão às voltas apenas com causas determinantes de natureza empírica. E encerra o capitulo analisando as relações do efeito placebo com a identificação, a demanda e a transferência.

Os próximos capítulos referem-se às peculiaridades da clínica com o paciente somático.

Em "As Múltiplas Narrativas do Corpo no Sofrimento Contemporâneo", a psicanalista Maria Helena Fernandes focaliza-se nas vicissitudes da escuta psicanalítica do corpo doente, salientando que o mal-estar contemporâneo se apresenta com uma multiplicidade de narrativas que engajam diretamente o corpo, como ilustra com os flashes da sua experiência clínica. Sua análise das dificuldades da escuta psicanalítica do corpo doente retratada neste trabalho, que teve como ponto de partida a sua experiência como psicanalista no contexto do hospital geral e ambulatório, passa pela questão do corpo no discurso freudiano e analisa as questões da teoria e da clínica com o paciente somático.

Os três capítulos seguintes referem-se aos trabalhos apresentados na mesa-redonda "Alcances e Limites da Psicoterapia e o Uso de Escalas/Inventários de Avaliação no Hospital Geral sob a Perspectiva da Psicanálise, da Terapia Cognitivo-comportamental e da Fenomenologia".

Maria Lívia Tourinho Moretto analisa os alcances e limites da avaliação psicológica e da psicoterapia no contexto do hospital geral sob a perspectiva psicanalítica considerando a diferenciação que a psicanálise faz dos conceitos de demanda e pedido, sofrimento e sintoma. Partindo destes conceitos, analisa que os métodos de abordagem devem tomar como relevante a relação entre diagnóstico de sintomas, tratamento do mal-estar e reconhecimento do sofrimento e alerta para a importante questão de que a intervenção do psicólogo no contexto hospitalar não resvale para a patologização do sofrimento.

Fernanda Rizzo di Lione, que tratou da questão sob a perspectiva da Fenomenologia, inicia seu trabalho trazendo pressupostos básicos dessa abordagem teórica. E, trazendo um roteiro para atuação junto ao paciente hospitalizado, afirma que o psicólogo, no referencial da Fenomenologia, trabalha na busca de liberdade, do jeito de ser, do que faz sentido para o paciente, dentro do contexto da doença e da morte. É um ouvinte participante, que pro – voca, sendo que provocar, neste contexto, é sempre um chamar para o descobrir.

Lucia Emmanoel Novaes Malagris inicia o capítulo sobre os "Alcances e Limites da Psicoterapia e o Uso de Escalas/Inventários de Avaliação no Hospital Geral" sob a perspectiva da Terapia Cognitivo-Comportamental, falando da necessidade de adaptação da intervenção psicológica às peculiaridades da situação do contexto hospitalar. Traz uma breve visão dos conceitos que fundamentam a terapia cognitivo-comportamental e descreve as várias etapas do processo terapêutico nesta abordagem teórica. Analisa os alcances e limites deste tipo de intervenção no hospital geral trazendo sugestões para a superação dos mesmos.

Ricardo Gorayeb e Renata Nakao falam no capítulo catorze de possibilidades de atuação do terapeuta cognitivo-comportamental no contexto hospitalar, a partir de exemplos vivenciados pela equipe do Serviço de Psicologia do Hospital das Clínicas da Faculdade de Medicina de Ribeirão Preto (HCFMRP-USP), instituição universitária pública do Estado de São Paulo onde atuam os autores. Descrevem a experiência no contexto hospitalar da abordagem da terapia cognitivo-comportamental, em duas formas de atuação: o modo de atuação interconsulta, ilustrado com um caso clínico de solicitação da equipe de Nutrologia e um atendimento ambulatorial de um caso de câncer de mama. Traz também a experiência de intervenção psicoeducativa com a utilização de uma cartilha informativa sobre hipertensão.

Em "Acolhimento e Intervenção com Bebês Hospitalizados", a psicóloga Marisa Marantes Sanchez, tratando do tema da clínica do paciente neonatal, descreve a importância do psicólogo investir, para além da intervenção junto à mãe no pós-parto, na ainda muito rara e pouco conhecida intervenção junto ao bebê hospitalizado. Argumenta, descrevendo os pressupostos da terapia cognitiva focada em esquemas, que a prática de cuidados relacionados às necessidades do bebê pode minimizar o estresse tóxico experimentado pela hospitalização e proporcionar registros positivos na sua memória, auxiliando na formação de esquemas cognitivos saudáveis a serem utilizados no decorrer do seu processo evolutivo.

Maria Cristina de Oliveira S. Miyazaki, Neide Micelli Domingos e Leda Maria Branco abordam, no capítulo "Doenças Crônicas: Intervenções em TCC junto aos Profissionais de Saúde", duas questões que têm importante impacto sobre a adesão ao tratamento em doenças crônicas, bem como o papel do psicólogo da saúde em relação a ambas. A primeira está relacionada à formação de psicólogos capazes de identificar e de manejar a presença de sintomas e/ou de transtornos mentais junto a pacientes com doenças crônicas. A segunda refere-se à participação do psicólogo na formação do médico, pensando na comunicação médico-paciente.

Em "A Importância da Humanização. Da desumanização à subjetivação: as funções do psicólogo", escrito pelos psicanalistas franceses Jean-Richard Freymann e Liliane Goldsztaub temos a Conferência proferida no encerramento do Congresso, traduzida do francês para o português, por Bruna Simões de Albuquerque e Pedro Braccini Pereira. Para falar da questão da desumanização à subjetivação no contexto hospitalar, os autores delineiam a subjetividade na cultura contemporânea, a transferência e a posição subjetiva do sujeito hospitalizado e apontam para operacionalização da transferência pelo psicólogo no seu trabalho de escuta do sujeito no contexto hospitalar.

A psicóloga Sílvia Maria Cury Ismael, no capítulo "Time Assistencial: Uma Nova Forma de Trabalho de Equipe" afirma que a mudança do perfil demográfico, consequente do envelhecimento da população e dos tipos de doença mais prevalentes, ao lado dos padrões de qualidade exigidos pelos processos de Acreditação Hospitalar, impõem a necessidade de transformação no modelo de assistência em saúde. O Time Assistencial e o Cuidado Integrado surgem como proposta de modelo de trabalho em equipe hospitalar que busca atender as demandas dessa nova realidade. Mudanças na cultura institucional, nas relações interpessoais, repensar o papel de cada profissional dentro da equipe são tarefas que se colocam. A autora descreve detalhadamente as bases do trabalho do cuidado integrado, nos seus aspectos de trabalho interdisciplinar, de empoderamento do paciente e de assistência para além do cuidado, para a promoção da saúde.

No capítulo "Crescimento Pós-traumático em Sobreviventes de Câncer", as autoras Tânia Rudnicki, Catarina Ramos e Bruna de Souza apresentam o conceito de Crescimento Pós-traumático. Um conceito novo que diz respeito às repercussões emocionais positivas na experiência de uma situação traumática. Ilustrando com exemplos do paciente oncológico, trazem os elementos que compõem este conceito, chamando a atenção para a necessidade de uma linha de pesquisa sobre este conceito, que diz respeito a uma outra ordem da experiência emocional do adoecimento.

Como vocês podem observar desta minha introdução aos trabalhos que vocês irão encontrar neste livro, a leitura promete ser muito enriquecedora. O convite está feito!

Glória Heloise Perez

Prefácio

Os tempos do trauma e os tempos do cuidado

Daniel Kupermann

Assim como naquelas pequeninas maquetes encontradas nas barracas de artesanato, a representação social da atividade do psicólogo clínico ainda é, predominantemente, aquela do profissional sentado na poltrona, concentrado e atento, escutando os sofrimentos do seu paciente deitado em um divã. Sabemos que a difusão maciça da psicanálise no imaginário cultural ao longo do século passado é a responsável por esse cenário frequentemente reproduzido quando se trata da prática psicoterapêutica. No entanto, creio que há uma dificuldade adicional para figurações alternativas do nosso ofício, apesar de termos assistido, nas últimas décadas, a proliferação de práticas bastante heterogêneas. De fato, como reproduzir iconograficamente a escuta cuidadosa em outros enquadres, demasiado turbulentos e pouco distinguíveis, que tem lugar no cotidiano das ruas das nossas cidades quando acompanhamos populações em condição de vulnerabilidade, ou no dia a dia das nossas principais instituições de cuidado, como as escolas e os hospitais?

Nesses contextos, nos quais convivemos com outros agentes sociais e com profissionais com outras formações, as fronteiras entre os saberes se esmaecem, e as paredes – ou a ausência delas – do gabinete "psi" não mais nos protege do enfrentamento dos limites do nosso saber e das nossas metodologias de atuação; além disso, há sempre a tendência à instalação de uma "crise de identidade" profissional, que faz com que nos sintamos estrangeiros em nossa própria casa e que suscita e alimenta uma série de questionamentos dolorosos, porém, na maioria das vezes, bastante férteis.

Nesse sentido, a iniciativa da Sociedade Brasileira de Psicologia Hospitalar (SBPH) de publicar *Tempo da vida e a vida do nosso tempo – repercussões na psicologia hospitalar* deve ser celebrada, não apenas pela comunidade dos psicólogos que atua em hospitais, mas por todos aqueles que se debruçam sobre o cuidado com o sofrimento humano. O livro editado por Glória Heloise Perez, Silvia Maria Cury Ismael, Valéria de Araújo Elias e Maria Livia Tourinho Moretto nos oferece uma parcela representativa dos trabalhos apresentados no 10º Congresso da SBPH e evidencia o fato de que, justamente nos hospitais, lidamos com a dor em seu estado mais bruto, em função da onipresença do corpo nas manifestações do adoecimento; dessa maneira, as reflexões e os relatos encontrados neste volume testemunham alguns dos desafios clínicos mais pungentes com os quais podemos nos deparar. Além disso, os dezenove artigos que o leitor tem agora à sua disposição contemplam uma enorme multiplicidade de problemas que concernem à psicologia clínica em toda a sua extensão, abordados segundo as principais filiações teórico-clínicas que orientam a prática dos psicólogos hospitalares no Brasil.

OS TEMPOS DO TRAUMA

O processo do adoecimento que leva alguém ao hospital produz modalidades de sofrimento para as quais, muitas vezes, o paciente não dispõe de recursos de simbolização e de elaboração suficientes para contê-las, o que as converte em fonte de traumatismo. Doentes, tomados de surpresa e acometidos por um mal-estar que deles se apossa por meio de uma disfunção corpórea, os hospitalizados são convocados a um duplo trabalho: o de suportar o tempo da doença e os sacrifícios do tratamento sugerido pelos saberes médicos e, paralelamente, o de encontrar motivação, força e persistência nos sentidos que poderão atribuir ao acontecimento patológico.

Proponho uma compreensão do trauma provocado pelo adoecimento conforme um processo referido a uma tripla temporalidade: o tempo do indizível refere-se, justamente, ao momento no qual o paciente hospitalizado se depara com o impacto perturbador da nova situação que se lhe apresenta, e com a insuficiência dos recursos psíquicos dos quais dispunha, até então, para apreender o percurso da sua vida; o tempo do testemunho indica a busca por um destinatário que possa acolher seu sofrimento e ajudá-lo, com sua presença e sua proximidade, a produzir uma narrativa que possa conferir sentido à angústia provocada pelas vicissitudes da sua existência e pelo encontro radical com os seus próprios limites; finalmente, na ausência do outro capaz de escutar a intensidade da sua dor, o paciente se depara com o tempo da indiferença desautorizadora, consumando, assim, o círculo vicioso que constitui a desestruturação traumática da sua subjetividade.

Pode-se perceber sem dificuldades, por meio da leitura dos artigos que se dedicam à reflexão acerca dos sofrimentos experimentados pelo sujeito que padece de uma doença e que se encontra em tratamento na instituição hospitalar, que é no tempo do testemunho que reside a parcela principal da nossa atuação clínica. Nas situações de sofrimento radical, o pior que se pode experimentar é a desautorização dos modos pelos quais o sujeito expressa sua dor. O saber sobre a condição humana, sua potência e seus limites, é produzido no contexto de um encontro afetivo com outrem que possa espelhar o horror daquele que se vê ameaçado pela espada de Thânatos, conferindo dignidade ao seu sofrimento. Frente à indiferença ambiental, na ausência de qualquer comunidade de destino, resta ao sujeito adoecido o desamparo traumatizante e o refúgio da revolta impotente ou da mortificação melancólica, promotora de desapropriação subjetiva.

OS TEMPOS DO CUIDADO

Diante da dor dos pacientes, portanto, cabe aos psicólogos, bem como aos outros profissionais que desempenham práticas de cuidado no hospital, a inspiração da ética do cuidado – reconhecível nos artigos voltados à especificidade da prática clínica do psicólogo hospitalar –, que tem como princípios constituintes a hospitalidade, a empatia e a Saúde do próprio profissional da saúde. Acredito que esses princípios não apenas não se oporiam ao saber detido por cada uma das especialidades que convivem nos hospitais, como contribuiriam para o estabelecimento da necessária relação de cuidado, seja entre a comunidade terapêutica e seus pacientes, seja entre os próprios profissionais, facilitando a escuta dos vários especialistas envolvidos em cada caso.

O primeiro e mais básico desses princípios, a hospitalidade, deveria ser bastante familiar a todos os que atuam no hospital (do latim *hospes*, "hóspede"). O filósofo Jacques Derrida nos recorda que, ao defender-se frente ao tribunal que o condenaria, Sócrates reivindicara o lugar de estrangeiro – no caso, aquele que não sabe empregar a linguagem dos juristas, apenas a linguagem coloquial da praça pública. Desde então, a condição de estrangeiro pode ser associada com a daquele que não fala a língua local, de onde solicita hospitalidade. A hospitalidade seria definida, assim, como o gesto de acolhimento daquele que não fala a nossa língua. De fato, se o estrangeiro falasse nossa língua, com tudo o que isso implica, ou seja, o compartilhamento de um *ethos* ("morada", em grego), ele ainda seria um estrangeiro? Certamente a resposta é não.

Mas quem é o estrangeiro por excelência, no que concerne ao humano? Quem é aquele que não fala a nossa língua? O termo que utilizamos para nos referirmos ao recém-nascido, infans, ou seja, aquele que "não fala", revela que a condição de estraneidade é a própria condição humana na sua origem. Ou seja, somos todos, originalmente, estrangeiros, e devemos nossa humanidade justamente ao tempo da hospitalidade que recebemos do meio familiar no momento da nossa chegada nesse mundo. E, ao longo de toda a vida, dependemos dos relacionamentos com os outros, com o nosso ambiente, para continuarmos a nos sentir humanos; no caso do adoecimento, para encontrar, junto ao nosso semelhante, os nomes que nos permitirão atravessar o desafio que nos é imposto.

O segundo dos princípios para uma ética do cuidado, a empatia, deriva do alemão Einfühlung, literalmente "sentir dentro". O tempo da empatia refere-se à disponibilidade sensível do cuidador para entrar em contato com o sofrimento do paciente. A psicanálise, bem como o cotidiano dos hospitais, nos revela que há uma tendência em cada um de nós para evitar o sofrimento – próprio ou alheio. Depreende-se disso o quão especial, e difícil, é a formação de um profissional da saúde, que se dedica a cuidar daqueles que sofrem sem saber ou poder nomear sua dor.

Aproximamo-nos, assim, do terceiro dos princípios para uma ética do cuidado na clínica, a Saúde do próprio cuidador. O que poderia ser aproximado do célebre provérbio *medice, cura te ipsum* (médico, cura a ti próprio). No entanto, em sentido diverso do transmitido pelo evangelho, a ideia aqui explicitada é a de que, para poder reconhecer o sofrimento demasiado humano dos nossos pacientes sem precisarmos recorrer a mecanismos defensivos – como a negação ou a apatia, que nos remeteria ao limiar da hipocrisia profissional – seria preciso dispor do tempo da Saúde e adquirir flexibilidade psíquica para lidar como nossos próprios afetos suscitados pelas experiências limite com as quais nos deparamos em nossas práticas, bem como uma suficiente capacidade de escuta e de adaptação às necessidades daqueles de quem cuidamos.

Sabe-se que uma das regras fundamentais da formação psicanalítica é a exigência de análise pessoal. É verdade que seria excessivo exigir algo semelhante dos demais psicólogos e profissionais da saúde, já suficientemente encarregados com o aprendizado de suas próprias competências. No entanto, seriam muito bem-vindos, na instituição hospitalar, a reflexão e o compartilhamento das experiências, dificuldades e também das satisfações que encontramos quando nos dedicamos a cuidar da saúde dos nossos semelhantes. Aprender a falar sobre as vicissitudes do nosso ofício é, também, uma maneira de deixarmos de ser tão estrangeiros para nós mesmos.

Daniel Kupermann
Psicanalista; professor doutor do Departamento de Psicologia Clínica do Instituto de Psicologia da Universidade de São Paulo (USP), onde coordena o psiA – Laboratório de pesquisas e intervenções em psicanálise; bolsista de produtividade em pesquisa 2 do CNPq; psicanalista e autor de vários artigos publicados em revistas especializadas nacionais e estrangeiras, bem como dos livros *Transferências cruzadas: uma história da psicanálise e suas instituições* (Editora Escuta), *Ousar rir: humor, criação e psicanálise* e *Presença sensível: cuidado e criação na clínica psicanalítica*, ambos publicados pela editora Civilização Brasileira.

Sumário

1. **A Psicologia a Serviço dos Avanços Tecnológicos: O Que se Transforma com o Bisturi?, 1**
   Valéria de Araújo Elias

2. **A Infância Medicalizada: Novos Destinos da Psicopatologia, 13**
   Julieta Jerusalinsky

3. **A Reprodução Assistida e as Novas Formas de Parentalidade na Contemporaneidade, 19**
   Isabel Cristina Gomes

4. **Angústia de Morte e Envelhecimento, 25**
   Maria Julia Kovács

5. **Medicina Preditiva: O Tratamento de um "Futuro" Doente, 35**
   Salmo Raskin

6. **A Medicina Preditiva: O Candidato a Doente, o Psicólogo e os Dilemas de um Futuro Incerto, 53**
   Sheyna Cruz Vasconcellos

7. **A Psicologia da Adesão ao Tratamento Médico na Contemporaneidade, 61**
   Patrícia Pereira Ruschel

8. **Efeito Placebo e Subjetividade: Dor, Desejo e Palavra, 69**
   Rubens Marcelo Volich

9. **Psicanálise e Efeito Placebo: Uma Hipótese sobre a Determinação Clínica do Sofrimento, 79**
   Christian Ingo Lenz Dunker

10. **As Múltiplas Narrativas do Corpo no Sofrimento Contemporâneo, 89**
    Maria Helena Fernandes

11. **Alcances e Limites da Psicoterapia e o Uso de Escalas/Inventários de Avaliação no Hospital Geral sob a Perspectiva Psicanalítica, 99**
    Maria Lívia Tourinho Moretto

12. Alcances e Limites da Psicoterapia e o Uso de Escalas/Inventários de Avaliação no Hospital Geral sob a Perspectiva da Fenomenologia, 105
Fernanda Rizzo di Lione

13. Alcances e Limites da Psicoterapia e o Uso de Escalas/Inventários de Avaliação no Hospital Geral sob a Perspectiva da Terapia Cognitivo--Comportamental, 111
Lucia Emmanoel Novaes Malagris

14. Aplicabilidade da Terapia Cognitivo-comportamental no Contexto Hospitalar, 119
Ricardo Gorayeb
Renata Tamie Nakao

15. Acolhimento e Intervenção com Bebês Hospitalizados, 131
Marisa Marantes Sanchez

16. Doenças Crônicas: Intervenções em TCC junto aos Profissionais de Saúde, 143
Maria Cristina de Oliveira S. Miyazaki
Neide Micelli Domingos
Leda Maria Branco

17. A Importância da Humanização. Da Desumanização à Subjetivação: as Funções do Psicólogo, 151
Jean-Richard Freymann
Liliane Goldsztaub

18. Time Assistencial: Uma Nova Forma de Trabalho de Equipe, 157
Sílvia Maria Cury Ismael

19. Crescimento Pós-traumático em Sobreviventes de Câncer, 165
Tânia Rudnicki
Catarina Ramos
Bruna Teixeira de Jesus de Souza

Índice Remissivo, 175

A Psicologia a Serviço dos Avanços Tecnológicos: O Que se Transforma com o Bisturi?*

Valéria de Araújo Elias

1

As ofertas da tecnociência, viabilizadas pelo discurso do capitalista, ocupam um lugar de destaque na cultura contemporânea. O inegável avanço tecnocientífico no campo da medicina proporciona transformações físicas inimagináveis e convida o psicólogo hospitalar a se deparar com sujeitos diante de oportunidades que, ao mesmo tempo em que podem funcionar como soluções para seus problemas, podem colocá-los diante de novos modos de sofrimento, ao serem inseridos em uma nova ordem discursiva.

Segundo Carneiro (2004), com a tecnociência, nos vimos diante de um novo discurso, advindo de um hibridismo entre a ciência e a tecnologia, cuja aliança causa uma complementaridade que vende a esperança de bem-estar. Ela se utiliza do discurso do capitalista para ocupar o lugar do semblante de saber (antes ocupado pela ciência), assim como o semblante de objeto (proposta da tecnologia), na tentativa de oferecer qualquer resposta ao sujeito que venha a tamponar a falta. Desse modo, o ser humano não pode mais ser desvinculado da tecnociência, como outrora o foi em relação à natureza.

Diante dos imperativos promovidos por esta nova modalidade discursiva, deparamo-nos com pedidos de intervenções corporais cuja demanda do sujeito é rechaçada em benefício da economia do gozo. Ou seja, o indivíduo, enquanto candidato a certas intervenções

---

* O trabalho aqui apresentado refere-se à apresentação oral da miniconferência, com o mesmo título, proferida no 10º Congresso de Psicologia Hospitalar, tendo sido, em parte, fruto de minha tese de doutorado, defendida em janeiro de 2016, sob orientação do Prof. Dr. Abílio da Costa-Rosa, cuja referência está citada ao final do texto.

cirúrgicas (como as que serão aqui tratadas), se depara com uma nova possibilidade estratégica para lidar com seu sofrimento, ofertada pela ciência e pelo mercado que, de certo modo, não leva em conta a lei do desejo, em que é impossível de cessá-lo – de tamponar a falta aí implicada – em benefício de um gozo desmedido. Nesse sentido, a oferta de uma solução estandardizada, des-particulariza a demanda do sujeito, desqualificando-o e liberando-o de buscar – pela via do saber sobre si – um modo singular de se haver com suas faltas.

Por esse prisma, a psicologia nos hospitais encontra-se hoje com pacientes que a procuram por razões absolutamente impensáveis na época de Freud, o que se torna um desafio.

O propósito desta apresentação será de refletir sobre a biotecnologia contemporânea no campo da medicina, com suas ofertas cada vez mais acessíveis e que trata muitas vezes o sujeito de modo anônimo, cuja abordagem parece negligenciar o que nos é mais íntimo – nossa relação com o próprio corpo –, podendo provocar complexos e nefastos processos subjetivos, bem como levar o médico aos tribunais por processos judiciais de responsabilidade civil.

Pretendo ainda abordar a importância da função da psicologia nos hospitais no campo das avaliações de candidatos a certas intervenções cirúrgicas, mais especificamente entre a psicanálise e os protocolos que surgem com as novas ofertas tecnológicas em que este profissional, com mais frequência nos hospitais públicos, é convidado a se pronunciar dentro de uma perspectiva interdisciplinar. Dentre essas ofertas, destaco as cirurgias de redesignação sexual, bariátrica e plásticas estéticas, para as quais nem sempre há indicações clínicas precisas de realização.

Os psicanalistas, que tomamos como referência, pouco nos deixaram escrito a respeito do sofrimento dessas pessoas, no modo como se apresentam, e cujo encontro com elas só foi possibilitado a partir de uma oferta tecnológica. O que Freud diria sobre isso? Esse sofrimento não foi descrito – essas ofertas cirúrgicas de intervenção corporal não existiam – e nos vemos diante do imperativo de criar, teorizar a partir dessa nova realidade que se apresenta.

As possibilidades biotecnológicas contemporâneas e os seus efeitos subjetivos

Lacan (1953/1998) demonstrou sua preocupação advertindo sobre a renúncia à prática da psicanálise de "todo analista que não conseguir alcançar em seu horizonte a subjetividade de sua época" (p. 321). Sabemos, desde a psicanálise, que a constituição da subjetividade e suas modificações ao longo dos tempos e culturas se dão no campo da relação entre o sujeito e o outro, da alteridade. O que acontece hoje que é diferente do que acontecia antes e que chamamos de "subjetividade de nossa época"?

Gérard Wajcman (2010) considera que está em curso uma mutação subjetiva sem precedentes na história da humanidade, promovendo, em efeito, uma modificação em nossa relação com o mundo, com o nosso corpo, com o nosso próprio ser. Se antes tudo era escondido, hoje o mundo se apresenta como um imenso campo do olhar, produzindo consequências nos estilos do sujeito e, por conseguinte, no que hoje se apresenta como novos modos de subjetivação.

"O eu é, antes de tudo, um eu corporal", nos informou Freud (1923/1976, p 40). Há uma relação específica do homem com seu próprio corpo que pode se apresentar por meio de uma série de manipulações corporais, muitas das quais não são obras somente de nosso tempo e cultura, revelando a tendência do ser humano em recorrer ao artifício para um saber fazer com o seu corpo, para habitá-lo. Um dos aspectos que torna estes movimentos legítimos desta época e cultura é justamente a ênfase dada ao corpo como objeto da tecnociência e do capitalismo, cujo cuidado requer um alto investimento de tempo, dinheiro e sacrifício para mantê-lo, transformá-lo e renová-lo. Isso estabelece uma relação do sujeito com seu corpo em que o valor deste prevalece em detrimento do primeiro, trazendo consequências não só para o corpo. Nessa perspectiva, o que se incorpora em nosso tempo?

A possibilidade de construir-se um corpo encontra, nesse cenário, um campo fecundo para incorporar (ao corpo) dispositivos que possibilitem resolver, por um lado, déficits orgânicos (transplantes, próteses) e, de outro, modificá-lo com cirurgias estéticas para alcançar um corpo idealizado que se adapte aos imperativos simbólicos da época, às demandas consumistas do mercado. Assistimos a manipulações corporais impensáveis até pouco tempo, promovendo uma ruptura dos limites éticos e que, cada vez mais, se aproxima do que antes estava no registro da ficção.

Vivenciamos a era do transplantado, transmutado, transformado, performado, branqueado, bronzeado, siliconado, trans-humanizado, transvestido, transexuado, transtornado. Essas transformações corporais, agregadas às cirurgias estéticas, socialmente inquestionáveis, como os implantes de silicone, as lipoesculturas, bem como as técnicas de fertilizações *in vitro* e as manipulações genéticas para escolha do sexo do bebê e de suas características fenotípicas, nos conduzem a pensar que – como no processo de transexualização – são também modos de negar o real do sexo, de rechaçar o impossível, avalizadas pelo discurso da ciência e do capitalista (Elias, 2016). Lacan (1967/1987, p. 13) adverte: "teu corpo é teu [...] a questão está em saber se, pelo fato da ignorância na qual este corpo é mantido pelo sujeito da ciência, haverá logo o direito de fazer, deste corpo, moeda de troca"*

Portanto, a solução cirúrgica buscada e encontrada pelos transexuais pode ser assentada na mesma esteira desse conjunto de fenômenos de manipulação e transformação ampla dos corpos, incluída em uma espécie de "sintomática/sinthomática" da vida cotidiana (parafraseando Freud), muito destacada em nosso tempo. A contemporaneidade, com o agravamento da "cultura do narcisismo" (transposta para a sociedade do gozo/cultura do objeto), serve-se da tecnociência para oferecer respostas de estatuto imaginário às demandas, em seus diferentes modos de subjetivação. Nesse sentido, estas manipulações corporais deixam de ser uma manifestação

---

* Livre tradução nossa: "tuyo es tu cuerpo, [...]. La cuestión está en saber si, por el hecho de la ignorancia en la cual es mantenido ese cuerpo por el sujeto de la ciencia, habrá derecho luego a ese cuerpo, hacerlo pedazos para el intercambio".

individual para se tornar uma das novas configurações clínicas que se integram como um fenômeno social contemporâneo, que a psicanálise, sem o seu aparato clínico, pouco pode contribuir.

Melman, em 1996, assinalou a impossibilidade de dar ao transexual a garantia reclamada, seja o reconhecimento civil, o casamento ou a adoção de crianças. Na contemporaneidade, no entanto, a ciência oferece todas essas possibilidades, levando o transexual a acreditar que a impossibilidade de ser do "outro sexo" não se encontre mais no terreno do impossível. E é justamente por prometer a realização desse impossível que o funcionamento da sociedade contemporânea se aproxima do funcionamento do transexual (de acreditar ser possível resolver no corpo real o que aparece como sofrimento psíquico e não físico), revelando uma cumplicidade no discurso produzido e na "cristalização de uma reivindicação jurídica e social medicalizada" (Frignet, 2002, p. 134).

A tecnologia médica, com seu bisturi, oferece hoje, portanto, a possibilidade de fazer delirar a realidade, prometendo qualquer proeza, bastando que o cliente peça (e tenha condições financeiras para custeá-las), antes mesmo que seja dada a ele a possibilidade de falar do que diz o seu desejo, em uma passagem ao ato que poderá ter consequências desastrosas, em longo prazo. O velho torna-se "jovem", o negro torna-se "branco"; o humano torna-se "boneco" ("Barbie e Ken humanos"); a oriental torna-se "ocidental"; o obeso torna-se magro; o homem biológico torna-se mulher ou vice-versa. Em alguns casos, o paciente pós-cirúrgico passa a ser uma ficção científica ou até mesmo uma versão caricata de si, em que o indivíduo se perde nas modificações corporais.

Evidenciam-se manipulações corporais pela via das cirurgias plásticas estéticas em pessoas cada vez mais jovens. Além dos riscos físicos a que se submetem, podem promover desencadeamentos psicóticos em alguns casos. Processos de lesão corporal por responsabilidade civil médica têm sido cada vez mais uma realidade na área da Medicina e do Direito, quando o demandante entende que aquele processo cirúrgico não atendeu às suas expectativas. Tais processos, muitas vezes, decorrem de fantasias onipotentes sobre o que este corpo transformado pode obter além do que é possível modificar, com o bisturi, na carne/organismo. Em efeito, na tentativa de garantir o que o Outro não garante, o sujeito entra num curto-circuito de gozo em movimentos obstinados de repetidas alterações corporais.

Os cirurgiões mais cuidadosos pedem previamente a seus pacientes que assinem um termo de consentimento livre e esclarecido, mas nem sempre tomam o cuidado de oferecer-lhes um tempo para pensar e esclarecer sobre as expectativas e motivações que os levariam a pretender uma intervenção corporal. Por outro lado, os hospitais cada vez mais incorporam a formação de Comitês de Ética, na tentativa de frear ou pelo menos orientar alguns projetos desta ordem.

Nos hospitais públicos e universitários, por orientação e determinação do Conselho Federal de Medicina e do Sistema Único de Saúde, cada vez mais os cirurgiões seguem protocolos pautados em resoluções legais para que algumas intervenções sejam realizadas somente após a avaliação de uma equipe multiprofissional, inserindo aí o psiquiatra e o psicólogo. Porém, muitas vezes, estes profissionais são dispensados, e os critérios de avaliação permanecem pautados somente em critérios universais, "para-todos". Um dos exemplos deste aspecto é o peso corporal (IMC) exigido como critério indicativo para as cirurgias bariátricas em pacientes obesos – sem as ditas comorbidades –, que leva muitos a se submeterem a uma intensa dieta que, paradoxalmente, estaria destinada a elevar o peso corporal e atingir o índice estipulado.

Sabemos que esses dispositivos não terão o mesmo efeito em todos os casos, sendo em muitos deles uma possibilidade de estabilização psíquica a partir de uma mudança física. No entanto, essa tentativa desenfreada de modificação corporal pode empurrar o sujeito ao equívoco de sua reivindicação. Há relatos profissionais sobre os efeitos pós-cirúrgicos de procedimentos de tratamento da obesidade em que os pacientes operados recuperaram o peso corporal perdido, submetendo-se a um segundo procedimento com o mesmo fim, e apresentaram crises depressivas, suicídio, alcoolismo, uso de outras drogas, principalmente nos casos em que o acompanhamento psicológico pré e pós-cirúrgico foi dispensado. Uma paciente acompanhada por mim, após realizar a cirurgia bariátrica em outra instituição – sem uma avaliação psicológica, ou seja, sem minimamente pensar sobre esse processo e antecipar-se psiquicamente sobre as consequências deste ato –, é encaminhada para um tratamento em nossa clínica, por apresentar-se depressiva, com ideações suicidas. Em sua primeira sessão me diz: *a vida perdeu o gosto*.

O jornal belga *France Presse* (2/10/2013)* relata a história de Nathan Verhelst, transexual masculino, de 44 anos, que morreu por eutanásia,** sob a alegação de "transtornos" físicos e psicológicos "insuportáveis" após a realização de uma cirurgia para mudança de sexo. Nathan nasceu menina e sonhava desde a adolescência poder se tornar homem. Realizou três cirurgias (tratamento hormonal, remoção dos seios e mudança de sexo) entre 2009 e junho de 2012, mas não ficou "satisfeito": seus seios continuavam grandes e o pênis que foi criado "fracassou". *Eu havia preparado uma festa para comemorar o meu novo nascimento, mas na primeira vez que me vi no espelho, tive aversão pelo meu novo corpo. [...] Tive momentos felizes, mas, no geral, sofri, [...] 44 anos é muito tempo na terra.*

Situações desastrosas da passagem ao ato cirúrgico – sem que houvesse a possibilidade de repensá-la previamente – são cada vez mais recorrentes. Ao deparar-se com o real, confrontado com um imaginário onipotente, pode ser levado ao suicídio (assistido, como o caso de Nathan, ou não), já que uma alteração no órgão não elimina o gozo nem transforma o transexual em mulher ou homem, conforme os semblantes sexuais. O risco é que a expectativa em relação aos resultados, ao não ser atingida (e nunca será), possa ser interpretada como mutilação. O indivíduo, antes inconformado com sua anatomia, torna-se inconformado com um equívoco irreversível.

Acolher essas demandas sem uma avaliação prévia torna-se, assim, mais que um problema estético, um problema ético, ao não se dar um tempo para que a pessoa ressignifique a sua queixa – à medida que se privilegia o ato em detrimento da

---

* Disponível em: <http://g1.globo.com/ciencia-e-saude/noticia/2013/10/belga-morre-por-eutanasia-apos-cirurgia-de-mudanca-de-sexo.html>. Acesso em: jul. 2015.

** Desde 2002, a Bélgica autoriza mortes por eutanásia, após avaliação de um médico e de um psiquiatra.

palavra – sem singularizá-la, ao responder com uma promessa de resolução disponível, padronizada, feita para todos, avalizado pelos serviços de saúde em prol do princípio da equidade de direitos. Lea T., modelo transexual brasileira, que há pouco tempo divulgou na mídia sua transexualização, ao ser questionada sobre esta questão respondeu que a cirurgia não promoveu em si a passagem do masculino ao feminino. *Não me senti por isso mais mulher e não recomendo a ninguém que se submeta a essa intervenção corporal sem estar muito seguro de sua condição sexual.*

Este tema adquire cada vez mais relevância para além do hospital, invadindo o cotidiano das sociedades. No entanto, poucos tratam o tema com a seriedade que merece, traduzindo a curiosidade do social a respeito desses fenômenos. Miller (2012) chama esses movimentos de "loucura compartilhada", e Ansermet (2003) acrescenta que se os psicanalistas são considerados como tendo o hábito de tratar a loucura, ficam desprovidos quando é a própria realidade que se torna louca, com suas ofertas contemporâneas.

Para Monteverde (2014), tanto a resposta social como a do discurso médico, e até do jurídico, estão presas no efeito imaginário do discurso desses demandantes. Em sua experiência com transexuais, relata ter encontrado nesse pedido – que muitas vezes toma um forte tom reivindicativo a um novo sexo – toda a sorte de tipologias diagnósticas, desde a psicose ordinária, que é o fato mais frequente e habitual junto com as pré-psicoses não desencadeadas, até, igualmente, casos de neuroses obsessivas e estruturas histéricas. Há, portanto, uma diversidade erógena, libidinal e diagnóstica na clínica com transexuais, que não nos permite pensar em uma unidade clínica, mas na transexualidade em seu caráter plural.

Demoulin (2007) também questiona o diagnóstico de psicose, muitas vezes aplicado de modo generalizado para os transexuais. Argumenta que não se pode assimilar o "empuxo à mulher" de Schreber – modelo paradigmático para o que é um transexual – com a demanda de intervenção nos transexuais que encontramos nos hospitais, pois, em sua maioria, nenhum Deus impõe a mudança de sexo e a transformação corporal não ocorre por um delírio. Ademais, diz ele, a demanda depende da oferta, e muitos destes indivíduos são encaminhados a esse destino por uma promessa de felicidade ligada à realização da imagem narcísica. Isso assinala, em sua opinião, sem dúvida a loucura comum (de quem demanda e de quem oferece): a do narcisismo e a do discurso do capitalista.

Sobre o destino dos transexuais operados, a casuística é diversificada. Segundo Teixeira (2006), os dados estatísticos se limitam ao efeito mais imediato da cirurgia e nem sempre o destino desses pacientes é acompanhado de perto, exceto alguns casos que ganharam reconhecimento midiático. Alguns pacientes operados no Johns Hopkins Hospital, em Baltimore, nos EUA, suicidaram-se e outros se arrependeram.

A partir de 2004, na Inglaterra, o jornal *The Guardian* passou a divulgar o que ele chamou de "fenômeno do arrependimento", apresentando sua objeção contra estas práticas. Tratavam-se de casos em que os pacientes, operados em pleno estado de delírio, em um período em que abusavam das drogas ou em outras circunstâncias que não lhes permitiam dar um "consentimento lúcido", denunciavam sua decepção com a cirurgia e reclamavam intervenções reparadoras para recuperarem seu "gênero" original (Sauvagnat, 2013) O arrependimento tornou-se um fenômeno tão recorrente que, atualmente, existe um termo para se referir a transexuais arrependidos da cirurgia – os *transregrett* –, o que se apresenta na atualidade como uma demanda inédita: "a redesignação do redesignado", ou seja, *não estou satisfeito com o resultado, quero voltar a ser como antes do processo.*

Norrie May-Welby, cidadão australiano, nasceu biologicamente homem, fez a cirurgia de transgenitalização para se tornar mulher, mas não se adaptou à nova condição. Recorreu à justiça em 2011 e se tornou a primeira pessoa do mundo a ser reconhecida como *genderless*, ou sem gênero específico.* Como um desdobramento subjetivo, após o processo de Norrie May-Welby, no passaporte australiano, além dos gêneros masculino e feminino, é possível se qualificar como *genderless*, ou seja, gênero neutro. Outro efeito pode ser observado pela reivindicação de alguns pais quanto ao direito de não divulgar o sexo de seu bebê (mantendo-o na condição de gênero neutro) até que ele mesmo tenha condições de escolher por si a qual sexo pertence, livre das pressões e das normas sociais.

Uma análise que podemos fazer pode ser encontrada na contribuição de Demoulin (2007), que utiliza o termo *gadget* para se referir a esse objeto criado pela indústria da tecnologia, produto do discurso da ciência e do capitalismo. De posse de um *gadget*, o sujeito se depara com um produto que proporciona um ganho real menor do que fora prometido no ato de sua aquisição. Diante de um prazer instantâneo, porém passageiro, que o deixa com a percepção de ter obtido apenas algo pela metade, o indivíduo começa a buscar, numa sucessão interminável, outros meios, na tentativa de encontrar o produto que lhe permita completar a parte faltante. Nessa busca obstinada de novos objetos, em uma promessa impossível de apaziguar o gozo, o sujeito é capturado pelo seu próprio meio (estratégia) de alcançá-los. Isso o coloca, segundo o autor, também na posição de meio – metade de si e de instrumento facilmente manipulável – nas mãos daqueles que vivem em busca de vantagens sobre o outro.

No acompanhamento dos transexuais, em nossa clínica, assim como em alguns casos divulgados pela mídia, observamos que, após a cirurgia de redesignação de sexo, eles seguem em uma busca interminável por outras modificações corporais. Além das incontáveis administrações de hormônios, laserterapia para a retirada dos pelos, prótese de silicone nos seios – para adquirir uma aparência que o aproxime do sexo reivindicado –, as transexuais femininas vão além e se submetem a cirurgias de feminização facial (modificação de nariz, testa, entre outros), alteram a posição da sobrancelha, serram a escápula para formar uma cintura (escapulectomia), retiram o "pomo de adão", modificam o pé, aumentam as nádegas e os quadris e fazem lipoaspiração para adquirir "curvas", e assim seguem, de acordo com suas condições econômicas e sociais.

A imagem corporal revela a expectativa do transexual. Quer seja esculpido e formatado por meio de hormônios e cirurgias, quer seja em suas vestimentas e complementos, o corpo se transforma em um símbolo cultural do semblante sexual. Em um jogo de identificações intermináveis, o outro sexo passa a ser a medida

---

* Disponível em: <http://www.bbc.co.uk/portuguese/noticias/2010/03/100315_sem_sexo_dg.shtml>. Acesso em: mar. 2010.

constante de comparação, uma vez que o espelho devolve, além da própria imagem do sujeito, pluralidades de outras imagens. O reconhecimento de si mesmo, de sua imagem corporal projetada no outro, passa a ter um lugar privilegiado nas relações sociais cotidianas.

Chilland (1998), psicanalista que acompanhou crianças diagnosticadas como transexuais, aponta para a dificuldade no seguimento dos casos em que se praticou a cirurgia, pois na maioria das vezes essas pessoas não retornam às consultas, evitando recordar sua história anterior à redesignação sexual. Ela cita locais onde essas cirurgias foram suspensas, entre eles o Johns Hopkins Hospital (Baltimore), em que profissionais desta instituição apontaram, em 1979, que a cirurgia de redesignação não confere nenhuma vantagem objetiva em termos de reinserção social, se não que permanece subjetivamente satisfatória para aqueles que se submetem com rigor a um período de prova e um acompanhamento multiprofissional prévio ao processo. Na Stanford University (Califórnia) foram realizados estudos em que se constataram, após a cirurgia, casos de suicídio, denúncias contra o cirurgião e eclosão delirante, não ficando evidente se se submeteram ou não ao processo analítico.

Esses estudos também apresentam um grande número de pessoas que se declararam satisfeitas, conseguindo extrair benefícios consideráveis na reconfiguração de seu ser. No entanto, concordando com Teixeira (2006), é preciso saber extrair dessas soluções a singularidade do arranjo subjetivo que teve lugar em cada caso, pois se não pudermos saber que se tratam de casos do mesmo tipo subjetivo, não podemos confiar nos resultados finais, desafiando qualquer possibilidade de estatística.

Em minha experiência de acompanhamento em nossa instituição, participando de uma equipe que avaliava candidatos ao processo transexualizador, foram realizadas apenas cirurgias de redesignação sexual Masculino para Feminino (M-F) no período de 2000 a 2007, além de algumas para a correção de cirurgias malsucedidas realizadas em clínicas clandestinas (Elias, 2016). Todos foram previamente acompanhados pela equipe ao processo cirúrgico, por no mínimo dois anos, conforme sugere o protocolo do Conselho Federal de Medicina. Houve casos não aceitos para inclusão no processo por se apresentarem em franco desencadeamento psicótico, desistências por não suportarem o tempo mínimo de tratamento estipulado e, paralelamente, casos de desistência ou adiamento da intervenção cirúrgica após um tempo de tratamento analítico.

A exigência protocolar do Conselho Federal de Medicina (2002) para o processo transexualizador – de no mínimo dois anos de acompanhamento –, ao não responder rapidamente à queixa de insatisfação corporal e oferecer a quem demanda a alteração a oportunidade de retificar subjetivamente sua queixa, trouxe como resultado para alguns candidatos uma mudança na posição subjetiva inicial. Em efeito, se dissipou a pressa em realizar esta cirurgia submetendo-se ao processo analítico por tempo bem superior ao estipulado. Em alguns casos, pareciam buscar na alteração corporal algo que pudesse fazer limite ao corpo, às pulsões; em outros, pareciam tomar o próprio corpo como objeto de fetiche.

Nos acompanhamentos que se deram após o processo cirúrgico, foi possível escutar que os resultados foram satisfatórios, naquilo que respondia aos seus anseios e pela possibilidade de seguir a vida em frente, não mais atrelada ao que era visto muitas vezes como obstáculo para as relações sexuais e para serem aceitos no social pelo sexo reivindicado, condizente com sua posição subjetiva e aparência. Mas as queixas não se esgotaram aí.

Do nosso ponto de vista, responder a esses sujeitos aceitando sua demanda de cirurgia, sem oferecer-lhes previamente algo que possa levá-los a questionar o seu desejo associado ao pedido, torna-se um problema ético, pois desde a psicanálise sabemos que podem existir outros modos de se haver com o excesso de gozo. No entanto, a maioria desses indivíduos – por iniciativa própria – não está disposta a se empenhar em um processo analítico, ou não tem a oportunidade para isso. Nesse sentido, essas resoluções, mesmo que impositivas, levam muitos candidatos a se beneficiarem delas.

A psicologia a serviço dos avanços tecnológicos

A psicologia nos hospitais foi convidada a se pronunciar sobre esta nova realidade apresentada como uma medida protocolar do Ministério da Saúde (SUS), em parceria com o Conselho Federal de Medicina (2002), no intuito de avaliar se as pessoas indicadas a passar por este tipo de intervenção corporal estariam aptas, do ponto de vista psíquico, a se submeter ao processo. Entendemos que há nesse encaminhamento o reconhecimento de que algo do campo subjetivo se atravessa e que é possível que interfira no resultado dessa intervenção irreversível. O que sabemos é que não se tem a mesma exigência na clínica privada.

Essa exigência protocolar é o que permitiu o encontro com a escuta analítica. Temos, portanto, de um lado, sujeitos em posição de demanda, e, do outro, a equipe com seu aparato técnico no lugar de suposto saber. Ao não responder rapidamente à queixa com intervenções corporais, mediante a proposta protocolar, se oferece ao candidato (ou candidata) a oportunidade de uma terapêutica pela via da palavra, em consonância com a direção do tratamento pela psicanálise.

Não se trata aqui de culpabilizar os avanços tecnológicos e seus benefícios conquistados, isto é secundário, pois muitos são necessários e inevitáveis. Trata-se, no entanto, de lançar questionamentos para circunscrevê-los dentro do próprio campo em que a demanda surgiu. Ou seja, nossa função é interrogar a queixa a quem a fez e não dirigi-la a quem ofertou, para que não se torne uma compulsão a ser repetida em busca de alcançar o impossível. Deve-se sair de uma posição automática – que sem uma intervenção leva o sujeito a um círculo de repetições – para uma posição reflexiva: Quem sou eu e por que preciso destas alterações corporais?

Lacan (1964/1988) propôs dois conceitos que se vinculam à repetição: *Automaton* e *Tyché*. A repetição como *automaton* aponta para a insistência automática da rede dos significantes, o retorno, o novamente dos signos pelos quais nos vemos comandados pelo princípio do prazer, aprisionados a representantes que operam como modelo da relação do sujeito consigo mesmo e com o outro, dentro de um Ideal. E a repetição como *tyché* – para além do simbólico – que ele traduziu por encontro faltoso com o Real: o que de novo aparece no novamente? Há algo que acontece com o sujeito e que ele intui, mas que não é assimilável. É com relação a esta dimensão do "para além" que se coloca a importância de uma escuta atenta e do ato analítico, ou seja, de um outro bisturi, não aquele que opere no corpo/organismo, mas aquele que, por meio da palavra, incida no corpo pulsional.

Freud (1917/1976) comparou o tratamento analítico a uma operação cirúrgica, e nos recomendou tomar como modelo um cirurgião que durante o tratamento não se deixasse levar pelos próprios sentimentos e se concentrasse no objetivo de realizar a operação tão competentemente quanto possível. Advertiu-nos ainda de que não haveria instrumento ou método garantido contra "mau uso", pois se um bisturi não corta, não pode ser usado para curar. O médico-cirurgião, no entanto, utiliza-se de seu bisturi pela via do corpo, e para o psicanalista a palavra é seu bisturi.

A ferramenta de trabalho do analista – o seu "bisturi" – é seu ato analítico. Com ele é possível dar outra direção ao tratamento, levando o sujeito a se implicar em sua demanda, permitindo ajustar a palavra ao corpo e sair da adaptação à solução tecnológica para os impasses de seu desejo, para a responsabilização por seu modo de gozo, podendo promover um deslocamento e uma virada radical neste movimento, às vezes obstinado de modificação corporal.

É preciso buscar em cada sujeito as histórias subjacentes à busca do recurso da alteração corporal. Nesse sentido, a exigência dos protocolos formais do Ministério da Saúde e CFM – como precondição a estas intervenções corporais realizadas no serviço público de saúde (raramente na clínica privada) – dá a oportunidade ao candidato de antecipar-se psiquicamente frente às expectativas e consequências objetivas e subjetivas deste processo, levando-se em conta o princípio da responsabilização do sujeito.

Uma coisa é submeter-se a uma cirurgia esperando que estas intervenções sejam a solução aos impasses de seu desejo, outra coisa é esperar que esta a constitua enquanto outro de si mesmo, um ser de "outro sexo". Pensar sobre isso não tem a função de impossibilitar o ato, mas de evitar um arrependimento em um tempo irremediável.

A frase reflexiva de Hamlet: *Ser ou não ser, eis a questão* foi substituída hoje pelo *ter ou não ter, sem nenhuma questão*: Eu preciso? Por que preciso? Não é mais suficiente ser, é preciso ter. *Para quê? Para quem?*

Operamos com a palavra justamente aí, inserindo a dúvida no campo das certezas estabelecidas, abrindo um caminho para a singularidade do sujeito. Só assim é possível dar a direção ao tratamento, levar o sujeito a separar-se das respostas prontas e padronizadas, a se implicar em sua demanda, lembrando com Forbes (2003) que nem sempre o que se quer – pede em forma de queixa – é o que se deseja. *Quero a cirurgia, pois só assim vou conseguir ter um marido*, diz uma candidata, o que questiono:

– *Então é isto, é para ter um marido que você vai se submeter a esta cirurgia? O que te falta é um marido?*

Aline é surpreendida ao ser remetida ao seu discurso. Ao implicá-la em seus ditos e apontar o que lhe faltava, ela então me diz: *Não é bem assim...*

O que seria então? Esta intervenção permitiu que ela se questionasse sobre seu desejo, possibilitando que ela pudesse pensar sobre a que e a quem destinava sua alteração corporal.

Conforme Lacan (1960/1998), o homem que se interroga, não sobre o seu lugar, mas sobre sua identidade, tem que se situar, não no interior de um recipiente limitado que seria seu corpo, mas no real total e bruto com o qual ele tem de lidar. "Não escapamos a esta lei, de onde resulta que é o ponto preciso desse delineamento do real" – em que consiste a tecnociência – "que sempre teremos que nos situar" (p. 81). A tecnociência propõe uma resposta e uma saída à sua incompletude, estando aí o equívoco de sua proposta, já que o sujeito é sempre transitório, inacabado, incompleto, imprevisível e faltoso. Por isso o que serve para um não necessariamente servirá para outro.

Na proposta da clínica lacaniana, o ato analítico promove um corte no discurso, permitindo à pessoa ajustar a palavra ao corpo, promovendo um deslocamento do gozo e o encontro entre o corpo e a linguagem. Desse modo, é possível uma virada radical neste movimento às vezes obstinado, saindo da adaptação de sua posição subjetiva e empurrando o sujeito à responsabilização por seu modo de gozo e à invenção, um modo de saber fazer que se desloca da saída disponível e padronizada oferecida para a singularização.

Nossa clínica funciona fazendo com que o sujeito elabore aquilo que repete sem saber que repete. Trata-se de levar o sujeito a pensar no que está dizendo, se implicar no que diz, encontrando o sentido singular que apenas ele, em sua análise, é capaz de descobrir. E quando se pensa no que fala, se implica em seu discurso, promovendo uma modificação de sua posição de gozo. Quando não se responsabiliza pelo que faz e diz, trata-se de uma fala pela fala, levando à repetição, inúmeras vezes, mantendo-se distante de si e do que deseja, de quem é e do que lhe falta, reconhecendo-se a força e a determinação do inconsciente sobre o sujeito.

Concordando com Frignet (2002), nossa prática é ditada por uma ética:

> Cabe a nós escutar uma demanda para além de seu objeto imediato e responder a ela. [...] Propor ao sujeito por em jogo sua fala em vez de ficar nos meros benefícios do gozo. [...] Até mesmo de aumentá-lo ao oferecer o corpo a gestos cirúrgicos, seja qual for a estrutura que ordene tal atitude [...] é este o objetivo que Freud em 1895 atribuiu à psicanálise: transformar uma miséria neurótica numa infelicidade comum.

Referências bibliográficas

Ansermet, F. (2003). Da psicanálise aplicada às biotecnologias, e retorno. Latusa digital. ano 0. n 1. Agosto.

Carneiro, H. (2004). Sujeito, sofrimento psíquico e contemporaneidade: uma posição. Revista Mal-estar e Subjetividade, IV(2). Fortaleza: Unifor.

Conselho Federal de Medicina (2002). Resolução CFM nº 1.652 de 06 de novembro de 2002. Sobre a Cirurgia de transgenitalismo. Brasília, DF, 6 nov. Disponível em: <http//: portalmedico.org.br/resolucoes/2002/1652.html>. Acesso em: 6 dez. 2002.

Chilland, C. (1990). Mudança de sexo. Rio de Janeiro: Ed. Odile Jacob.

Demoulin, Christian (2007). Gadget et hontologie. In: Association acte-psychanalytique, Membre de convergencia, mouvement lacanien pour la psychanalyse freudienne. Annales. Toulouse: Acte.

Elias, V. A. (2016). O dispositivo analítico no hospital na clínica com transexuais: entre o ser e o sujeito. Tese (Doutorado em Psicologia). Faculdade de Ciências e Letras, Universidade Estadual Paulista, Assis.

Forbes, J. (2003). Você quer o que deseja? São Paulo: Best Seller.

Freud, S. (1976). Conferências introdutórias sobre psicanálise. Conferência XXVIII: Terapia analítica. In: Obras Psicológicas Completas. Rio de Janeiro: Imago. (Obra original publicada em 1917).

Freud, S. (1976). O ego e o id. In: Obras Psicológicas Completas. Rio de Janeiro: Imago. (Obra publicada em 1923).

Frignet, H. (2002). O transexualismo. Rio de Janeiro: Companhia de Freud.

Lacan, J. (1998). A direção do tratamento e os princípios de seu poder. In: Escritos. Rio de Janeiro: Jorge Zahar. (Obra original publicada em 1953).

Lacan, J. (1998). Subversão do sujeito e dialética do desejo. In: Escritos. Rio de Janeiro: Jorge Zahar Editor. (Obra original publicada em 1960).

Lacan, J. (1988). O seminário, livro 11. Os quatro conceitos fundamentais da psicanálise. Rio de Janeiro: Jorge Zahar. (Obra original publicada em 1964).

Lacan, J. (1967). Discurso de clausura de las Jornadas sobre las psicosis en el niño. El Analiticón, 3, Paradiso, España, 1987.

Melman, C. (1996). Le corps est-il le lieu de La vérité? In: Czermak, Marcel et Frignet, Henry. (org.). Sur l'identité sexuelle: à propos du transsexualisme. Paris: Éditions de l'Association Freudienne Internationale.

Miller, J-A. (2012) Efeito retorno sobre a psicose ordinária. In: Almanaque On Line, N°5, Instituto de Psicanálise e Saúde Mental de Minas Gerais. Disponível em: http://www.institutopsicanalise-mg.com.br/psicanalise/almanaque/05/textos/Jacques.

Monteverde, H. (2014). Transexualidades o las evanescencias de la pasión. Disponível em: <http://www.foropsicoanaliticodeasturias.es/pdf/Hugo%20 Monteverde. pdf>. Acesso em: fev. 2014.

Sauvagnat, F. (2013). Nota sobre la evolución de la noción de transexualismo. In: Torres, M. et al. (org.). Transformaciones: ley, diversidad, sexuación (pp.193-208). Olivos: Ed. Grama.

Teixeira, M. C. (2006). O transexualismo e suas soluções. Revista eletrônica Asephallus, 1(2), maio-out.

Wajcman, G. (2010). L'Œil absolut. Paris: Éditions Denoël.

A Infância Medicalizada: Novos Destinos da Psicopatologia

Julieta Jerusalinsky

2

Você se reduz ao seu cérebro? Essa é uma pergunta que cabe fazer em tempos de medicalização, psicopatologização e criminalização precoce.

Os diagnósticos psicopatológicos de crianças realizados na atualidade por meio de questionários no formato de *check-lists* (tais como os de TDAH, TEA, TDO) têm sido cada vez mais frequentemente aplicados.

Esses questionários, tantas vezes baixados na internet, longe de favorecer critérios de detecção de sofrimento que favoreçam a constituição das crianças, têm induzido uma patologização precoce, visto que certas manifestações das crianças passam a ser fixadas de forma unívoca como signos psicopatológicos, sem que se distinga o contexto de sua produção (por exemplo, que a criança não preste atenção quando algo não é do seu interesse, que seja preciso repetir-lhe ordens, que seja agitada, que deixe as coisas caírem – produções que, em um contexto ou outro, estão presentes em toda e qualquer criança).

A indução da patologização se produz na medida em que os pais, em lugar de se relacionarem espontaneamente com a criança por meio de cuidados na vida cotidiana e por meio do brincar, que favoreçam a constituição, passam a olhar para o filho sob o crivo dos signos patologizantes dos *check-lists*, buscando aplicar na criança, de modo irruptivo, a confirmação dos signos indicados.

Desse modo, têm chegado para avaliação clínica pequenas crianças cujos pais já têm uma suspeita diagnóstica e passaram a se relacionar com os filhos a partir dela – por exemplo, contando os segundos durante os quais a criança olha para eles nos olhos, ou chamando-a repetidamente sem razão alguma a não ser para verificar se a criança responde quando chamada pelo nome. Nessa verificação acaba por se instalar no relacionamento com a criança a indução de um comportamento que desarticula o exercício das funções materna e paterna, os destituindo de um saber simbólico que permita aos pais ler em contexto o que está acontecendo com o seu filho e compreender a produção da criança não como fruto de uma patologia exógena e isolada, mas como uma resposta que depende do seu entorno para ganhar sua significação.

Introduz-se assim, na relação com a criança, um efeito iatrogênico pelo qual opera o mecanismo das profecias autorrealizáveis, em que os pais passam a temer e, ao mesmo tempo, esperar a realização da patologia. A identificação dos pais se rompe e são os signos patológicos que passam a funcionar como o espelho ao qual a criança é endereçada.

Tais entidades psicopatológicas (extremamente abarcativas e pouco específicas) têm produzidos números estarrecedores em termos epidemiológicos, tendo suas supostas causas atribuídas a um mau funcionamento cerebral intrínseco da criança. Desde essa lógica tem sido proposto em ampla escala o tratamento com psicofármacos, os quais supostamente compensariam esse mau funcionamento cerebral atrelando tais entidades psicopatológicas à crescente comercialização de psicofármacos na infância.

Como já referimos em artigo anterior,* segundo um estudo da Agência Nacional de Vigilância Sanitária (Anvisa), o consumo de metilfenidato (comercializado no Brasil com os nomes de Ritalina e Concerta) aumentou 75% entre crianças e adolescentes na faixa dos 6 aos 16 anos entre os anos de 2009 e 2011.

É nesse contexto que a Secretaria Municipal de Saúde de São Paulo (SMS-SP), por meio da Portaria nº 986/2014, regulamentou, em 12 de junho de 2014, as condições de prescrição e distribuição de metilfenidato na rede pública. Uma medida mais do que acertada: um ato de responsabilidade social acerca do modo como abordaremos, em nossos tempos, as manifestações de saúde e de sofrimento das crianças.

Uma nota da Associação Brasileira de Saúde Mental (Abrasme) em apoio à decisão da Prefeitura afirma que, segundo recentes dados oficiais dos Estados Unidos, aproximadamente 20% dos adolescentes no ensino médio e 11% das crianças no ensino fundamental receberam o diagnóstico médico de TDAH. Dessas crianças e adolescentes diagnosticadas com TDAH, 2/3 receberam prescrições de estimulantes como Ritalina. Esse mesmo fenômeno ocorre em diversas outras sociedades. Na Inglaterra o número de drogas prescritas para o TDAH (metilfenidato, incluindo a Ritalina) disparou para mais de 50% em seis anos.

Dessa maneira, a psicopatologização e a medicalização fazem parte de uma mesma lógica de adoentamento da infância, atribuindo sua etiologia a supostas causas orgânicas.

---

* A era da palmatória química: responsabilidade social e medicalização da infância. In: Blog criança em desenvolvimento, Estadão on-line, 2014. Disponível em: <http://vida-estilo.estadao.com.br/blogs/crianca-em-desenvolvimento/a-era-da-palmatoria-quimica-responsabilidade-social-e-medicalizacao-da-infancia/>.

Os defensores do TDAH como um transtorno com entidade clínica específica e de seu tratamento com drogas estimulantes asseguram que ele está associado a "alterações no cérebro". Mas tanto a Conferência de Desenvolvimento de Consenso dos Institutos Nacionais de Saúde (NHI, EUA, 1998) quanto a Academia Americana de Pediatria (2000) confirmam não haver bases biológicas conhecidas para o TDAH.

Assim, drogas como o metilfenidato são, muitas vezes, solicitadas por pais que confiam em pesquisas supostamente tão sérias quanto a da penicilina e que esperam delas efeitos tão eficazes quanto os de uma vacina. No entanto, nem suas pesquisas são tão transparentes e nem a utilização de tais drogas é inócua para cérebros em formação.

Certamente, todos gostaríamos que a solução fosse simples. No fim das contas a lógica biunívoca causa-efeito é muito eficaz em diversas questões preventivas no campo da saúde. No entanto, sabemos que a complexidade da multifatorialidade implicada no campo da saúde mental torna, na maioria dos casos, essa lógica inoperante para esse campo.

Isso nos leva a interrogar o que revela esse excesso de medicalização e psicopatologização da infância.

Em primeiro lugar é preciso, sem dúvida, considerar que mudou "a régua" com a qual se mede o fenômeno, por meio de novos quadros nosográficos demasiadamente abarcativos e pouco específicos que produzem números epidemiológicos estarrecedores, que nem sempre refletem uma mudança efetiva do sofrimento na infância e são efeitos mais de uma epidemia diagnóstica do que de uma verdadeira patologia em massa.

Henry Wallon, importante neurologista e psiquiatra infantil, já apontava, no ano de 1925, que a criança é essencialmente turbulenta. A hiperatividade está atrelada ao seu processo de constituição e pode agravar-se quando há alguma angústia diante de uma situação de vida à qual a criança não consegue fazer frente. E como as crianças têm conseguido fazer frente a pais que trabalham mais de 8 horas por dia, enquanto elas permanecem sozinhas ou delegadas a terceiros em casas pequenas, já que a rua é um lugar perigoso, olhando para TVs e jogos virtuais?

Por isso, em segundo lugar é preciso interrogar: se estes males assolam tantas crianças, por que um "transtorno neurobiológico" teria passado a ocorrer simultaneamente com tantas delas?

Estes são problemas isolados no cérebro de cada criança ou são um sintoma social pelo qual, diante da dificuldade de cuidar e educar de nossos tempos, estaríamos recorrendo a uma palmatória química? Não parece haver mais lugar na cidade, nem tempo dos adultos produtivos para sustentar os arroubos vitais das crianças.

Essa é uma lógica pela qual o comportamento da criança é tomado como um transtorno que deve ser suprimido, em lugar de ser considerado como um sintoma, ou seja, como uma resposta enigmática a um sofrimento que precisa ser elaborado.

Em terceiro lugar, é preciso advertir que insistir em reducionismos organicistas dessa ordem implica ignorar duas descobertas decisivas extremamente atuais do campo neurobiológico e que são centrais para a infância: a plasticidade neuronal e a epigenética (Ansermet & Magistretti, 2006; Kandel, Shuartz & Jessell, 1995).

Se a psicanálise situa que não nascemos psiquicamente constituídos, essas duas descobertas apontam que tampouco nascemos com o organismo dado como um destino, e que a constituição deste também depende de experiências de vida.

A dimensão da infância nesse sentido está inquestionavelmente acima de qualquer patologização, pois a estrutura da criança não está decidida nem orgânica nem psiquicamente, e nessa constituição conta decisivamente a relação com o Outro familiar, escolar e social.

Tal questão também deve ser levada em conta quanto ao presente risco da criminalização precoce na medida em que está em votação em nosso país a diminuição da idade penal. O relator desse projeto na Câmara, o político Laerte Bessa, em entrevista, declarou que, no futuro, seremos capazes de detectar tendências criminais em bebês que ainda não nasceram! Logo após esclarece que é contra o aborto! Certamente deve sê-lo como um ato de escolha de uma mulher, mas parece que é favorável a um projeto eugênico partindo da noção de que intrinsecamente alguém nasce mau e que a sociedade nada tem a ver com isso.

Na França já houve o projeto de lei que propunha anotar condutas agressivas na caderneta de bebês de 36 meses. Revela-se mais uma vez a tendência mundial à criminalização precoce como forma de segregação *versus* a detecção precoce de sofrimento psíquico para favorecer a constituição de um bebê.

Em quarto lugar, é preciso situar que, ao procurar causas e soluções unívocas para problemas extremamente complexos, incorre-se em uma lógica discursiva muito presente na atualidade pela qual se objetaliza o sujeito.

Nesse sentido vale recordar a pronunciação de um menino de pouco menos de seis anos que, diante de uma exposição muito séria e interessante sobre o funcionamento cerebral, mas que encerrava com o reducionista enunciado "você é o seu cérebro", ao ser questionado sobre tal frase: "você concorda com isso: você é o seu cérebro?", respondeu: "meu cérebro comanda meu corpo, mas quem decide sou eu".

Tal afirmação revela, desde o alto da simplicidade de uma criança, o problema que se cria ao procurar forjar um reducionismo que busca apagar a complexidade.

Objetalizar o sujeito acaba por desimplicá-lo da escolha de seus atos. Esse é o risco que corremos quando se faz do comportamento um mero efeito do funcionamento orgânico e que deve ser treinado para estabelecer competências adaptativas enquanto medicalizamos como suposta causa seu mau funcionamento cerebral.

Ao objetalizar o sujeito dessa maneira, elide-se o fato de que o modo como vivemos e nos relacionamos com os demais, a lógica desde a qual sustentamos nossos atos, também pode mudar nossa manifestação genética e nosso funcionamento cerebral.

Referências Bibliográficas

Ansermet, F., Magistretti, A. (2006). A cada uno su cerebro: plasticidad neuronal e inconsistencia, 1 ed. Buenos Aires: Katz.

Jerusalinsky, J. A era da palmatória química: responsabilidade social e medicalização da infância. In: Blog criança em desenvolvimento, Estadão on-line, 2014.

http://vida-estilo.estadao.com.br/blogs/crianca-em-desenvolvimento/a-era-da-palmatoria-quimica-responsabilidade-social-e-medicalizacao-da-infancia/

Kandel, E. R., Shuartz, J. H., Jessell, T. M. (1995). Essentials of neural science and behavior. London: Appleton & Lange, Prentice Hall International (UK) Limited.

A Reprodução Assistida e as Novas Formas de Parentalidade na Contemporaneidade

Isabel Cristina Gomes

3

O mundo contemporâneo traz como uma de suas características a forte influência do modelo tecnicista sobre as relações humanas, o que acaba produzindo mudanças na constituição subjetiva de cada um e no modo de se estabelecerem os relacionamentos, embora ainda se partindo da família ao social mais amplo. Sob a égide da família patriarcal tradicional, as funções e os lugares eram bem definidos e atrelados a determinadas nomeações inquestionáveis: o homem/marido/pai e a mulher/esposa/mãe ocupando lugares diferenciados hierarquicamente frente aos filhos. Nesse contexto, o pertencimento familiar tinha como premissa a ênfase nos laços biológicos, ou seja, a filiação era sempre constituída pela consanguinidade resultante do casal heterossexual. Contudo, o desenvolvimento das técnicas de reprodução assistida e as inovações advindas das descobertas biotecnológicas provocaram sensíveis alterações no contexto familiar, fazendo com que nos defrontássemos com situações até então impensáveis como, por exemplo, as citadas a seguir:

a) famílias monoparentais femininas constituídas por meio de um banco de sêmen, sem a existência de um pai;

b) famílias homoparentais femininas ou masculinas, com uma maior complexidade na dinâmica relacional, em se tratando das técnicas de reprodução escolhidas para se obter um filho: óvulo de uma com esperma de banco e gestação no corpo da parceira; óvulo de uma com esperma de algum homem da família da parceira – irmão, cunhado ou, ainda, com algum amigo em comum ou não; para os homens, há a alternativa de busca pela barriga de aluguel, em países onde a legislação permita, ou a barriga de ajuda por alguma mulher da família ou amiga, com óvulo doado;

c) casais heterossexuais que, geralmente por infertilidade, buscam a doação de sêmen ou de óvulos para realizar o desejo de ter filho, o que antes só era possível pela via da adoção. Embora os vínculos familiares, nesse caso, sejam legitimados pelo biológico, há algo novo e dissonante que se refletirá na relação conjugal e na parentalidade ao longo do tempo. Uma demanda mais atual é a que envolve os casais jovens e sadios que, no afã de não viverem nenhuma situação desconhecida, fora do controle e do esperado e que gere frustrações, buscam a reprodução assistida para garantir o sucesso da empreitada, em curto período e com uma escolha segura acerca do sexo do filho;

d) mulheres que engravidam pós-menopausa desafiando o limite biológico do corpo e rompendo com os lugares geracionais, de supostas avós que se tornam mães.

Observamos, portanto, que a necessidade de filho e/ou a constituição de uma família ainda é algo desejado, o que implica a pluralidade de arranjos existentes hoje e novas maneiras de se atingir a parentalidade. Com isso, os psicanalistas precisam se debruçar para ampliar os conceitos que foram pensados tendo o modelo da família tradicional como alicerce. Parafraseando Roudinesco (2003), a importância da família para a construção subjetiva do indivíduo não diminuiu, mas sim entrou em uma nova ordem paradigmática.

Entretanto, se dimensionarmos a maternidade e a paternidade como construções simbólicas que vão além do biológico instituído, na medida em que há a necessidade de se construir psiquicamente o vínculo de filiação, as novas tecnologias reprodutivas promovem a desconstrução destas categorias para reconstruí-las como processo tecnológico. Então, aqui nos deparamos com a distinção entre desejo e necessidade de filho.

O desejo de ter um filho manifestado conscientemente nada revela do desejo inconsciente na origem da esterilidade psicogênica, ou nas demais situações anteriormente mencionadas. Nos casos em que a esterilidade indica uma recusa inconsciente de procriar, a demanda feita no consultório do especialista médico não é dirigida a alguém que se disponibilize a escutar o sintoma; ao contrário, a causa aparente é jogada sobre o corpo sem que se escute que pode tratar-se de uma esterilidade de outra ordem. Ou, tomando-se como foco da medicina a superação dos limites do corpo, temos como exemplo o caso analisado em Gomes, Levy e Magalhães (2014), segundo o qual uma senhora torna-se mãe de um casal de gêmeos aos 63 anos e, consciente de sua idade avançada, elege o filho como cuidador e protetor da irmã quando antecipa a adolescência de ambos. Contudo, não cabe à medicina discutir os meandros envolvidos na construção desse tipo de parentalidade e familiaridade (principalmente a relação fraterna que se estabelece frente a esse desígnio materno) quando os elos geracionais são alterados, ou seja, uma mãe/avó.

Os dispositivos médicos utilizados servem para satisfazer uma demanda, mas desconhecem o desejo dos sujeitos. E assim o desejo é reduzido à necessidade (Tort, 2001). O autor insiste que, quando o corpo é apresentado ao médico e submetido a exame(s) e à intervenção em substituição ao acolhimento do sujeito da palavra, que pede para ser ouvido, instala-se o desconhecimento de um outro saber, o saber do inconsciente. Na medida em que o sujeito obtém resposta imediata para a demanda consciente de ter filho, nada mais se escuta sobre o "desejo de filho" e sobre o "desejo de família". Entendendo-se o "desejo de família" como engendrado pela transmissão, com vistas à perpetuação do legado psíquico familiar, implicando a preservação do continente genealógico grupal (Benghozi, 2005).

A idealização da maternidade ainda é observada em mulheres de diversas faixas etárias e estratos sociais, apesar de mudanças significativas nos papéis sociais e de gênero terem provocado o adiamento na decisão de gerar um filho. Verifica-se uma maior exigência nas escolhas amorosas, adiamento de planos de casamento e uma preocupação com a estabilidade profissional, que se espera concretizar antes do projeto de constituição de uma família. Consequentemente, tem sido cada vez mais comum que os casais se disponibilizem tardiamente para a chegada de um filho (Lima, 2013). Neste momento, algumas mulheres constatam a existência de dificuldades para engravidar e, diante do limite de seu período fértil, são dominadas pela ansiedade.

Dentre as situações de reprodução assistida mencionadas anteriormente, destacaremos nesse texto a ovodoação e seus importantes efeitos na conjugalidade e parentalidade. Para além da alteração do limite da procriação, essa técnica nos remete a uma postulação que era até recentemente inquestionável: a mãe era certíssima. Pretendemos destacar as produções inconscientes despertadas nos parceiros de uma relação conjugal quando o esperma é o do marido mas o óvulo não é o da esposa. Abordaremos alguns reflexos desse tipo de fecundação medicamente assistida na dinâmica conjugal por meio de um relato proveniente de uma perícia psicológica realizada no Judiciário.

Jorge* tinha 46 e Joana 42 anos quando se conheceram em uma festa. Após este dia, Jorge não quer nenhum outro encontro. Ela, entretanto, insiste em vê-lo mais uma vez e "engravida". Ele suspeita da gravidez, pois, tão logo é marcado o casamento, Joana "sofre um aborto espontâneo". Acabam se casando 8 meses após terem se conhecido e fica claro que ela, mais do que um marido, desejava desesperadamente engravidar. Eles se casam sem construir uma conjugalidade. Joana quer ser mãe e Jorge aceita passivamente fazer parte desse pacto, envolto num projeto familiar que não lhe inspira confiança. O casamento de Joana e Jorge durou aproximadamente 3 anos, ela sempre tentando engravidar e não aceitando as respostas médicas sobre seus óvulos serem "velhos". Jorge, por sua vez, não desejava ter filhos e opunha-se veementemente a qualquer tipo de tratamento. Ela lhe dizia: *"Ter filhos não sai da minha cabeça, meu tempo está se esgotando"*. Receber um filho do marido também representava uma prova de amor, portanto, ele deveria se sacrificar por ela.

Joana chegou a pensar em aceitar esperma de outro homem quando Jorge se recusou a ceder o seu. A pressão foi tanta que ele acabou cedendo. Através da doação de óvulos, Joana engravida e dois meses depois do nascimento do filho, muda-se para a casa da mãe, sob o pretexto de que precisava de ajuda para cuidar do bebê. Sua intenção parecia ser não retornar ao lar. Na família de Joana, o pai, divorciado

---

* Os nomes são fictícios.

da mãe, era hostilizado e denegrido por mãe e filha, como um ser inútil, o que fortalecia o vínculo entre elas.

A questão da maternidade, para Joana, nada mais é do que uma repetição do seu legado geracional. Sua esterilidade não é apenas biológica, ela não necessita de um pai para seu filho porque foi amputada, por sua mãe, do convívio com o pai. Ela necessita ser fecundada dentro do casamento para cumprir um desígnio familiar: manter as nomeações do parentesco com a finalidade de repetir o jogo patológico na filiação materna, ou seja, um pai destituído pelo poder da mãe. É assim que entendemos o comportamento ambivalente de Joana. Ao mesmo tempo em que insiste na presença de Jorge, visitando-a na casa materna, ela o hostiliza. Começa a partir daí um período no qual o pai, ferido em seu orgulho, recusa-se a dar assistência ao filho ou a visitá-lo enquanto a esposa não voltasse para casa. Quando o menino completa dois anos, Joana pede o divórcio e Jorge, o direito à visitação.

Neste momento, Joana inicia um longo processo de alienação parental, e Jorge passa a atacar a figura da ex-mulher como mãe, dizendo-lhe com frequência que era o "verdadeiro pai", ameaçando-a com a figura da mãe biológica. Jorge também se defende alegando que não fora ele a abandonar o filho, mas ela quem fugira de casa. Decidira não visitar o filho na casa da sogra porque era maltratado pela mulher. Não admitia que a criança presenciasse as humilhações que a esposa o fazia sofrer. A experiência de ovodoação faz eclodirem conflitos individuais e de relacionamento, entre cônjuges fragilizados em seu narcisismo e com marcantes dificuldades na dinâmica relacional desde o início do casamento, comprometendo substancialmente o exercício parental. Joana torna-se vítima de sua própria demanda (ser mãe por meio de uma ovodoação) na medida em que personaliza o procedimento médico, sentindo-se ameaçada pelo fantasma da mãe biológica.

Em decorrência do conjunto de desacertos apresentados, o menino até a idade de cinco anos pouco viu o pai e sempre em situações rodeadas de profunda tensão. Sua mãe vivia cercada pela ameaça de que o filho descobrisse ou que o pai revelasse a história de seu nascimento. O pai, por sua vez, parecia estar mais revoltado com a desqualificação que havia vivenciado durante a relação do que com um desejo de paternidade que, de fato, nunca expressara.

Do ponto de vista psicológico, o sucesso da demanda de filho decorrente da facilitação médica através de ovodoação pode dar lugar a conflitos que exigem uma reflexão, principalmente nos casos em que a conjugalidade não é bem estabelecida. No exemplo apresentado, verificamos que o modo de fecundação utilizado só veio tornar mais dramáticas as tensões conjugais já existentes.

Em nome da realização do sonho de uma gravidez e com o nascimento do bebê, pouco se discute ou se pesquisa em relação ao que acontece com os parceiros durante e depois do processo. Não raro, o uso da doação de gametas afeta o equilíbrio conjugal, principalmente quando apenas um dos cônjuges é apontado como o "verdadeiro genitor". O impacto produzido no relacionamento conjugal e no relacionamento entre pais e filhos pode ser devastador.

No caso de Joana, um corpo foi apresentado ao médico e nele foi feita uma intervenção sem que se atentasse para os conflitos psíquicos de cada um e para o que estava representado naquela relação conjugal como sintoma. Resolver a esterilidade através de um dos dispositivos de procriação assistida pode atingir o objetivo, mas não soluciona o conflito psíquico. A solução apresentada ao problema dirige-se ao corpo, como corpo biológico, e desconhece as fantasias e o luto a ser realizado pelo corpo erógeno.

Para concluir, a análise desse material clínico nos leva a pensar acerca da importância do trabalho profissional em equipe multidisciplinar, na medida em que as demandas que são direcionadas ao corpo, principalmente as aqui comentadas, referem-se também a aspectos psíquicos, geracionais e sociais dos indivíduos em questão.

Referências Bibliográficas

Benghozi, P. (2005). Resiliência familiar e conjugal numa perspectiva psicanalítica dos laços. *Psicologia Clínica, 17*(2), 101-109.

Gomes, I. C.; Levy, L.; Magalhães, A. S. (2014). Família a qualquer preço. In Levisky, R. B.; Gomes, I. C.; Fernandes, M. I. (Orgs.). *Diálogos psicanalíticos sobre família e casal: As vicissitudes da família atual*, v. 2 (33-40), São Paulo: Zagodoni.

Lima, M. G. R. (2013). *Filhos? Só depois!: um retrato da mulher contemporânea*. São Paulo: Zagodoni.

Roudinesco, E. (2003). *A família em desordem*. Tradução de André Telles. Rio de Janeiro: Zahar.

Tort, M. (2001). *O desejo frio – Procriação artificial e crise dos referenciais simbólicos*. Rio de Janeiro: Civilização Brasileira.

Angústia de Morte e Envelhecimento

Maria Julia Kovács

4

Envelhecimento

O envelhecimento precisa ser visto como fase do desenvolvimento e não como apêndice da vida ou antecâmara da morte. Há tarefas importantes a serem realizadas nesta fase, como integração de experiências vividas, novas aprendizagens, amadurecimento psíquico e preparação para a morte. O processo do envelhecimento é influenciado por características pessoais, personalidade, história de vida e formas de enfrentamento das crises e perdas decorrentes da idade. Observa-se revisão da perspectiva da velhice, como grupo à margem da sociedade, para se tornar parcela da população ativa, geradora de renda e com lugar importante na família, no cuidado a netos e, em alguns casos, bisnetos.

A senescência envolve processos normais de perda no envelhecimento, e a senilidade é sua contrapartida patológica. São perdas de diversas ordens: sensoriais, físicas, cognitivas, que fazem parte do processo natural do avanço da idade, não configurando doença. A aposentadoria pode provocar perda da identidade, que acompanhou a pessoa durante muito tempo, principalmente se investiu grande energia na profissão. Uma nova identidade precisa ser encontrada, agora como aposentado, com a possibilidade de uma vida diferente. A identidade de genitor é abalada quando filhos saem de casa e seguem sua vida deixando o "ninho vazio". Essa vivência ocorre com mais frequência entre mulheres, que sentem a falta das atividades no cuidado dos filhos, restando tempo livre, por vezes, sem direção ou objetivo. A perda da saúde e as doenças crônicas, que em muitos casos não são fatais, provocam sofrimento e perda da independência e podem vir acompanhadas de perda de autonomia e impotência.

Assistência a doenças crônicas e degenerativas não é o que se encontra atualmente nos hospitais, mais voltados para cura. Deveria haver um incremento nos programas de cuidados paliativos, cujo foco deve ser os cuidados a sintomas crônicos, incapacitantes e qualidade de vida. Uma discussão atual é se idosos, com doenças crônicas, degenerativas e letais, deveriam ser atendidos em Unidades de Terapia Intensiva, uma vez que podem causar ansiedade ao doente grave, pelas intervenções em crise, ruídos e atividade frenética neste ambiente. Pacientes gravemente enfermos podem se beneficiar de um ambiente com calma, silêncio, repouso e profissionais atenciosos às suas necessidades cotidianas.

O segmento que mais cresce é o de idosos com 80 anos e mais, como aponta Leonardi (2015), indicando a necessidade de novos arranjos familiares para cuidar de idosos longevos com doenças crônicas. Idosos se tornam dependentes, frágeis e vulneráveis, com declínio funcional, quedas e repetidas hospitalizações. Mais do que a idade cronológica, é a capacidade funcional que deve ser avaliada, a possibilidade de executar as tarefas e de depender o menos possível de outros. Também é preciso avaliar a reciprocidade relacional, que diminui com a idade. Py (2004) e Burlá et al. (2010) afirmam que os laços diminuem com a idade, ocorrendo desapego e preparação para a morte. É parte do desenvolvimento na velhice preparar-se para a morte e encontrar sentido na vida.

A velhice é período em que incidem perdas significativas, envolvendo pessoas de referencia: cônjuge com quem se compartilhou longo tempo de vida; amigos, alguns desde a infância. Uma das situações mais angustiantes é a perda de filhos, que sempre ocorre nas guerras, na violência e atualmente é também provocada por acidentes. Com o prolongamento da vida há pessoas com idade bem avançada, e seus cuidadores, filhos idosos, estão sujeitos ao mesmo adoecimento de seus pais. Este sim é um problema atual, que precisa ser debatido para se elaborar políticas públicas que envolvam assistência domiciliar e instituições que abriguem idosos. É preciso que estas percam a característica de asilo ou depósito para se tornarem instituições adequadas de cuidado, que tragam qualidade de vida para essa população.

O envelhecimento ocorre também na dimensão psíquica, como aponta Goldfarb (1998). Envelhecimento psíquico implica rigidez de pensamento, falta de flexibilidade, dificuldade na aceitação de novas perspectivas de ver os fatos. Não se está afirmando que tradições e memórias devam ser abandonadas, mas podem ser integradas a novos modos de ver os desafios do tempo que estão vivendo. Não é tarefa fácil, mas possível. O envelhecimento psíquico não tem relação direta com a passagem dos anos e pode ocorrer em pessoas de todas as faixas etárias.

A questão da morte no processo do envelhecimento

Afirmamos que a velhice não é antecâmara da morte, mas estar mais próxima e lidar com a finitude é uma das tarefas do desenvolvimento humano nesta faixa etária. A sociedade atual nega a morte coletivamente, o que se reflete na vida particular das pessoas, que não podem falar sobre o planejamento final de sua vida. A resposta é que não há espaço de comunicação sobre estes temas com reflexos na qualidade de vida dos idosos.

Observa-se que para algumas pessoas há o desejo de encerrar a vida com dignidade, sob o comando de sua existência até a finalização. Uma das tarefas do desenvolvimento humano é encontrar sentido para continuar vivendo, um balanço do que já se realizou e do que não pode ser feito. A vida não é feita só de realizações, há perdas, arrependimento, remorso e decepção, que talvez não possam ser desfeitos e que precisam também ser integrados à vida. No caso de adoecimento acompanhado de sofrimento, dor e dependência, estas questões ficam mais urgentes, e pode surgir o desejo de morrer. É fundamental abrir espaço para esta discussão na família e com profissionais de saúde, um desafio atual. Muitos pacientes sofrem calados antevendo processos longos e sofridos de morte, situação muito frequente e pouco discutida, que é a distanásia, como apontam Pessini (2001, 2004) e Kovács (2014). O medo da morte com dor, indignidade e degeneração faz com que algumas pessoas queiram morrer rapidamente, num processo rápido, sem consciência. Discutir estes temas nas várias faixas de desenvolvimento e principalmente com pessoas idosas é fundamental, questionando-se uma crença arraigada de que elas não querem discutir a sua morte. Pelo contrário, o que se observa é sim uma necessidade de falar sobre o tema. A maior dificuldade está entre os familiares e profissionais, que não sabem ou não querem falar sobre a questão, se defendendo e atribuindo esta dificuldade aos idosos. Este poderia ser assunto em cursos para a terceira idade nas universidades ou em hospitais e instituições de longa permanência para idosos.

Depressão no processo de envelhecimento

Pessoas mais velhas apresentam alto índice de depressão em comparação com outras fases de desenvolvimento, o que aponta para um risco aumentado de suicídio por sentirem que a sua vida já se encerrou, que são inúteis, que não têm futuro e se tornaram sobrecarga para seus cuidadores. Idosos, muitas vezes, não são ouvidos, assim situações que poderiam ser evitadas não o são. A depressão entre idosos não é tratada por ser considerada, muitas vezes, como manifestação natural deste período de desenvolvimento. É fundamental diferenciar o que é tristeza relativa às perdas vividas, à falta de perspectiva ou sentido na vida, o que requer escuta e acolhimento de familiares, amigos e profissionais, e o que é depressão como patologia, que necessita de cuidados especializados.

Preparação para a morte

Planejar a própria morte pode ser um modo de ter controle sobre a vida, um modo de extinguir o sofrimento. Há vários processos de morte indigna na atualidade. Uma das mortes indignas, frequente no Brasil, é a mistanásia, a morte que ocorre por falta de cuidados, como refere Martin (1993). Vemos reportagens cotidianas de pessoas que falecem na fila dos hospitais por falta de atendimento, com frequência idosos, pois o custo de tratamentos aumenta com a idade pela incidência de doenças crônicas, fragilidade e vulnerabilidade. Sem possibilidade de ter acesso a um bom atendimento,o aumenta o temor do processo de morrer. A mistanásia é também denominada "eutanásia econômica". Não concordamos com o título, pois a eutanásia, como configurada nos países em que é procedimento legal, conta com o pedido reiterado do paciente e análise médica para que se possa perpetrar a morte. A fila em que se espera o tratamento necessário e desejado seria mais adequadamente denominada morte indigna e involuntária por descuido.

O grande temor na atualidade é a indignidade no processo de morrer, por excesso de tratamentos invasivos, cujo objetivo principal é evitar a morte. Esta abordagem tem crescido significativamente, em paralelo ao grande desenvolvimento tecnológico observado nos hospitais. É a distanásia, o prolongamento do processo de morrer com sofrimento (Pessini, 2001). Observamos que esta obra-referência sobre o tema é de 2001, e passados 15 anos do seu lançamento a distanásia ainda é pouco debatida, sendo praticada e compreendida como boa medicina. Mortes indignas podem vir acompanhadas de tratamento contínuo da pressão sanguínea, ventilação mecânica, alimentação artificial, além da realização de inúmeros exames invasivos, e dor e outros desconfortos não são cuidados. É na Unidade de Terapia Intensiva, em que ocorre parte destas mortes indignas, que pacientes gravemente enfermos sem possibilidade de recuperação são internados, sem possibilidades de contato com a família, dificultando os rituais de finalização da vida. Pacientes internados nas UTIs se queixam de muito ruído e da companhia constante de tubos e monitores.

A revista *The Economist* (2010, 2015) apresentou instigantes reportagens sobre a qualidade de morte em vários países. A primeira foi escrita em 2010, apontando e ranqueando os países de acordo com os procedimentos de comunicação sobre a morte e a presença de cuidados paliativos. O Brasil teve um desempenho muito ruim, com a 38ª posição entre os 40 países estudados, por estar ainda bem atrasado no desenvolvimento de programas de cuidados paliativos, mesmo existindo locais brasileiros de referência nesta prática. No entanto, as políticas públicas brasileiras sobre cuidados paliativos ainda são incipientes. Em 2015, nova reportagem sobre o tema coloca o Brasil em 45º lugar entre 80 países estudados. Há uma discussão fundamental sobre o quanto as pessoas podem decidir sobre o final de vida e sobre as diretivas antecipadas de vontade. Estas questões serão desenvolvidas adiante.

Cabe refletir sobre morte digna, a qual envolve o término da vida com respeito a crenças e valores da pessoa que precisam ser conhecidos. O grande temor na atualidade é de ter a morte com dor e outros sintomas, que implicam dependência. Por esta razão, doentes esperam ter assegurados cuidados constantes, permitindo-lhes tranquilidade e dignidade. A presença da família e um ambiente aconchegante são fundamentais no final de vida, podendo ocorrer no domicílio, em ambiente hospitalar ou em programas de cuidados paliativos. E, por fim, é importante ter a possibilidade dos rituais de despedidas, reencontro com familiares, resolução de assuntos pendentes, aspectos importantes para que pessoas possam morrer em paz. Para pacientes internados em recursos nos quais tratamentos intensivos são rotina, é preciso pensar como incluir momentos de silêncio, tranquilidade e cuidados de sintomas incapacitantes. Uma proposta seria a de ter UTIs em que cuidados paliativos pudessem ser oferecidos.

É difícil reconhecer a aproximação do fim da vida, mesmo em pacientes com doença avançada, uma vez que há uma maciça negação da morte na sociedade atual. Pessoas idosas com doenças degenerativas ou letais têm a morte mais próxima, o que pode permitir preparação e planejamento, favorecendo uma sensação de controle e diminuindo a angústia e incertezas. As despedidas dos familiares, o término de assuntos inacabados e a retomada da comunicação com pessoas significativas favorecem a autonomia e a dignidade no fim da vida.

Luto

O luto é o processo de elaboração de perdas significativas no processo existencial. O adoecimento e o avanço de idade provocam vários tipos de perdas antes da morte que precisam ser enfrentadas. É fundamental, então, trabalhar o luto antecipatório, no paciente, a perda de si: da saúde, do corpo, do trabalho, das funções, da identidade de pessoa saudável e potente. Eles sofrem também diante da separação das pessoas queridas, perspectivada pela morte num futuro próximo. Se não podem falar a respeito de seus sentimentos, não há como elaborar e ressignificar estas perdas, ocorrendo o tamponamento do processo. O processo do luto antecipatório não é fácil, mas pode ser muito significativo, estreitando relações, lidando com situações pendentes, realizando despedidas. Enfrentar o luto antecipatório ajuda na preparação para a morte concreta.

O desejo de morrer como processo de finalização da vida é observado em idosos saudáveis ou doentes. É preciso ter energia para continuar vivendo e também para refletir sobre o término da existência. Em uma sociedade que nega coletivamente a morte não há espaço para falar sobre o tema. Familiares, amigos e principalmente profissionais precisam legitimar o luto antecipatório, sem julgamentos ou repressão. É necessário saber se há situações que possam incitar o desejo de morrer, entre as quais: sofrimento não cuidado, dor, depressão, solidão, sentir-se como sobrecarga para familiares, entre outros. Este reconhecimento e os cuidados não devem impedir a reflexão sobre a morte, e sim minimizar o sofrimento. É preciso diferenciar o desejo de morrer da ideação suicida. Como aponta Hennezel (2004), o pedido para morrer é diferente do pedido para matar. Uma confusão frequente ocorre entre o desejo de terminar a existência com dignidade, sem dependência e degeneração, e o pedido de eutanásia, definida como uma ação para encerrar a vida. Esta confusão entre o desejo de morrer compartilhado por idosos e profissionais de saúde e a compreensão destes últimos de que devem tomar providências para apressar o processo de morrer pode impedir a escuta, como mecanismo de defesa. Observa-se que idosos ou pessoas enfermas pedem para morrer porque já foram "mortas" pelo entorno, ao não serem escutadas ou receberem a notícia de que nada mais pode ser feito por elas em termos de tratamento. É absurda a notícia dada por profissionais, ao afirmarem que todos os tratamentos foram realizados e agora "nada mais poderá ser feito". Em nossa compreensão trata-se de uma sentença de morte, um desinvestimento na vida do paciente. O enunciado "paciente fora de possibilidades terapêuticas" precisa de revisão rápida, como se terapêuticas só dissessem respeito a tratamentos vinculados à cura e à recuperação. Lembramos que cuidados devem sempre envolver sintomas nas várias dimensões e qualidade de vida, portanto, devem ser oferecidos em qualquer momento da trajetória da doença até a morte.

Dignidade no final da vida. Autonomia e Diretivas Antecipadas de Vontade

A busca de qualidade de vida implica lidar com a angústia no final da vida, mas sem negar a morte. O alívio de sintomas incapacitantes não é só busca de humanização, que é sem dúvida importante, mas consiste também no conhecimento de procedimentos para alívio da dor, fadiga, dificuldades respiratórias, entre outros. Cuidados paliativos envolvem amor e empatia, mas também ciência e conhecimento. Os manuais de cuidados paliativos indicam procedimentos para tratar de sintomas e sofrimento nas últimas horas antes da morte.

Atualmente há discussão sobre a autonomia da pessoa até o final da sua vida. Para haver autonomia é preciso haver competência, entendida como a compreensão da doença, sintomas e seu tratamento. Quem melhor pode informar sobre aspectos técnicos é o profissional, e quem mais sabe sobre a própria vida é o paciente; se inconsciente, familiares ou amigos. Da conjunção entre o conhecimento da vida e dos aspectos técnicos da doença e tratamentos poderá resultar a decisão compartilhada sobre os melhores tratamentos e cuidados àquele paciente. É uma mudança de paradigma na relação entre pacientes, familiares e profissionais de saúde. Hoje em dia há medidas de proteção para preservação de autonomia e possibilidades de controlar a vida pelo paciente, nos conselhos profissionais e nos serviços de atendimento a clientes (SAC).

Na perspectiva de pensar nos melhores cuidados, está a questão sobre até quando continuar com certos tratamentos. Lembramos que a distanásia é o prolongamento do processo de morrer com sofrimento e está relacionado com a continuidade de tratamentos, que têm sua eficiência questionada. Vamos exemplificar com o câncer – há tratamentos que diminuem tumores, mas causam vários efeitos colaterais que ofuscam este benefício pelo sofrimento adicional que causam. Pessini (2001) discute o que seriam tratamentos fúteis e inúteis. Lembramos que não é o tratamento em si que é fútil. Hemodiálise, nutrição artificial, antibióticos e tratamentos importantes em várias enfermidades tornam-se obstinação terapêutica em pacientes com doença avançada, sem possibilidade de recuperação. Nestes casos eles apenas prolongam o processo da doença, sem nenhum outro benefício para o paciente. Tais atitudes fazem com que a qualidade do processo de morrer seja perturbada em nome da alta tecnologia. As pessoas sofrem processos distanásicos porque profissionais não sabem como lidar com a morte de seus pacientes. Busca-se a garantia de respeito no final da vida, envolvendo a recusa de tratamentos não desejados, evitando a distanásia que o desenvolvimento tecnológico pode provocar, com uma possível perda da noção de limites. Esta falta de limites pode causar sofrimento adicional, a "morte interminável".

Em 2010, foi elaborada, pelo Conselho Federal de Medicina, a Resolução CFM 1.805[3] com instruções relativas à ortotanásia, entendida como a morte na hora certa sem prolongamento artificial. Seu enunciado oferece permissão ao médico para suspender procedimentos diagnósticos e terapêuticos desnecessários, que só prolongam o tempo de doença de pacientes em fase terminal sem possibilidade de recuperação, com autorização do paciente, familiar ou representante legal. A resolução propõe que o paciente continue a receber cuidados para aliviar sintomas, e que se garanta o conforto físico, psíquico, social e espiritual (Conselho Federal de Medicina, 2010).

Em 2012, foi publicada no Diário Oficial da União a Resolução CFM 1.995 (Conselho Federal de Medicina, 2012) definindo as Diretivas Antecipadas de Vontade (DAV). A sua redação esclarece que pacientes podem recusar cuidados e tratamentos que não desejam receber no momento em que estiverem incapacitados para expressar sua vontade. É a possibilidade de se manifestar e de registrar antecipadamente seu desejo por escrito, entregando o documento ao seu médico de confiança, familiares ou designando um representante legal.

As DAVs podem ser elaboradas a qualquer momento da vida da pessoa, sendo interessante que ela se informe e esclareça a família, amigos, pessoas de confiança e seus médicos sobre a decisão. As diretivas são antecipadas, pois pacientes com doença avançada podem não ter condições de expressar sua vontade e de decidir sobre sua vida. O objetivo das diretivas é enfatizar a autonomia, o respeito a valores e as escolhas da pessoa. O documento respalda profissionais de saúde em situação de conflito, para que não haja acusação de omissão de socorro ou eutanásia. A decisão do paciente deve ser registrada no seu prontuário, como apontam Dadalto, Tupinambaí & Greco (2013).

É difícil tomar decisões no final da vida, e fica ainda mais complicado quando a capacidade de raciocínio está prejudicada pelo avanço da doença, com o agravamento de sintomas, vulnerabilidade, prejuízo na compreensão e distúrbios de comunicação. Uma sociedade que nega a morte não facilita o preparo para esta situação de abertura de comunicação do paciente com a família. Os desejos do paciente podem, num primeiro momento, envolver cura ou sobrevivência, depois, com o agravamento da doença, manutenção da funcionalidade, qualidade de vida e independência. No final da vida o conforto pode tornar-se prioridade, bem como as decisões em relação aos cuidados à família.

As Diretivas Antecipadas de Vontade buscam incrementar a comunicação entre médicos, pacientes e familiares. Estas medidas são propostas para evitar que familiares tomem atitudes contrárias à vontade do paciente, por não estarem preparados para decidir sobre tratamentos ou sua interrupção.

A angústia no final de vida está relacionada também com a solidão e o abandono que idosos sentem ao adoecer, próximos à morte e na institucionalização em hospitais ou instituições de longa permanência. Internar o familiar numa instituição de longa permanência para idosos (ILPI) é uma decisão difícil, pois eles podem viver a institucionalização como abandono ou morte social. Por outro lado, para os familiares a internação pode gerar culpa pelo sofrimento, que julgam provocar em seus pais ou avós, por não conseguirem cuidar em casa. Assim, é fundamental trabalhar a questão com familiares e idosos, uma vez que estas instituições podem oferecer cuidados adequados, além de uma vida social. É importante ressaltar que as instituições devem oferecer local personalizado, onde o idoso possa se sentir como indivíduo, com espaço para expressar seus desejos, necessidades e também temores e incertezas sobre a morte, já que a maioria dos internados terá seu falecimento nestas unidades.

Em pesquisa realizada em 2011 observamos a interdição da morte nestas instituições (Kovács, 2011). O receio era que, ao falar de morte e perdas, causar-se-ia sofrimento adicional aos idosos. A antecipação das perdas e da própria morte causa sofrimento, mas pode se intensificar se não houver direito à expressão, principalmente quando os idosos estão institucionalizados. Cabe salientar que uma das formas de sofrimento do idoso é a sua infantilização pela sociedade, ao considerar que não poderá elaborar seu luto, não reconhecido e não autorizado.

Realizamos pesquisas em duas instituições de longa permanência para idosos na cidade de São Paulo para saber sobre como era possibilidade de comunicação sobre a morte para quem está próximo dela (Kovács, 2011). Os profissionais que participaram dos projetos apontaram que idosos não falam sobre a morte porque não querem tocar no assunto. Em nosso ponto de vista, esta percepção dos profissionais reflete o fato de que é muito difícil para os eles e para os familiares falarem sobre o assunto, mas atribuem esta dificuldade aos idosos. O que se observou em uma das instituições, de vocação religiosa, foi que falar sobre a morte sempre causa sofrimento, e por isso nunca se deveria falar com os residentes sobre o tema. Em outra instituição o tema não era evitado, *a priori*, mas não havia quem falasse sobre o tema com os idosos, pois os profissionais não eram preparados para esta função e não consideravam que seria sua função. No entanto, a maioria dos profissionais acredita que abrir espaços de discussão sobre perdas e mortes pode ajudá-los na tarefa de cuidar dos idosos em todas as esferas, porque poderiam conhecer e compreender os comportamentos dos residentes.

Cuidar de idosos doentes com múltiplos sintomas também não é tarefa fácil para familiares, que não sabem o que fazer e como cuidar. Padecem com o sofrimento do paciente e podem ter sobrecarga física e psíquica ao cuidar de processos longos, com sintomas incapacitantes e dependência. Observa-se a ambivalência entre o desejo de manter o familiar vivo e o desejo de sua morte para aliviar o sofrimento, desejo este que pode provocar culpa. Como afirma Parkes (1998), pacientes e seus familiares constituem uma unidade de cuidados que deve receber atendimento constante. Entretanto, o que se observa é a família como "paciente oculto", que não recebe os devidos cuidados porque não é reconhecido como objeto de cuidado da equipe de saúde; por um lado porque se dizem ocupados com os pacientes e também porque não foram preparados para lidar com questões da dinâmica familiar.

Atualmente se buscam decisões compartilhadas sobre tratamentos e continuidade da vida entre pacientes, familiares e profissionais. É fundamental legitimar a autonomia do paciente, mas também a família precisa compreender e autorizar a decisão a ser tomada. Com o paciente inconsciente, a família precisa tomar decisões complexas, que precisam de acolhimento, competência e harmonização entre seus membros.

Uma formação mais humanitária do profissional de saúde?

A atenção principal deve ser focada no cuidador principal, que é quem tem sobre a si a responsabilidade deste processo e é também quem tem o maior risco de colapso e adoecimento. É necessário legitimar sua necessidade de cuidados, que dever ser reconhecida pelo próprio cuidador, uma vez que muitos deles não sentem esta necessidade ou acreditam que todo o cuidado deve ser dispensado ao paciente. Este reconhecimento também precisa ser dado pelos profissionais, que, como apontamos, nem sempre o fazem.

Para favorecer a humanização e a qualidade de cuidados é preciso pensar na formação de profissionais de saúde, ainda focada em procedimentos, técnicas e intervenções sofisticadas com aparelhagem de última geração. Como fica a formação nas dimensões humanas do medo, da angústia, da incerteza? Como proceder à escuta e ao acolhimento destes sentimentos? É preciso oferecer formação na graduação, na residência e na especialização em cuidados no final da vida, alívio e controle de sintomas, levando em conta as especificidades da doença e os aspectos pessoais dos pacientes, abordagem do luto antecipatório e cuidado a familiares.

No avanço da busca de lidar com a angústia e o sofrimento de idosos no final da vida, os esforços devem contemplar uma mudança de paradigma da cura para os cuidados e assim valorizar a qualidade de vida até a morte, o alívio de sintomas incapacitantes e a dignidade. Questões sobre como e quando interromper tratamentos fúteis, confrontar a obstinação terapêutica e definir com clareza o que é eutanásia, distanásia, morte com dignidade são fundamentais. Deve-se abandonar uma medicina defensiva e vinculada a interesses econômicos por uma abordagem humanizada e solidária. Utopia sim, mas que precisa ser perseguida em nome da dignidade no processo de morrer no século XXI.

Referências Bibliográficas

Burlá, C., Py, L. & Scharfstein, E. A. (2010). Como estão sendo cuidados os idosos no final da vida? In Camarano A. A. (Org.). *Cuidados de longa duração para a população idosa: um novo risco social a ser assumido?* (pp. 279-302). Rio de Janeiro: IPEA.

Conselho Federal de Medicina. (2012). Resolução 1.995/2012. Disponível em: www. portalmedico.org.br/resoluções CFM 2012/1995_2012.

Conselho Federal de Medicina. (2007). Resolução 1.805/2006. Disponível em: www. portalmedico.org.br/resolucoes/cfm/2007/111.htm.

Dadalto, L., Tupinambaí. U., Greco, D. B. (2013). Diretivas Antecipadas de Vontade: Um modelo brasileiro. *Revista Bioética CFM. 21(3),* 463-476.

Final certainity. Campaigns to let doctors help suffering and terminally ill do die are gathering momentum across the West (2015). *The Economist.*

Goldfarb, D. C. (1998). *Corpo, tempo e envelhecimento.* São Paulo: Casa do Psicólogo.

Hennezel, M. (2004). *A morte íntima.* São Paulo: Letras e Ideias.

Kovács, M. J. (2014). A caminho da morte com dignidade no Século XXI. *Revista Bioética (Impresso), v. 22,* 94-104.

Kovács, M. J. (2011). Instituições de saúde e a morte. Do interdito à possibilidade de comunicação. *Psicologia: Ciência e Profissão* (Impresso),*31,* 482-503.

Leonardi, L. C. (2015). *Caixa lúdica para idosos. Uma nova proposta psicoterapêutica.* Tese de Doutorado. Programa de Pós-Graduação em Psicologia Clínica. Instituto de Psicologia USP, São Paulo.

Martin, L. (1993). *A ética médica diante do paciente terminal. Leitura ético-teológica da relação médico-paciente terminal nos códigos brasileiros de ética médica*. São Paulo: Editora Santuário.

Parkes, C. M. (1998). *Luto. Estudos sobre a perda na vida adulta*. São Paulo: Summus.

Pessini, L. (2004). Humanização da dor e do sofrimento humano na área de saúde. In Pessini, L., Bertanchini, L. *Humanização e cuidados paliativos*. São Paulo: Loyola/São Camilo, 11-30.

Pessini, L. (2001). *Distanásia. Até quando prolongar a vida?* São Paulo: Editora do Centro Universitário São Camilo/Loyola.

Py, L. (Org.) (2004). *Tempo de envelhecer*. Rio de Janeiro: Nau Editora.

Quality of death. Ranking end of life care across the world (2010). The Economist. A report from the Economist Intelligence Unit Commissioned by Lien Foundation.

Medicina Preditiva: O Tratamento de um "Futuro" Doente

Salmo Raskin

Há séculos a Medicina vem sendo uma ciência caracterizada muito mais pelo tratamento de uma doença já estabelecida do que pela prevenção ou predição. Porém, nos últimos anos, o progresso extraordinário na compreensão da estrutura e da função de genes humanos permitiu que o material genético começasse a ser estudado de maneira muito mais versátil. O Projeto Genoma Humano, e os conhecimentos advindos dele, trouxe para a rotina do consultório do Médico Geneticista e do laboratório de genética uma variedade de ferramentas para suspeitar e confirmar riscos de que as pessoas, até então saudáveis, venham a ter uma lista crescente de doenças. Há 20 anos não se poderia imaginar quantas seriam as aplicações práticas desta Medicina Preditiva, mas esta explosão de conhecimento de nosso genoma e, por consequência, da capacidade de oferecer testes genéticos preditivos faz desta questão uma realidade que não pode mais ser postergada. Em especial, o avanço tecnológico dos últimos três anos, que está permitindo que com um único teste genético possamos examinar milhares de genes ao mesmo tempo, faz com que a preparação de profissionais habilitados para atender a esta complexa demanda seja eminente. Nos países desenvolvidos, há mais de duas décadas, boa parte dos indivíduos que procura o Médico Geneticista não tem doenças, mas sim preocupações em relação ao risco de virem a ter uma doença (Jonsen, Durfy, Burke & Motulsky, 1996). Estaria o profissional de saúde, em especial o Médico e o Psicólogo brasileiro, suficientemente treinado para atender a pessoas sem doenças, mas com risco de vir a ter uma doença genética?

O QUE É UM TESTE GENÉTICO PREDITIVO?

Os testes genéticos são exames laboratoriais, quase sempre realizados em uma amostra de sangue, que podem ter o foco na **confirmação diagnóstica** de crianças ou adultos que já apresentam sinais e sintomas de uma patologia de possível etiologia genética ou podem ser preditivos, quer dizer, ter a capacidade de fazer predição quanto ao risco de um indivíduo, a princípio saudável, vir ou não a desenvolver uma doença (Wexler, 1992). O teste preditivo é realizado em indivíduos assintomáticos que, em geral, têm familiares com determinada doença genética hereditária. Estes familiares afetados podem ter tido seu diagnóstico genético feito em bases clínicas ou confirmado a presença de uma mutação específica por meio de um teste genético. Uma primeira diferenciação dentre os testes preditivos se faz com a distinção entre testes realizados para doenças monogênicas com alta penetrância. O risco de o indivíduo portador da mutação em um determinado gene único vir a desenvolver essa doença é alto quando o teste gera um resultado alterado ou positivo, e muito baixo quando o resultado é normal ou negativo. No caso de testes realizados para a detecção de predisposição ao desenvolvimento de determinadas doenças complexas (poligênicas ou multifatoriais), a presença de mutação em um ou mais genes determina um risco aumentado ou diminuído em relação à população geral, mas não necessariamente implicará o desenvolvimento da doença no futuro (mutações que conferem predisposição à doença). A existência ou não de tratamento específico ou medida preventiva que postergue o aparecimento dos sinais e sintomas também tem impacto nos aspectos éticos e psicossociais envolvidos nos testes preditivos (Harper, 1997). Desse modo, nos deparamos com três situações específicas no âmbito dos testes preditivos:

- doenças de início tardio para as quais não existe tratamento;
- doenças para as quais existe tratamento ou medidas preventivas;
- doenças complexas, em que apenas uma predisposição aumentada (ou uma pequena redução do risco populacional) pode ser detectada.

Doenças de início tardio e sem perspectivas de tratamento formam um quadro bastante complexo, pois acarretam ao paciente e sua família consequências específicas de ordem física, social, emocional e mesmo econômica, com as quais existe no momento uma preocupação mundial. Como exemplo temos várias doenças neurodegenerativas do adulto que apresentam recorrência familiar, entre elas doença de Huntington; ataxias espinocerebelares; doenças mitocondriais; doenças neuromusculares de início adulto; e formas familiais de demência, distonias, doenças priônicas, doença de Parkinson e neuropatias periféricas. A doença de Huntington tem sido usada como o protótipo das doenças desse grupo, e é uma condição autossômica dominante com alta penetrância dependente da idade, ou seja, os indivíduos portadores da mutação têm alta probabilidade de vir a desenvolver a doença em algum momento de suas vidas, sendo, no entanto, impossível determinar com precisão a idade em que isso ocorrerá. Não há atualmente um tratamento específico para essa doença.

No grupo das doenças para as quais medidas terapêuticas ou de prevenção podem ser tomadas para prevenir, retardar ou minimizar os sintomas da doença, podemos incluir a neoplasia endócrina múltipla, a polipose adenomatose familiar e a parcela de casos de câncer de mama, ovário e intestinal que têm base hereditária. Nessas doenças, o teste preditivo permite a tomada de medidas profiláticas que atenuam o quadro clínico, ou mesmo evitam a sua manifestação. Neste grupo está o teste genético preditivo que se tornou mais popular, com a declaração da sua utilização dada pela atriz Angelina Jolie – o teste genético preditivo para câncer de mama e de ovário hereditário. Apesar de não existir ainda uma medida médica que impeça totalmente uma pessoa que tenha confirmada esta predisposição de vir a ter estes tipos de câncer, uma série de medidas antecipatórias pode ser tomada para diagnóstico precoce ou mesmo redução do risco de desenvolvimento de câncer.

Já as doenças complexas, causadas pela interação da ação de múltiplos genes com forte componente ambiental, representam outra situação específica, pois nem sempre podemos oferecer números precisos sobre aumento ou redução de risco. Neste grupo, podemos incluir testes genéticos para os alelos da apolipoproteína E na tentativa de predizer doença de Alzheimer. Dados da literatura mostram um risco aumentado para a doença em indivíduos portadores do alelo ε4. No entanto, tal informação não é útil quando utilizada em indivíduos sem sintomas da doença, pois uma pessoa pode ter o alelo ε4 e não vir a desenvolvê-la. Além disto, não há, atualmente, nenhuma medida médica que possa beneficiar um indivíduo que possua o alelo ε4, no sentido de ele não vir a ter a doença de Alzheimer (Saunders *et al.*, 1996). O mesmo raciocínio é válido, à luz do atual conhecimento da Medicina, para a predição de doenças como diabetes, hipertensão arterial, asma, obesidade, esquizofrenia, desordem bipolar, osteoporose, infarto agudo do miocárdio, acidente vascular cerebral, entre outras. Neste grupo também se encaixam testes preditivos para determinar qual a dieta ideal, em qual esporte a pessoa tem mais chance de sucesso etc. Não há conhecimento científico suficiente para que este tipo de teste preditivo tenha qualquer utilidade clínica, e, portanto, não deveria estar sendo solicitado nem oferecido (Marzuillo, De Vito, D'Andrea, Rosso & Villari, 2014; Loland, 2015).

BENEFÍCIOS E RISCOS DOS TESTES PREDITIVOS

Teriam as pessoas interesse em realizar um teste preditivo? Por quais motivos? Compreendem quais consequências benéficas e maléficas o resultado de um teste preditivo poderia trazer? No momento de decidir sobre a indicação de qualquer procedimento médico, levando em conta o impacto dele sobre a saúde futura de seu paciente, o profissional de saúde deve estar atento a princípios bioéticos, como autonomia, confidencialidade, beneficência e não maleficência. E isso se torna ainda mais crucial por ocasião da solicitação de um teste genético preditivo. Assim, listamos, a seguir, alguns dos benefícios e riscos dos exames preditivos que visam à análise do material genético.

Benefícios dos testes genéticos preditivos

Redução de estresse e ansiedade

O potencial alívio que os exames podem gerar naquelas pessoas que recebem resultados negativos (normais) é um dos fatores mais importantes para que alguém opte por um teste genético preditivo. Mesmo as pessoas que recebem um resultado positivo (alterado), em alguns casos, ficam "aliviadas", pois os sentimentos de angústia e de ansiedade diminuem; tentam superar as dificuldades do dia a dia, adaptando-se à nova realidade. Algumas pessoas reconhecem claramente que têm um risco de herdar uma mutação causadora de doença, mas realmente sentem que ser instruídos com a certeza (seja da predisposição ou não) é melhor do que agonizar muitos anos sobre o desconhecido. Não é incomum observar esta atitude em pessoas até mesmo depois do teste positivo (alterado) para desordens severas (DudokdeWit *et al.*, 1997; Benjamin, Adam & Wiggins, 1994).

Auxílio médico no diagnóstico diferencial

O teste genético preditivo pode ser útil para permitir um diagnóstico definitivo, se e quando determinada doença começar a se manifestar. Tal fato é importante porque remove ambiguidades. Por exemplo, em um paciente que fez um teste preditivo positivo para a atrofia muscular espinobulbar de Kennedy, quando começar a apresentar sinais de doença motora neuronal bulbar, já saberá que muito provavelmente não deverá ser devido a outras causas. Igualmente, em um paciente com histórico familial de distrofia miotônica de Steinert, que apresente um teste preditivo positivo para distrofia miotônica, praticamente elimina-se outras causas de miotonia se começar a apresentar este sintoma. O mesmo raciocínio é válido para quando o resultado do teste genético preditivo tem resultado normal (negativo). Os testes genéticos cujos resultados são negativos também são importantes, na medida em que, se a pessoa um dia vier a apresentar algum sintoma que possa ser confundido com a doença existente na família, podem orientar o médico para a busca de outras etiologias para a sintomatologia do paciente. Por exemplo, frente ao resultado negativo de exames preditivos específicos para distrofia miotônica ou ainda para a doença de Huntington, se a pessoa um dia vier a apresentar algum sintoma que possa ser confundido com estas doenças existentes na família, o médico saberá que deve seguir na investigação dos diagnósticos diferenciais mais comuns dessas condições. Aqui é muito importante ressaltar que os testes preditivos têm maior acurácia quando estão alterados (positivos); um teste com resultado negativo (normal) só terá grande valor preditivo se a mutação já tiver sido previamente identificada naquela família. Um bom exemplo deste cuidado se refere ao teste preditivo para câncer de mama e ovário hereditário; um resultado normal para os genes BRCA1 e BRCA2 terá grande significado para o indivíduo se outros membros da família comprovadamente têm mutação em um destes genes, porém se não se tem certeza de que estes são os genes envolvidos na predisposição hereditária naquela família, pouca utilidade tem um resultado preditivo normal para os genes BRCA1 e BRCA2.

Melhora na qualidade do acompanhamento médico e prevenção de complicações médicas, com consequente melhora do prognóstico

Uma das consequências do teste preditivo é que se aquela doença vier a se manifestar no indivíduo que testou positivo, o diagnóstico dela tende a ser muito precoce, e, como regra geral da Medicina, diagnóstico precoce é quase sinônimo de prognóstico melhor, desde que, obviamente, a pessoa tenha acesso aos serviços de saúde. No caso do indivíduo assintomático, porém com predisposição hereditária a desenvolver um tipo de câncer denominado neoplasia endócrina múltipla, a identificação de predisposição hereditária pode ser indicação para retirada profilática da glândula tiroide, visto que está comprovada uma baixa taxa de câncer de tiroide em quem faz esta cirurgia profilaticamente. Se não for retirada a tiroide nestes casos, a chance de vir a desenvolver câncer beira os 100%. Outro exemplo seria o de um indivíduo assintomático com predisposição hereditária ao câncer de mama e de ovário, que pode, junto com o seu médico, optar por uma série de medidas clínicas que tendem a diagnosticar precocemente ou até prevenir o aparecimento do câncer, com consequente melhora do prognóstico. No que se refere à capacidade de prognosticar, um exemplo da utilidade dos testes preditivos são aqueles realizados em famílias com doenças causadas por expansão de nucleotídeos, entre elas a doença de Huntington, ataxias espinocerebelares, distrofia miotônica e síndrome do X-frágil. Os resultados de alguns destes testes preditivos têm uma correlação com a idade de início ou com a gravidade dos sintomas. As expansões mais longas, estatisticamente correlacionam-se com início precoce e com aumento da severidade dos sintomas da doença. Isso permite ter uma ideia da severidade e da época de aparecimento dos primeiros sintomas, assim como da evolução dessas doenças.

Possibilidade de determinação e maior controle do risco hereditário

Ao permitir um diagnóstico preciso e o estabelecimento dos mecanismos etiológicos e de transmissão hereditária, os testes genéticos passam a influenciar de modo definitivo o processo de aconselhamento genético, em especial na definição do risco de recorrência, o que pode ser fundamental para as decisões reprodutivas do indivíduo afetado e/o seus familiares. Saber se uma pessoa herdou uma predisposição hereditária não tem impacto apenas sobre ela própria, mas também sobre outros familiares, e em especial sobre as decisões reprodutivas desta pessoa. Por exemplo, se uma pessoa sabe que tem uma cópia alterada do gene da doença de Huntington, mesmo que assintomática, tem 50% de chance de passar esta cópia para cada filho. E sendo a penetrância deste gene bastante elevada, a chance de quem herda a mutação desenvolver a doença é muito grande, levando-se em conta uma expectativa de vida superior a 80 anos atualmente. Assim, esta informação pode ser decisiva para casais optarem por ter ou não filhos, ou até planejaram gestações via reprodução assistida utilizando técnicas de seleção dos embriões (como o diagnóstico genético pré-implantação) ou adoção.

Redução de procedimentos médicos desnecessários

Novamente, um bom exemplo são os testes preditivos para predisposição hereditária ao câncer de mama e ovário. Se uma pessoa realiza o teste preditivo e o resultado é normal para uma mutação já conhecidamente presente em sua família, ela pode seguir as diretrizes de cuidado para qualquer pessoa da população. Por exemplo, em vez de fazer mamografias semestrais desde os 20 anos de idade pelo resto da vida, poderá fazer anualmente a partir dos 40 ou 50 anos de idade.

Benefícios referentes à empregabilidade e à segurabilidade

Ocasionalmente, o teste genético preditivo pode ajudar os pacientes a obter benefícios que eles poderiam ter perdido caso não tivessem acesso ao teste. Por exemplo, pessoas com risco para doença de Huntington que estejam tendo dificuldades sérias no trabalho e poderiam perder os seus empregos por "incompetência" podem ter direitos relacionados às suas necessidades especiais. As dificuldades no trabalho poderiam estar relacionadas frequentemente a problemas de atenção, memória ou comportamento. O médico poderia já estar notando sinais de coreia em exames neurológicos, mas não evidentes o bastante para um diagnóstico clínico definitivo. A confirmação da mutação no gene da doença de Huntington pelo teste genético pode permitir a estes indivíduos uma adequação das tarefas e do ambiente de trabalho, ou receber aposentadoria médica com benefícios pertinentes, ou manter os seus direitos no que se refere a planos de saúde ou seguros de vida (Prince, 2015).

Planejamento de vida

Pessoas assintomáticas com alto risco de desenvolverem determinadas doenças podem querer saber sobre o seu estado genético para fazer planos importantes em longo prazo. Tais assuntos podem incluir questões relacionadas a casamento, planejamento financeiro, escolher a profissão mais adequada a esta situação e definir um estilo de vida diante do risco de vir a desenvolver uma doença.

Possibilidade de que possam adotar, imediatamente após o surgimento de alternativas de intervenção sobre aquela doença, atitudes para modificar o meio ambiente, estilo de vida ou até na genética da pessoa, com o intuito de reduzir o risco de a doença se manifestar

Sabemos como é difícil mudar hábitos de vida, mesmo quando eles podem nos prejudicar. Saber que tem uma predisposição genética a desenvolver determinada doença pode ser um forte impulso psicológico para que alguém consiga modificar seu estilo de vida, para que seja reduzida a chance ou até impedindo o aparecimento da doença. Efetivamente, estaremos adaptando o ambiente ao genoma de cada um, maximizando a sua saúde. As pessoas, logicamente, ainda morrerão, mas bem mais tarde – com a prevenção das doenças degenerativas, a expectativa de vida deverá ultrapassar os 100 anos, e qualidade de vida do idoso será bem melhor que hoje em dia.

Em suma, é possível que um teste genético preditivo confira ao indivíduo um grau maior de controle de seu destino (Paulsen *et al.*, 2013).

Riscos dos testes genéticos preditivos

Possibilidade de os testes genéticos preditivos gerarem estresse, ansiedade ou depressão

Todo médico que já solicitou um teste genético preditivo conhece os efeitos da demora dos resultados nos níveis de tensão e ansiedade dos indivíduos que optaram por ser testados. E é claro que se o resultado do teste indicar um risco aumentado daquele indivíduo vir a desenvolver determinada doença é real a possibilidade de esta informação gerar estresse, ansiedade ou depressão. Provavelmente, a razão mais comum para pacientes pedirem o teste preditivo é aliviar a tensão e a ansiedade geradas pelo risco da hereditariedade. A falta de sintomas frequentemente faz algumas pessoas sentirem-se "normais" e, frequentemente, a maioria delas espera não ter a mutação causadora de doença. Isto é particularmente verdade também para pessoas mais velhas que acreditam que "escaparam" do risco da doença por causa da idade avançada, o que nem sempre é verdade. Deve ser enfatizado a todas as pessoas que elas definitivamente permanecem com risco, embora ele possa ser mais baixo com a progressão da idade.

A depressão é um risco sério para pessoas com teste positivo para uma doença que ainda não se manifestou. O suicídio é uma preocupação especial. Por estas razões, pacientes que querem fazer o teste deveriam ser interrogados, para considerar cuidadosamente o potencial para depressão. Se o potencial é alto (por exemplo, em pessoas com um histórico de depressão), o aconselhamento genético deveria ser feito em paralelo ao aconselhamento psiquiátrico ou psicológico apropriado. O psicólogo ou psiquiatra deveria estar atento ao histórico do paciente, às razões para o teste genético, aos possíveis resultados do teste e à história natural da doença pertinente. Ainda bem que houve relativamente poucos casos sérios de depressão identificados até hoje. Porém, não há nenhum resultado a longo prazo, porque tais testes só estão disponíveis há alguns anos. Recomenda-se que os pacientes sejam acompanhados com o apoio de uma pessoa individualmente selecionada. Pode ser o cônjuge ou um amigo íntimo. De preferência, que essa pessoa não seja um familiar que também esteja com risco para a doença. Os pacientes também deveriam determinar com quem eles planejam compartilhar os resultados do teste. Algumas pessoas mantêm estes resultados em segredo, e outras os comunicam aos familiares e amigos. A decisão de informar ou não os colegas de trabalho ou um empregador é especialmente importante. Em geral, o resultado de um teste preditivo é sigiloso e raramente compartilhado com muitas pessoas.

As pessoas que recebem um resultado negativo, demonstrando que não desenvolverão a doença, podem manifestar um sentimento de culpa (também conhecido como síndrome do sobrevivente) ao saberem que, embora não tenham o gene mutante, um familiar próximo pode possuir. Podem também manifestar estados depressivos por terem assumido um risco subjetivo de 100% de probabilidade de desenvolver a doença e terem condicionado as suas opções de vida frente a este risco (Heiniger, Butow, Price & Charles, 2013).

Possibilidade de discriminação/estigmatização

A possibilidade de estigmatização de indivíduos cujo teste revele alguma alteração genética já é fato conhecido na história da genética médica. No caso dos testes preditivos, esta possibilidade se exacerba porque esse indivíduo sequer tem uma doença, e talvez passe toda a sua vida sem desenvolver aquela determinada doença (Gammom & Neklason, 2015).

Riscos quanto a seguro de saúde, de vida e empregabilidade

São grandes as preocupações sobre a disponibilidade de seguro de saúde e de vida para pessoas que fazem teste genéticos preditivos. As companhias de seguros frequentemente chamam a atenção para que se elas pagam pelo teste, teriam acesso ao resultado. Por outro lado, há o receio de que os testes genéticos produzam um grupo de pessoas isoladas socialmente graças a doenças genéticas, e que por isso não possam obter certos benefícios como seguro ou emprego. É importante reconhecer que todos nós portamos mutações com risco de provocar uma doença, mas que atualmente só podemos identificar um número pequeno. Estes assuntos de seguro ou emprego e teste genético preditivo estão sendo analisados ativamente, inclusive no Brasil (Raskin, 2015).

Risco de determinismo genético

É importante distinguir cuidadosamente entre achar uma alteração genética e determinar que um indivíduo "tem ou terá a doença". Às vezes as alterações genéticas encontradas nos testes são bastante determinantes daquela doença, como é o caso da doença de Huntington. Por outro lado, um teste genético positivo pode simplesmente indicar que uma anormalidade foi achada na sequência do DNA de um gene associado com uma doença específica. A pessoa carrega a mutação causadora da doença. Porém, ter uma doença de fato é manifestar os sintomas clínicos e sinais daquela doença. Então, ter a mutação não é igual a ter a doença. Além disso, em geral, os testes genéticos, mesmo que apontem resultados positivos, não podem predizer com precisão a gravidade, ou definir com exatidão os sintomas que ocorrerão (se é que ocorrerão!) na pessoa com a mutação. São raros os testes genéticos cujos resultados podem ter alguma correlação com a idade de início ou com a gravidade dos sintomas.

Riscos de erros na interpretação dos resultados de testes genéticos preditivos

Devem ser tomadas pelo menos duas precauções com relação a resultados negativos (normais):

a) Alguns testes genéticos são tão específicos que podem deixar de detectar outras causas genéticas da doença. Por exemplo, o teste genético mais solicitado para determinar predisposição hereditária ao câncer de mama e ovário investiga mutação nos genes BRCA1 e BRCA2. Porém, sabe-se que mutações nestes genes representam apenas um quarto dos casos em que há predisposição hereditária (Economopoulou, Dimitriadis & Psyrri, 2015). E, sendo assim, muitas pessoas terão predisposição hereditária ao câncer de mama e ovário, mesmo tendo resultado normal para este teste em particular. Logo, um teste genético negativo não exclui todas as possibilidades de doenças genéticas, nem sequer daquele diagnóstico específico. Por último, nunca é demais lembrar que afastar o risco hereditário de uma determinada doença não significa que a pessoa possa abandonar os cuidados de saúde que a população em geral deve ter em relação àquela doença. Um resultado negativo para predisposição hereditária ao câncer de mama, mesmo que a própria mutação previamente identificada na família tenha sido excluída pelo teste preditivo, não significa que esta pessoa está completamente livre de ter câncer de mama e/ou ovário, mas simplesmente que ela passa a ter o risco normal da população.

b) Pode haver exemplos nos quais um indivíduo portador de uma determinada mutação apresente sintomas que sugerem o quadro clínico da doença a ela associada, porém tal quadro estaria sendo causados por outra etiologia, diferente da mutação. Por exemplo, um paciente com um distúrbio de movimentos, que possui a mutação que predispõe à doença de Huntington, poderia de fato estar apresentando uma desordem de movimento não causada pela doença de Huntington, mas sim por medicamento neuroléptico. Um paciente com ataxia, mesmo tendo sido identificada mutação causadora da ataxia espinocerebelar, poderia apresentá-la como resultado de alcoolismo crônico. Um teste preditivo alterado pode induzir a conclusões precipitadas, e tais situações desafiam o discernimento do diagnóstico do médico e às vezes não podem ser facilmente solucionadas.

Limitações técnicas dos testes genéticos

Graças ao fato dos testes genéticos serem relativamente novos, e o conhecimento do genoma humano ainda ser incompleto, muitos protocolos ainda carecem de baixa sensibilidade, especificidade, baixo valor preditivo positivo ou negativo, e pouca reprodutibilidade. Pelo menos três aspectos técnicos relativos aos testes genéticos devem ser avaliados pelo médico no momento de ele decidir se vai solicitar ou não um teste genético:

a) a **validade analítica** de cada teste, ou seja, a precisão com que uma característica genética (por exemplo, uma variabilidade em uma determinada sequência de DNA) possa ser detectada por um determinado teste genético, deve ser analisada pelo médico em conjunto com seu paciente antes de solicitar o teste;

b) a **validade clínica** do teste, ou seja, a precisão com que um teste genético prediz um quadro clínico;

c) a **utilidade clínica** de um teste, ou seja, a probabilidade de que o resultado do teste possa propiciar uma melhoria na qualidade de vida daquele paciente.

Por exemplo, o rastreamento neonatal para fenilcetonúria tem alta validade analítica (pois é confiável e preciso como teste), alta validade clínica (quando alterado sugere fortemente a presença do erro enzimático) e tem excelente utilidade clínica (pois uma dieta é um tratamento efetivo). Já o teste de DNA para detectar o Fator V de Leiden, uma variante de um gene que codifica para uma proteína envolvida na coagulação sanguínea, tem valor preditivo limitado e implicações clínicas duvidosas, além de que as possíveis condutas para quem testar positivo para Fator V de Leiden (profilaxia anticoagulante, evitar anticoncepcionais) são medidas que trazem embutidas riscos para a saúde. Já o teste genético para o gene APOE, com o intuito de determinar predisposição genética ao desenvolvimento da doença de Alzheimer, tem alto valor analítico (é tecnicamente fácil e preciso determinar qual a combinação de dois entre os três alelos possíveis um indivíduo tem), porém valor preditivo limitado e utilidade clínica muito duvidosa, já que não permite indicar um tratamento nem sequer condutas que melhorem a qualidade de vida para quem testar positivo para o alelo ε4, este teoricamente de risco para a doença de Alzheimer (Burke, 2014). Outra limitação analítica dos testes genéticos preditivos é que algumas doenças associadas a expansões da repetição dos trinucleotídeos, como a de Huntington e a distrofia miotônica, podem ter um número de expansão "limítrofe" ou "intermediário". O número de repetições pode estar relacionado a variações na gravidade das manifestações clínicas, caracterizando a chamada "penetrância reduzida" em indivíduos que levam uma vida normal, ou pode chegar a uma gama de repetições em que não se espera que indivíduos apresentem sintomas, mas seus filhos podem ter um aumento do risco para desenvolver a doença. Tal achado pode tornar difícil um diagnóstico genético claro e criar tensão adicional e frustração para o paciente.

Coerção de terceiros

Quando uma pessoa pede ao seu médico um teste genético preditivo, ele deve sempre se questionar: "Quem está pedindo este teste, para quem, e por que ele está pedindo?" Prováveis coerções ou interesses de terceiros devem ser cuidadosamente considerados. Portanto, é importante que os testes sejam feitos de modo totalmente consciente, livre e esclarecido, pois os resultados podem ou não ser de interesse do paciente, e o teste só deveria ser executado com o consentimento dele, que está ciente (ou devidamente certificado) dos resultados sob o ponto de vista técnico, dos benefícios e riscos do teste, de suas limitações, bem como das repercussões sociais e legais de um teste genético preditivo.

Um modo sutil de coerção pode ocorrer quando pais querem aplicar testes genéticos preditivos a seus filhos menores de idade, pois estes não podem muitas vezes compreender a complexidade dos testes, em especial aqueles para doenças para as quais não existe nenhum ato médico que possibilite, à luz da medicina atual, interferir na história natural destas doenças. Muitas vezes, pais angustiados com doenças genéticas na família querem saber se os filhos têm a mutação (Godino, Turchetti, Jackson, Hennessy & Skirton, 2015). O princípio geral é não fazer teste genético preditivo em crianças assintomáticas, e existem várias razões para isto. A principal é a preocupação de que crianças com teste positivo sejam tratadas diferentemente pelos seus pais, amigos e professores. Seria ingenuidade esperar que os resultados do teste fossem mantidos em segredo de todos os conhecidos durante muitos anos. Existiria a possibilidade de que qualquer e todos os problemas experimentados pela criança fossem considerados como "causados" pelo gene defeituoso da criança. Também, faz sentido o indivíduo poder escolher fazer o teste genético por si próprio quando se tornar um adulto. Uma exceção para a regra de não testar as crianças surge quando ela passa a ser sintomática para a doença genética. Neste caso, em especial, há que se ponderar se o teste genético terá benefícios reais para a própria pessoa ("utilidade clínica"), ou se poderá trazer mais prejuízos do que benefícios, em especial no que se refere à sua privacidade, autonomia futura de decisão se pretende ser testada ou não, e potencial de estigmatização (Fanos, 1997). Existem Diretrizes do Conselho Federal de Medicina, elaborados com o apoio da Sociedade Brasileira de Genética Médica, para orientar em ambas as situações (Lopes-Cendes, Rocha & Jardim, 2002). Um exemplo de teste genético preditivo que em determinadas situações pode ser de grande utilidade até para crianças tão jovens quanto as de 10 anos de idade é o teste molecular para o gene FAP, mutado nos casos da doença genética gênica autossômica dominante polipose adenomatosa familial. Se o pai ou a mãe de uma criança tem o diagnóstico dessa doença, cada filho deles tem 50% de chance de ter herdado o gene mutado. Quem o herda desenvolve pólipos em média aos 16 anos de idade (variando de 7 a 36 anos); a idade média do diagnóstico de câncer intestinal em quem não recebe o tratamento é de 39 anos; crianças com mutação no gene APC devem realizar sigmoidoscopia anual iniciando aos 10 anos, e são candidatas a colectomia quando mais de 20 pólipos aparecerem, procedimento este que pode salvar suas vidas. Por outro lado, se o teste molecular der normal para esta criança, ela deverá apenas fazer o screening rotineiro para Câncer de Colon aos 50 anos de idade (Lee, Payne, Melville & Clark, 2014). Sendo assim, como regra os testes genéticos preditivos em menores de idade devem ser evitados, mas cada caso deve ser analisado individualmente (Clayton *et al.*, 2014).

Lacuna entre diagnóstico e tratamento

Outra importante consideração relacionada às limitações dos testes genéticos preditivos reside no fato de que tratamentos efetivos não estão (e em algumas situações não serão) disponíveis para muitas patologias cujos riscos já são detectáveis por testes genéticos. Esta lacuna terapêutica deve ser um componente colocado na balança de benefícios e riscos dos testes genéticos, porém seu peso não deve ser supervalorizado, em vista dos inúmeros benefícios anteriormente descritos e da possibilidade de que avanços na Medicina podem trazer tratamentos em curto período de tempo após o resultado do teste preditivo.

Dificuldade de acesso aos testes genéticos preditivos

No Brasil, a descoberta de genes causadores de doenças não se transformou ainda em sinônimo da disponibilidade dos testes genéticos. Os médicos e famílias frequentemente sabem que diversos genes causadores de doença foram identificados e testes genéticos desenvolvidos, porém muitas vezes este teste não está disponível e pode não vir a ser ainda por muito tempo. Tal falta de disponibilidade é causada em parte pela demora, compreensível e necessária para assegurar o controle de qualidade e a precisão de qualquer teste laboratorial, até que este de torne rotineiramente disponível. A demora também pode ser causada pela dificuldade técnica de um teste genético, que muitas vezes requer técnicas complexas e trabalhosas, como o sequenciamento de genes grandes ou de múltiplos genes simultaneamente. Às vezes é também resultado de uma falta de interesse dos laboratórios em oferecer testes para doenças raras, para as quais haverá pequena demanda. Em tais situações, alguns laboratórios de pesquisa continuarão testando os indivíduos de famílias específicas averiguadas em estudos de pesquisa, em um contexto experimental aprovado pelos Comitês de Ética em pesquisa. Outro obstáculo é o custo elevado dos testes genéticos, a falta de disponibilidade destes no SUS e a "alegada" falta de cobertura por planos de saúde. Esta repressão na demanda dos testes tem efeito direto no seu preço final. O custo e, portanto, o preço final dos exames que visam analisar o material genético e seus subprodutos são muitas vezes elevados quando comparados a outros exames laboratoriais. Isto ocorre por uma somatória de motivos, entre os quais o fato de a demanda por estes testes ainda ser pequena quando comparada a outros exames laboratoriais; de mesmo hoje em dia a maioria dos protocolos de análises ainda não serem automatizados; de praticamente todos os equipamentos e os insumos necessários serem em sua grande maioria importados e, portanto, sujeitos a rigorosas barreiras alfandegárias e tributárias (além da flutuação do valor da moeda brasileira); e ao fato de a responsabilidade profissional embutida na confecção dos laudos destes testes requerer profissionais altamente qualificados para realizar tais exames de alguns testes serem patenteados, como eram até poucos anos atrás o teste genético para a determinação de predisposição hereditária ao câncer de mama e de ovário por mutação nos genes BRCA1 e BRCA2, apesar de consensos contrários a esta prática. A falta de conhecimento do médico brasileiro sobre as aplicações dos testes preditivos e sobre informações que permitiriam acesso a estes por parte de muitos pacientes contribui para que a demanda não seja grande. Quantos médicos brasileiros sabem que praticamente todos os exames laboratoriais de genética são obrigatoriamente cobertos por todos os planos ou seguros privados de assistência à saúde no Brasil, baseado na Lei n° 9.656, sancionada em 3 de junho de 1998? Porém, com o avanço da tecnologia de análise há neste momento uma forte tendência de popularização destes testes, e em curto prazo há uma tendência de redução de custos e de preço final, especialmente quando comparado a outros testes diagnósticos como tomografia computadorizada, ressonância magnética, biópsia muscular e eletroneuromiografia.

Riscos de infrações éticas, legais e sociais ao realizar testes genéticos preditivos

Os testes preditivos do material genético são diferentes de outros exames laboratoriais, pois envolvem não somente o indivíduo testado, mas seus familiares e a sociedade que o cerca. Assim, sempre foi uma grande preocupação do médico geneticista estar sempre questionando, buscando e aprimorando práticas para que estes testes sejam feitos única e exclusivamente dentro dos mais rígidos princípios éticos. O perigo que ronda todo esse contexto é a transformação de um "risco genético" na própria "doença", alterando perigosamente o conceito de "normal" e de "patológico", com suas consequências indesejáveis de toda ordem, especialmente sociais. A maioria das chamadas "doenças genéticas" são conhecidas por terem parte de suas causas relacionadas com o meio ambiente, desde cânceres e diabetes até patologias cardíacas e anemias. De modo geral, o termo "doença genética" vem se constituindo nos meios médicos internacionais, nos últimos anos, numa escolha que superestima o fator genético e subestima as implicações dependentes do comportamento e do meio ambiente.

REGRAS GERAIS DE CONDUTA ÉTICA EM TESTES GENÉTICOS PREDITIVOS (Burke, 2014)

1) Em virtude das inúmeras peculiaridades dos testes genéticos preditivos e de suas repercussões, incentiva-se fortemente a realização de Aconselhamento Genético antes e após a realização de todos os exames. Tal procedimento deveria ser realizado por uma equipe multiprofissional com a presença de um Psicólogo, porém é o especialista em Genética Médica que está mais bem treinado sob todos os aspectos para coordenar esse processo. O aconselhamento genético deve ser sempre não diretivo, respeitando os princípios da autonomia, privacidade, confidencialidade, beneficência e não maleficência, com o indivíduo e/ou sua família sendo sempre informados sobre todos os aspectos que envolvem a realização do exame, seus possíveis resultados e repercussões.

2) Proteger a confidencialidade da informação é essencial para todos os tipos de testes genéticos preditivos. Os resultados devem ser de acesso único e exclusivo aos indivíduos a quem o paciente permitiu em seu consentimento informado. Caso o paciente autorize por escrito a entrega de seus resultados para outras partes, deve-se tomar todos os cuidados possíveis para que estes resultados estejam disponíveis apenas para estas partes. Os resultados jamais devem estar à disposição para quaisquer outras partes, incluindo empregadores, empresas de seguro e planos de saúde.

3) Os resultados dos testes genéticos só podem ser entregues a outros familiares do paciente, sem a sua autorização expressa, em circunstâncias extremas e raríssimas, como quando a pessoa testada se recusa a comunicar a informação do laudo a familiares, sendo infrutíferas as tentativas de convencê-lo a fazer isto, e ainda quando o fato de não tornar este resultado disponível para certos familiares puder resultar em dano iminente, sério e irreversível ao parente, e mesmo assim apenas quando, nessas circunstâncias especiais, a divulgação do laudo àquele determinado familiar permiti--lo evitar o dano.

4) Solicitar sempre ao paciente seu consentimento informado livre e esclarecido antes da realização dos testes genéticos é uma pratica que já se tornou fundamental para preservar inúmeros direitos e deveres, tanto por parte dos pacientes quanto dos profissionais de saúde. Além do mais, a prática de solicitar ao paciente seu consentimento informado livre e esclarecido antes da realização dos testes genéticos preditivos é também um modo de educar tanto o médico quanto seu paciente, no tocante a benefícios, limitações e possíveis consequências adversas dos testes.

5) Testes genéticos preditivos para fins de adoção podem ser solicitados por um casal que pretende, com base no resultado do teste genético, decidir

pela adoção ou não de uma criança; porém, traz como potenciais dilemas éticos os riscos de estigmatização, eugenia e determinismo genético. A conduta adequada é não realizar testes genéticos pré-adoção.

6) Deve-se evitar ao máximo a divulgação de testes genéticos preditivos diretamente ao público leigo. Por desinformação, há um risco de criar uma falsa expectativa sobre os benefícios dos testes. Quando isto feito, tomar o cuidado de explicar não só os benefícios, mas também os riscos de cada teste e suas limitações, e encorajar uma discussão sobre o teste entre o paciente e seu próprio médico, reforçando que todo exame deveria ser indicado pelo médico.

7) É absolutamente inadequado e inaceitável a oferta de testes genéticos preditivos por laboratórios diretamente aos pacientes, sem a intermediação de um profissional de saúde especializado, de preferência aquele que recebeu a maior carga de treinamento para testes genéticos preditivos, o especialista em genética médica. Caso contrário, é praticamente certa a ocorrência de problemas na interpretação dos resultados, com graves consequências. Quando o paciente solicitar o teste diretamente ao laboratório, encorajá-lo a procurar seu médico para uma discussão sobre a necessidade ou não de realizá-lo.

O PAPEL DO PSICÓLOGO NA MEDICINA PREDITIVA

Pelo todo anteriormente explicitado, ficam evidentes os aspectos psicológicos envolvidos nos testes genéticos preditivos e a necessidade imperiosa da participação de Psicólogos nas equipes multidisciplinares que lidarão com este tema (Lerman, Croyle, Tercyak & Hamann, 2002; Zagalo-Cardoso & Crozier, 2005; Romeira, 2007; Wakefield *et al.*, 2016). As consequências dos resultados de um teste preditivo são quase sempre muito sérias, e não pode haver nenhum retorno ao *status* de "não informado", uma vez que os resultados do teste são conhecidos. Por estas razões, considera-se mais prudente que os testes genéticos de indivíduos assintomáticos sejam executados no contexto de um aconselhamento genético multiprofissional em centros genéticos sob a coordenação de médicos geneticistas experientes e certificados. A maioria dos médicos não tem o treinamento adequado para prover um aconselhamento genético detalhado. Tal aconselhamento às vezes pode parecer ser perda de tempo e uma despesa desnecessária, ou igualmente considerado uma invasão desnecessária por médicos ou pacientes. Embora possa haver exceções à regra geral para aconselhamento genético neste contexto, normalmente é um tempo bem aplicado e necessário.

RECOMENDAÇÕES GERAIS PARA TESTES GENÉTICOS PREDITIVOS

O propósito deste texto foi enfatizar a natureza complexa dos testes genéticos preditivos. É prudente que o médico e seu paciente avaliem cuidadosamente estes riscos e os benefícios, antes de efetuar o teste, e fundamentem a decisão no conhecimento disponível e apropriado para cada circunstância individual. Contrapor os benefícios e riscos de se realizar um teste genético, comparando esta balança com o que poderia acontecer ao seu paciente caso o teste não fosse oferecido, pode ser uma estratégia importante nesta complexa escolha.

Finalmente, é fundamental ressaltar que a visão crítica exposta não tem como objetivo, ao apresentar os problemas inerentes a testes genéticos preditivos, diminuir o impacto do benefício que eles podem trazer ao binômio médico-paciente. Pelo contrário, estar atento a estes tópicos deve reduzir a probabilidade dos efeitos indesejados dos testes genéticos, para que a demanda por eles aumente e o peso dos benefícios prevaleça sempre. Para que isto ocorra, uma das premissas para que os testes sejam mais informativos é que haja um amplo esforço educativo para fazer com que o médico compreenda que, quando for solicitar um teste genético preditivo, existem inúmeros fatores críticos além de apenas enviar o sangue ao laboratório e obter um resultado. O aconselhamento genético antes e após a realização dos testes genéticos preditivos pode minimizar riscos, propiciar que testes corretos sejam solicitados e que seus resultados possam ser compreendidos corretamente por médicos e seus pacientes, melhorando a qualidade de vida de nossa população.

CONSIDERAÇÕES FINAIS

Em menos de uma década teremos a possibilidade de analisar rotineiramente a sequência completa do genoma humano em poucas semanas, a custo acessível. Isto mudará, sem dúvida, uma face da Medicina, propiciando uma melhora substancial na capacidade de diagnosticar, prevenir, aconselhar e tratar não só as doenças de etiologia puramente genética, mas também aquelas multifatoriais, em que a genética tem um componente importante. É chegada a hora de uma Medicina mais preditiva e profilática e menos terapêutica. A capacidade de analisar o genoma de modo rápido e eficiente trará consigo uma série de questionamentos de ordem ética, moral, filosófica, religiosa, política, jurídica e econômica. Para poder fazer parte desta nova Medicina, o primeiro passo é conhecer a fundo os conceitos básicos desta "Nova Genética". O Psicólogo terá um papel fundamental e insubstituível neste processo, mas para isto precisa iniciar seu treinamento na "Nova Genética". A hora é agora.

Referências Bibliográficas

Benjamin, C. M., Adam, S., Wiggins, S., et al. (1994). Proceed with care: Direct Predictive Testing for Huntington Disease. Am J Hum Genet, 55:606-17.

Burke, W. (2014). Genetic tests: clinical validity and clinical utility. Curr Protoc Hum Genet, Apr 24;81:9.15.1-8.

Clayton, E. W., McCullough, L. B., Biesecker, L. G., Joffe, S., Ross, L. F, Wolf, S. M.; (2014). Clinical Sequencing Exploratory Research (CSER) Consortium Pediatrics Working Group. Am J Bioeth,14(3):3-9.

DudokdeWit, A. C., Tibben, A., Duivenvoorden H. J., et al. (1997). Psychological distress in applicants for predictive DNA testing for autosomal dominant, heritable, late onset disorders. J Med Genet, 34:382-90.

Economopoulou, P., Dimitriadis, G., Psyrri, A. (2015). Beyond BRCA: new hereditary breast cancer susceptibility genes. Cancer Treat Rev, Jan;41(1):1-8.

Fanos, J. H. (1997). Developmental tasks of childhood and adolescence: implications for genetic testing. Am J Med Genet, 71:22-8.

Gammon, A., Neklason, D. W. (2015). Confidentiality and the risk of genetic discrimination: what surgeons need to know. Surg Oncol Clin N Am, Oct;24(4):667-81.

Godino, L., Turchetti, D., Jackson, L., Hennessy, C., Skirton, H. (2015). Impact of presymptomatic genetic testing on young adults: a systematic review. Eur J Hum Genet, Jul 15.

Harper, P. S. (1997). What do we mean by genetic testing? J Med Genet, 34:749-52

Heiniger, L., Butow, P. N., Price, M. A., Charles, M. (2013). Distress in unaffected individuals who decline, delay or remain ineligible for genetic testing for hereditary diseases: a systematic review. Psychooncology, Sep;22(9):1930-45.

Jonsen, A. R., Durfy, S. J., Burke, W., Motulsky, A. G. (1996). The advent of the "unpatients". Nat Med, Jun;2(6):622-4.

Lee, G. H., Payne, S. J., Melville, A., Clark, S. K. (2014). Genetic testing in inherited polyposis syndromes – how and why? Colorectal Dis, Aug;16(8):595-602.

Lerman, C., Croyle, R. T., Tercyak, K. P., Hamann, H. (2002). Genetic testing: psychological aspects and implications. J Consult Clin Psychol, Jun;70(3):784-97.

Loland, S. (2015). Against genetic tests for athletic talent: the primacy of the phenotype. Sports Med, Sep;45(9):1229-33.

Lopes-Cendes, I., Rocha, J. C. C., Jardim, L. B. (2001). Testes preditivos. In: Jatene, F. B., Cutait, R. (coord.). Projetos diretrizes [online] [acessado em 30 Jan 2016]. Brasília: AMB/CFM; Recuperado em 31 de janeiro de 2016 de: http://www.projetodiretrizes.org.br/projeto_diretrizes/091.pdf.

Marzuillo, C., De Vito, C., D'Andrea, E., Rosso, A., Villari, P. (2014). Predictive genetic testing for complex diseases: a public health perspective. QJM, Feb;107(2):93-7.

Paulsen, J. S., Nance, M., Kim, J. I. et al. (2013). A review of quality of life after predictive testing for and earlier identification of neurodegenerative diseases. Prog Neurobiol, Nov;110:2-28.

Prince, A. E. (2015). Prevention for those who can pay: insurance reimbursement of genetic-based preventive interventions in the liminal state between health and disease.

Prince, A. E. Prevention for those who can pay: insurance reimbursement of genetic-based preventive interventions in the liminal state between health and disease. J Law Biosci, Jul 1;2(2):365-395.

Raskin, S. (2015). Medicina preditiva: a segurabilidade de um "futuro" doente palestra proferida em Curitiba, 24/9/2015, na Academia Nacional de Seguros e Previdência. Recuperado em 31 de janeiro de 2016 de http://pt.slideshare.net/oficinadotexto/cdigo-gentico-curitiba-salmo-raskin.

Romeira, R. C. P. M. (2007). Algumas implicações psicológicas da testagem genética para câncer de mama/ovário. Psicologia para América Latina. Recuperado em 31 de janeiro de 2016, de http://pepsic.bvsalud.org/scielo.php?script=sci_arttext&pid=S1870-350X2007000100012&lng=pt&tlng=pt.

Saunders, A. M., Hulette, O., Welsh-Bohmer, K. A., Schmechel, D. E., Crain, B., Burke, J. R., Alberts, M.J., Strittmatter, W. J., Breitner, J. C., Rosenberg, C. (1996). Specificity, sensitivity, and predictive value of apolipoprotein-E genotyping for sporadic Alzheimer's disease. Lancet, 348:90-3.

Wakefield, C. E., Hanlon, L.V., Tucker, K. M., Patenaude, A. F., Signorelli, C., McLoone, J. K., Cohn, R. J. (2016). The psychological impact of genetic information on children: a systematic review. http://www.ncbi.nlm.nih.gov/pubmed/26741411

Wexler, N. S. (1992). The Tiresias complex: Huntington's disease as a paradigm of testing for late onset disorders. FASEB J;2820-5.

Zagalo-Cardoso, J. Á., Rolim, L. (2005). Aspectos psicossociais da medicina preditiva: revisão da literatura sobre testes de riscos genéticos. Psicologia, Saúde e Doenças, VI(1):3-34.

Medicina Preditiva: O Candidato a Doente, o Psicólogo e os Dilemas de um Futuro Incerto

Sheyna Cruz Vasconcellos

6

> "A fala é o fármaco da alma."
> (Jerbase, 2015)

A medicina progride incansavelmente em suas descobertas – novas técnicas de tratamento e investigação são capazes de prever e tratar condições clínicas inconcebíveis anteriormente. Em meio a tantos avanços, a Genética, dentro de um projeto denominado Genoma Humano, oferece a possibilidade de realização de testes preditivos capazes de detectar sinais que confirmem a possibilidade do desenvolvimento de uma futura doença. Não há dúvida de que os avanços da ciência caminham em descompasso com a condição humana de responder na mesma velocidade e com tantos recursos aos dilemas gerados por estas antecipações probabilísticas. Pode-se dizer que a própria oferta de um exame genético preditivo tem como efeito colateral conflitos ligados ao seu resultado. O que fazer diante do resultado genético que denuncia segredos familiares quanto a filiação? Estaria o ser humano preparado para antecipar o futuro de seu corpo e de seus familiares? Que inquietações levam o sujeito a procura tais exames? O que a psicologia tem a dizer sobre estas questões?

A ciência como "A resposta"

O corpo reivindica cotidianamente um saber para lidar com a desavença que ele provoca. A fome, a dor, o sono, a excitação sexual, a tristeza, a doença, o envelhecimento e outras inúmeras condições são vivências corporais à procura de conforto, satisfações e respostas. O discurso que se coloca como mais expressivo e imponente para responder a essa demanda é o da ciência. O organismo foi dissecado, dividido, rotulado, modificado pela biotecnologia. Esse aparato tecnológico foi criado para reparar, consertar, remendar e inventar recursos para possibilitar a longevidade saudável desta máquina humana. Claro que com toda essa oferta foram criados efeitos colaterais de ordem ética.

Nos séculos IV e V a.C., a medicina hipocrática ensaia seus primeiros passos para a explicação dos fenômenos da vida com um método mais "técnico" baseado na constatação e necessidade de edificação de um saber menos empírico. Cada descoberta de lá pra cá significava um reordenamento do raciocínio anterior. A teoria celular esboça um novo horizonte, levando a um aprofundamento investigativo que culmina com a identificação do DNA (ácido desoxirribonucleico). Segundo Rotania (1993), a descoberta científica do código genético contido no DNA se assemelha à grandeza da fissão do átomo. A mesma autora afirma que o Projeto Genoma Humano, resultante destas iniciativas, é considerado o primeiro grande projeto civil da biologia moderna, de grandeza comparável ao Projeto Apollo.

Segundo Mayana Zatz (2004), o Projeto Genoma Humano identificará os genes responsáveis por nossas características normais e patológicas, o que resultará numa revolução no tratamento e na prevenção de doenças. Remédios orientados segundo o perfil genético e vacinas de DNA poderão eliminar doenças como a AIDS e a tuberculose. As consequências para a prática médica são substanciais, como a prevenção, o diagnóstico precoce e estratégias mais assertivas de tratamento, revigorando a saúde.

Entretanto, esses avanços vão além do tratamento das doenças, podendo haver um uso destas informações com propósitos questionáveis, como desenho de embriões humanos, busca do aperfeiçoamento de características humanas e eugenia, discriminação de base genética, patenteamento de genes, ameaça à privacidade, uso indevido das seguradoras de saúde ou de empresas empregadoras. As seguradoras podem criar preços de acordo com a patologia do futuro, ou o empregador não contrataria alguém que teria predisposição ao adoecimento, especulações de um futuro incerto. Corrêa (2002) afirma que conflitos e controvérsias morais relacionados a estes conhecimentos solicitarão uma discussão permanente no campo da bioética e no âmbito das leis.

Braz (2008) aproxima a representação do DNA a uma sopa de letrinhas, sendo letras, palavras e fonemas o que compõem a biblioteca da vida. *"Uma letra fora do lugar... mutação"*, diz ela. Essa invenção científica coloca o sujeito com informações sobre si que o deixam perto demais de supostas verdades. Esse suposto conhecimento pode gerar expectativas diante do prognóstico destes exames. Considerando que estes testes têm valor preditivo e não garantem o desenvolvimento da patologia investigada, o que levaria este sujeito à busca destes resultados?

Braz (2008) realizou uma pesquisa que investigou motivações que levariam mulheres a se submeterem ao teste genético de câncer de mama para pesquisar mutação no BRCA1 (gene do câncer de mama). Vale ressaltar que a presença do gene mencionado indica que 85% dos portadores terão câncer de mama, mas não estabelece que 100% terão a doença, indicando que existem outros genes etiológicos desencadeadores. O sofrimento psíquico era expressivo no grupo dessas mulheres, e a crença na tecnociência como um saber que responde não só pela predição mas pela prevenção do câncer levava o grupo a se submeter à pesquisa. Essa diferença entre predição e prevenção coloca-se salutar para organizar anseios e desfazer ideias equivocadas nestes sujeitos. Aproximar-se de uma doença que ainda não se instalou gera no paciente um sentimento de onipotência associado à crença de que esta vantagem diante do inimigo é suficiente para derrotá-lo, o que não corresponde à realidade.

A apropriação dos sujeitos deste discurso médico sobre mapeamento genético, prevenção e tratamento produz um texto que funciona como defesa psíquica diante do desconhecimento do futuro de nossos corpos ou mesmo de inquietações de outra ordem. Mulheres descontentes com sua vida e que muitas vezes procuram algo que as enlacem com a vida outra vez. O investimento pessoal em descobrir seu futuro enquanto doente não se restringe a uma mera antecipação de um mal tratável. Aglomeram-se entre estes sujeitos questões que envolvem a própria sexualidade, conflitos familiares, angústias difusas que se deslocam inconscientemente para o cuidado antecipado com seu corpo.

Jardim (2003) afirma que as discussões em torno desse tema devem ser tomadas num âmbito interdisciplinar devido ao alcance em áreas diversas, como sociologia, ética, psicologia, psicanálise, direito, políticas públicas, ciência e muitas outras. O mesmo autor ressalta ainda uma relação entre a revolução tecnológica e seus efeitos na subjetividade. A pesquisa que ele realizou com mulheres que investigavam sua suscetibilidade ao câncer de mama obteve achados semelhantes à pesquisa de Braz (2008) no que se refere a dados afetivos. Essas mulheres *"buscam encontrar na escritura genética realizada pela medicina uma resposta de por que adoeceram"*, afirma ele. Esperam uma escritura nos genes sobre o seu destino de modo mais amplo. Localizam no corpo infortúnios que vão além de dados probabilísticos e uma crença de que tudo será explicado pela ciência.

Há que se recrutar para esse campo de discussões que a "certeza" edificada sobre o enfoque genético é bem complexa, pois fatores que envolvem a participação e a responsabilidade do sujeito são relegados a segundo plano. O ambiente e as condições históricas, sociais e psicológicas são menosprezados diante do que se nomeia como "evidência" da ciência. O sujeito não é mais protagonista de sua história – ele vira produto de algo que entende como "destino". Jorge Forbes (2010), em seu artigo publicado na revista *Psique*, afirma que se confunde a genética com a astrologia científica, e que o geneticista seria um vidente do futuro. Endossando os argumentos mencionados, cito Corrêa (2002).

Para além dos avanços que, por motivos a serem analisados, são atribuídos às inovações genéticas, há a otimista conotação da capacidade de promoção do surgimento de um novo mundo, de um outro mundo, talvez de um outro homem desenhado pela medicina do amanhã.

Predições traumáticas?

Jean Clavreul (1983) faz uma aproximação entre o que o enfermo espera do médico e o que a criança espera de sua mãe. O doente não consegue nomear, interpretar os sinais que o corpo lhe envia sobre o padecimento orgânico, por isso o doente pede ao médico que nomeie seu pesar. Quanto à criança, esta vai esperar que a mãe, da mesma maneira que o médico, mas fora do âmbito da doença, explique e interprete seus desconfortos mais básicos. Esse pedido, dirigido tanto à mãe como ao médico, coloca em cena o protagonismo de nosso corpo em relação à nossa existência. Freud (1915) afirmava que o eu é antes de tudo corporal, deste modo fica compreensível que a busca por respostas sobre o corpo é uma busca que fala sobre quem somos também. Esquecemos disso, visto que toda construção cartesiana do corpo como máquina faz-nos adormecer para esta evidência. A partir desta constatação fica claro que o que se pede ao médico é sempre mais que seu discurso pode dizer. A respeito dessa pretensa "confusão", cito Joel Birman (1999):

> O que orienta o indivíduo é a busca desesperada de uma poção mágica,que impossibilite o reconhecimento do sofrimento inerente à existência, impedindo então a constatação das desilusões que a vida inevitavelmente provoca em qualquer ser humano, de modo que o sujeito possa existir em estado nirvânico. (p. 202)

No bojo desse mal-estar, costuma-se dizer que notícias ruins sejam traumáticas. Receber um diagnóstico sobre uma doença do futuro pode ser traumático em quais sentidos? Qual será a posição do psicólogo frente a estas questões?

Trauma é um termo de origem grega que significa ferida, utilizada especialmente no âmbito médico. No sentido psicanalítico de Freud, o trauma é decorrente de um afluxo excessivo de excitações que modificam a capacidade do aparelho psíquico de metabolizar afetos. Mas essa noção não é tão simples assim, quando se leva em conta a relação que cada um estabelece com a realidade. Vamos considerar, então, que existe uma realidade material e "observável" e existe uma realidade psíquica. A realidade psíquica é o modo como a realidade externa é percebida. Em 1913, Freud vai delinear bem este conceito e afirmar que: "O que caracteriza os neuróticos é preferirem a realidade psíquica à concreta, reagindo tão seriamente a pensamentos como as pessoas normais às realidades". (Freud, 1913 [p. 160-161]). Esse conceito de realidade psíquica é necessário para compreensão de que, a despeito de resultados universais para determinadas estatísticas médicas, as reações às notícias em destaque são diversas. A interação com o resultado vai se ancorar com as marcas constitutivas da vida do sujeito. Marcas mnêmicas organizam, sem que o sujeito perceba, sua percepção da realidade.

As motivações para a procura de testes genéticos não devem ser buscadas apenas nas justificativas quanto à saúde ou recorrência de determinadas doenças na família. O disparador da investigação pode ser a preocupação com a doença ou com o projeto de gestação. A busca por uma medicina preventiva pode também estar associada à ideia de um saber sobre a própria existência ou, mesmo, o sentido desta.

Dunker (2006) discute em seu artigo "Função terapêutica do Real" haver uma relação importante entre o trauma e a sua perspectiva de melhora de condições psíquicas. Uma má notícia sobre uma condição física pode organizar a vida de um sujeito, assim como um "susto" diante de uma cena dramática. Ainda sobre as considerações de Dunker, ele lembra o estudo do sociólogo Durkheim (1987) sobre as taxas de suicídio, que diminuíram no período de convulsões sociais.

Esse argumento contraria o senso comum de que um evento é, em si, traumático. Por exemplo, assistir a um assassinato de alguém com quem se tenha forte ligação é considerado traumático no senso comum, mas precisa-se procurar no singular de cada sujeito o que se julga "traumático", afirma Vieira (2008). O evento costuma esmagar o sujeito, pois muitas construções e justificativas se estabelecem a partir do acontecimento. Um exemplo corriqueiro é quando alguém relata que foi estuprado e é indicado que o "evento estupro" seria universalmente traumático. Ainda que algo deste evento seja traumático, nosso inconsciente é feito de detalhes que passam imperceptíveis à consciência; então, para identificar o elemento traumático, é preciso que o sujeito seja escutado em sua narrativa. A trama da história nos dará pistas sobre a singularidade deste evento para este sujeito. O trauma também remete a algo já vivido anteriormente pelo sujeito e que se atualiza dentro de algum contexto. É bem comum situações corriqueiras se transformarem em algo traumático que não seja compreendido pelo público. Perder um cachorro, por exemplo, pode ser devastador para uns e de pouca relevância para outros. O que vai colorir a cena atual de afeto traumático é o enlace entre o acontecimento atual e outro já vivido. Nosso aparelho psíquico é como uma caixa de ressonância, que a todo o momento recapitula, sem que se saiba, algo adormecido em nós.

Existem algumas condições ligadas aos testes preditivos que merecem uma análise de perto. Quando a doença detectada terá uma manifestação tardia e nenhum tratamento disponível no mercado, quais seriam os benefícios ou as ressonâncias destes resultados na vida dos indivíduos e da família? A doença de Huntington seria um exemplo desta situação. Quem é portador desta mutação tem grandes chances de desenvolver a doença em alguma etapa da vida, mas não tem como identificar a data e não há tratamento disponível. Mesmo que o sujeito se encontre assintomático, essa informação recebida já modificou a relação dele com o seu corpo e seu futuro. Precisa haver um espaço de escuta psicológica para que o sujeito reedite suas perspectivas com este dado e sem ficar paralisado com uma espera incerta. Uma informação como essa também pode ser usada como álibi – deixa-se de viver uma vida normalmente e edifica-se uma lamentação constante. Forbes (2010) chamou essa relação com o resultado do teste genético de RC – "resignação e compaixão"–, resignação dos pacientes e compaixão das famílias. Resignado, ele antecipa o sofrimento que imagina que terá e sua condição emocional pode, aí sim, favorecer o progresso da doença anunciada. Seria um cálculo de vida tendo como horizonte a doença. A família, por sua vez, faz parceria com a reação emocional e a reforça sendo piedoso com o paciente. Nestes casos o que se vê é uma reação padronizada que não inclui algo singular deste sujeito e que uma escuta apurada consegue identificar o que estava em questão. Claro que não se trata de generalizar comportamentos e reações, mas advertir para enredos danosos.

Como escutar uma "doença do futuro" ou um "futuro sem doença"

Uma escuta apurada faz-se necessária para favorecer uma relação custo-benefício mais balanceada nesta conjuntura "uma doença do futuro". Então, compreender **quem** quer o exame, **por que** investiga uma provável doença e **o quê** fará após a posse desse resultado coloca-se como um roteiro pertinente.

Quem

Quem busca pelo exame? Conhecer um pouco da história da pessoa ajuda no entendimento de como ela foi parar ali com esta demanda. Existe uma fantasia originária do ser humano, "de onde eu vim?", e sem dúvida o conhecimento colocado pela genética parece responder sobre as origens. É muito comum o paciente em acompanhamento psicoterapêutico duvidar se é filho verdadeiro de seus pais. Normalmente, sentem-se rejeitados e buscam nesta explicação genética a causa da rejeição. Isso também se reproduz quanto à paternidade quando o sujeito tem fantasias de infidelidade do cônjuge e não acreditam serem pais da criança, ou até mesmo quando pais e filhos têm temperamentos tão distintos que eles chegam a dizer "nem parece que é meu filho" – os exemplos que recrutam o geneticista como detetives são inúmeros.

Por quê

Quais os argumentos que o paciente utiliza para sustentar a decisão de realizar o exame? No curso da narrativa do paciente, perceber nas entrelinhas se há contradição em sua fala. Mas para que isso seja notado, a atenção deve ser flutuante, como argumentava Freud. Deve-se deixar que o paciente fale, sem buscar apenas os dados importantes referentes ao fator genético, pois o entendimento mais amplo sobre a decisão pode estar associado a questões e fantasias que não se preveja. A escuta do caso a caso também é salutar. Ainda que o pedido de exame seja o mesmo, há que se considerar motivações diversas.

O quê

É importante que durante a entrevista o paciente possa pensar na possibilidade de positividade ou não do teste e discutir o que ele imagina fazer diante das duas possibilidades. Promover a fala do paciente neste sentido favorece a construção de repertórios prévios e uma ancoragem simbólica que o acolherá, após o resultado. De outro lado também as respostas que o paciente fornecerá servirão para avaliar o funcionamento psíquico do sujeito. Deste modo, o psicólogo pode detectar algo que seja complicado do ponto de vista subjetivo e discutir com o médico a melhor conduta para este paciente, ou, até mesmo, se é o caso de realizar o exame naquele momento ou em outro, em que ele esteja emocionalmente menos vulnerável.

A "escuta" ou "escutar" aqui não é um ato que se resume ao aparelho auditivo; muito além de ouvir ruídos, espera-se que o psicólogo escute nas entrelinhas. É na fala do paciente, na materialidade da palavra, que algo aparece para revelar algo do desejo do sujeito. Quando alguém fala sempre diz mais do que planejou. Nestas sobras de palavras algo do sujeito aparece, revelando muitas vezes, para ele mesmo, conteúdos inéditos que reorganizam a relação dele com os acontecimentos. Ali, naquele instante, a fala reformula a disposição dos fatos. Vasconcellos (2013) indica na sua escrita que o contexto que emoldura os fatos pode imprimir uma interpretação muito generalista às circunstâncias. No caso discutido neste capítulo, o contexto que envolve a investigação de nossa herança genética pode criar um viés em nosso entendimento. Podemos também viver sob a construção de um argumento que dirigiu nossa vida, como "fui um pai ausente", mas no decorrer da fala o sujeito se surpreende com uma presença que ele não incluía em sua história, de tal modo que estava marcado pelo estigma da ausência. As palavras "ausência" e "presença" ampliam seus sentidos, conferindo ao contexto inicialmente entendido como um pai que se ausentava para um pai que estava fora fisicamente, mas investido na causa dos filhos, e que a ausência à qual ele se referia não era a dele como pai, mas a do seu próprio pai. Como diria Vasconcellos (2013), o texto é um recurso contundente para se livrar do contexto. Alonso (1988) menciona em sua comunicação que "quem escuta atentamente recebe as pegadas, as marcas que adquirem forma no momento em que germinam as palavras".

Considerações Finais

O aconselhamento genético se coloca como imprescindível quando um indivíduo e sua família resolvem realizar exames genéticos, por se tratar de um método investigativo que envolve uma superestimação do fator genético em detrimento das questões ambientais, psicológicas, sociais, religiosas e outras variáveis não previstas. Uma equipe interdisciplinar seria importante na condução deste processo, mas ressalto aqui a importância de que o geneticista seja o coordenador desta equipe. O conhecimento sobre a genética é mais restrito do que o diagnóstico de doenças; a população geral tem mais contato com a medicina curativa do que com a preventiva. Os testes genéticos envolvem muitos dilemas que ultrapassam decisões cartesianas sobre tratamento e prognóstico de doenças. Fala-se aqui em informações que não oferecem garantias, mas riscos e benefícios que devem ser minuciosamente discutidos com os interessados.

Neste contexto, o psicólogo contribui com uma escuta que não se captura com os signos da doença ou previsões futuras. Ele deve compreender a partir de que posição subjetiva o sujeito se engaja com seu desejo e orienta sua vida. Nem tudo está escrito; os genes influenciam a interação do organismo com o ambiente, mas é importante ressaltar a soberania do que se chama "interação". A vida é também uma história inventada.

Referências Bibliográficas

Alonso, S. L. (1998). A escuta psicanalítica. Revista Percurso, 1, 7. Disponível em: http://www2.uol.com.br/percurso/main/pcs01/artigo0120.htm

Azzi, I. C. (2007). Realidade: Uma razão que não se explica, mas se crê. Revista Ágora, X(2), 245-63. Disponível em: http://www.scielo.br/scielo.php?script=sci_arttext&pid=S1516-14982007000200007&lng=pt&nrm=iso&tlng=pt.

Birman, J. (1999). O corpo o afeto e a intensidade em psicanálise. In: Birman, J. Mal-estar na atualidade: a psicanálise e as novas formas de subjetivação. Rio de Janeiro: Civilização Brasileira.

Braz, M. (2008). Espera e revelação: a pesquisa com testes preditivos para câncer de mama e a ética. Revista Bioética, 16(2), 241-58. Disponível em: http://revista-bioetica.cfm.org.br/index.php/revista_bioetica/article/viewFile/71/74.

Clavreul, J. A ordem médica (p. 155). Rio de Janeiro: Brasiliense, 1983.

Corrêa, M. V. (2002). O admirável projeto genoma humano. Physis: Rev. Saúde Coletiva, 12(2), 277-99. Disponível em: http://www.scielo.br/pdf/physis/v12n2/a06v12n2.

Dunker, C. I. L. (2006). A função terapêutica do real: trauma, ato e fantasia. Pulsonal Revista de Psicanálise, XIX(186), 15-24. Disponível em: http://www.editoraescuta.com.br/pulsional/186_03.pdf.

Forbes, J. (2010). Os perigos de tudo poder. Revista Psique, 54, 14-15. Disponível em: http://jorgeforbes.com.br/br/artigos/artigo-publicado-na-revista-psique-n--54-junho-2010.html.

Freud, S. (1996). Totem e tabu. Rio de Janeiro: Imago. (Obra originalmente publicada em 1913).

Freud, S. (1923). O ego e o id (v. 21). Edição Standard Brasileira das Obras Psicológicas Completas de Sigmund Freud. Rio de Janeiro: Imago.

Jardim, L. (2003). O risco familiar de câncer de mama: a psicanálise diante da pesquisa genética. Revista Latino-Americana de Psicopatologia. Fund., VI(4), 68-79. Disponível em: http://www.redalyc.org/pdf/2330/233018039006.pdf.

Jairo, J. (2015). Atos de fala. Salvador: Associação Científica Campo Lacaniano.

Rotania, A. (1993). O Projeto Genoma Humano: Desafios éticos da biologia moderna. Revista SBHC, 9, 3-16. Disponível em: http://www.mast.br/arqui-vos_sbhc/109.pdf.

Vasconcellos, S. C., Moura, M. D. (Org.) (2013). Do contexto ao texto: psicanálise aplicada a seu caso. In: Moura, M. D. Oncologia/Clínica do limite terapêutico/ Psicanálise & Medicina. Belo Horizonte: Artesã.

Vieira, M. A. (2008). O trauma subjetivo. Revista Psico, 39(4), 509-513. Disponível em: http://revistaseletronicas.pucrs.br/ojs/index.php/revistapsico/article/viewFile/2045/3842.

A Psicologia da Adesão ao Tratamento Médico na Contemporaneidade

Patricia Pereira Ruschel

7

Este tema nos reporta à importância da compreensão dos fenômenos que ocorrem com o ser humano diante das adversidades na saúde e da necessidade do cuidado do outro, quando surge uma fragilidade.

Cada um de nós, à medida que vai se desenvolvendo, adquire a própria individualidade. A partir da primeira relação com a mãe, o bebê se diferencia dela e vai tomando consciência do próprio corpo, entendendo que não é uma extensão e sim tem os próprios comandos. Esta sensação perdura pela vida e a necessidade de aderir a um tratamento ameaça o controle absoluto desta condição, o que pode ser evidenciado quando é necessário aceitar um médico ou outro profissional para auxiliar nos cuidados, visando manter o equilíbrio da saúde.

A palavra adesão, no dicionário da língua portuguesa, é definida como assentimento, aprovação e concordância (Ferreira, 1999), enquanto para epidemiologia esta palavra representa o grau com que os pacientes seguem as orientações médicas (Fletcher & Fletcher, 2006).

Em tempos mais remotos a figura do médico era a de quem detinha o conhecimento, e o bom paciente era aquele que seguia, *ao pé da letra*, o significado da palavra. A este cabia o lugar de aguardar. Muitas vezes era enfatizado o valor de não se informar sobre riscos ou o real diagnóstico, pois acreditava-se que de nada adiantaria este "sofrimento". Era muito comum que o familiar responsável ou o mais próximo fosse alertado sobre a doença, mas deveria procurar deixar o doente de *fora* desta realidade.

Hoje, a medicina acredita que o doente precisa implicar-se no tratamento, a fim de que se obtenha a verdadeira adesão, que deverá colaborar com o seu sucesso. Reconhece-se, atualmente, que o envolvimento do doente nas decisões relativas ao tratamento da sua doença é um fator chave para melhorar o comportamento de adesão (Ferreira, 2014). Para tanto, é de suma importância que se reconheça que esta pessoa sofre como um ser integrado, tem vários órgãos compondo um corpo com seus dinamismos, sistemas nervoso e emocional, com aspectos psicológicos e bioquímicos a serem considerados, que tem suas interligações.

Um trabalho recente, que considera as doenças cardiovasculares como a principal causa de mortalidade, especialmente no Brasil, nos traz que é de suma importância que seja realizada uma avaliação da adesão ao tratamento. Esta deve ocorrer durante a anamnese, sendo também indicada a verificação de possíveis entraves. Os autores constataram que parte de eventos adversos podem estar associados à falta de adesão às recomendações médicas, farmacológicas ou não (Katz & Wajngarten, 2015).

Tratando da necessidade de serem avaliadas as barreiras para a adesão ao tratamento, um estudo com pacientes em tratamento medicamentoso para hipertensão e hiperlipidemia mal controladas (pressão arterial de 150/100 mmHg > e/ou valor de lipoproteína de baixa densidade > 130 mg/dL) revelou que os desempregados e sem suporte social apresentavam mais barreiras do que o restante. Para esta avaliação os pacientes foram investigados sobre questões devidamente validadas para investigar barreiras às medicações. Eram afirmações sobre como a pessoa se sente ou age com relação à ingesta das medicações, que deveriam ser assinaladas de acordo com o que mais revelasse as atitudes do paciente. Os itens variavam entre quatro respostas que, quando pontuadas, geravam a pontuação geral da escala. Por meio do estudo das relações com as características dos pacientes, por regressão linear múltipla, foi demonstrado que as barreiras mais evidentes eram: número de medicações (31%) e esquecimento sobre a injesta da medicação (24%) e que os hipertensos obtiveram maior pontuação nas barreiras à medicação. Como conclusão os autores apontaram que avaliar as barreiras e vencê-las pode aumentar a adesão à medicação (Zullig *et al.*, 2015).

Atualmente, fala-se da cardiologia comportamental como um modo a mais de ver as cardiopatias. Nesta, busca-se a compreensão da saúde mental e cardiovascular, entendendo que existe uma influência de fatores psicossociais, aspectos comportamentais de pacientes, que vão determinar maior ou menor adesão ao tratamento. Mudanças no estilo de vida são importantes para benefício no futuro e barreiras interferem no momento presente (Rozanski, 2014). Seguindo esse raciocínio, podemos pensar que aquele doente que tem a ideia de que não precisa realizar adesão ao tratamento está subestimando seus riscos.

Existem aquelas situações nas quais a pessoa tem uma compreensão equivocada sobre a doença ou dos fatores de risco instalados – ela se sente bem, é assintomática, entende ter uma boa saúde e conclui que mesmo com indicação médica não há necessidade de medicações. É comum a expressão: *em time que está ganhando não se mexe.* Estas vivências são observadas, tanto naquelas situações em que aparece o medo da mudança como quando frente à tentativa da ingestão de medicações surgem efeitos colaterais.

Para ilustrar o assunto destacamos aqui um estudo qualitativo realizado na Indonésia com 50 mulheres com câncer de mama, que buscou elucidar as razões psicossociais e culturais para o atraso na procura de ajuda médica e na não adesão ao tratamento. Nesta pesquisa foram elucidados oito temas principais:

- Falta de consciência e conhecimento;
- Crenças sobre o câncer e o tratamento;
- Problemas financeiros;
- Carga emocional;
- Efeitos colaterais graves;
- Estilo paternalista de comunicação e a informação sem clareza.

Os autores chamam a atenção para o fato de diversos fatores que interferem na não adesão serem modificáveis e, deste modo, serem possíveis ações de saúde que podem alterar estes comportamentos (Iskandarsyah *et al.*, 2014).

Já em um estudo português, com 164 pacientes, houve a preocupação de elucidar variáveis psicossociais, que estivessem associadas à adesão à terapêutica farmacológica em doentes crônicos, o que é um problema relevante. Os resultados mostraram uma associação entre crenças acerca dos medicamentos e a adesão, e também uma associação entre a satisfação com a informação e as crenças. Além disso, as facetas do conhecimento sobre medicamentos mais ignoradas pelos doentes coincidiram com os principais motivos de insatisfação com a informação (Dias & Silva, 2014).

Estudos referem que pacientes que abandonam a medicação referem como motivo o esquecimento, seguido de reações adversas, custos e da percepção de que a medicação teria pouca eficácia sobre a sua patologia (Cabral & Trevisol, 2010; Iuga & McGuire, 2014).

Quando nos deparamos com esta explicação do esquecimento, é natural que nos questionemos sobre o sofrimento emocional causado no sujeito que está necessitando de um tratamento médico e o boicota. Certamente a intenção não é consciente. Algo se passa que foge a seu controle e não permite a mudança, flexibilidade necessária para esta adaptação. Surge a pergunta: por que a adesão ao tratamento é difícil? Em primeiro lugar, ocorre o contato com o sofrimento corporal, que leva a sensação do não controle sobre o corpo, ocasionando a perda da segurança. Consequentemente, evidencia-se o sofrimento psíquico pela ameaça de que algo mais sério possa ocorrer, lesões, dores e às vezes até a ameaça de perda da vida. São situações nas quais a pessoa se sente impotente.

Diante disto, aquele sofre procura no profissional o conhecimento que detém, e precisa, então, entregar-se ao profissional no qual confia o reestabelecimento de sua saúde, ficando aí o paciente colocado no papel do submisso *verdadeiro paciente*.

Julgamos a importância de abordar aqui as situações em que o paciente é uma criança, que é um ser frágil e ainda não legalmente responsável por si, necessitando dos pais ou responsáveis para assumir o seu tratamento e orientação.

É comum que os pais necessitem de esclarecimentos e orientações, pois além de conhecer a doença é extremamente importante que entendam e superem seus sentimentos negativos, evitando a superproteção do filho e auxiliando no tratamento físico e emocional.

Chama a atenção uma pesquisa que avaliou o conhecimento dos pais sobre a profilaxia de endocardite infecciosa em crianças portadoras de cardiopatias congênitas e sua interferência no vínculo entre equipe de saúde e família do paciente pediátrico, mostrando a importância do conhecimento para o aumento da adesão. A partir dos achados os autores enfatizam que o vínculo entre a equipe de saúde e a família pode interferir no grau de adesão ao tratamento (Haag, Casonato, Varela, & Firpo, 2011).

Ao tratar da adesão, no caso de pacientes adolescentes, uma pesquisa norte-americana realizada na Carolina do Norte com pacientes transplantados buscou constatar os motivos de dificuldades na adesão a medicamentos, identificando interferências causadas por autoestima, imagem corporal, enfrentamento, sofrimento psíquico, compreensão de questões de saúde, funcionamento familiar e efeitos colaterais (McAllister, Buckner, & White-Williams, 2006).

Toda pessoa que se sente doente e frágil e que está vivendo uma situação de rompimento do seu equilíbrio físico e emocional, pelo impacto de uma fragilidade em seu corpo, muito comumente vive situação psíquica traumática, o que pode resultar em impossibilidade de elaboração psíquica. Esta é uma expressão utilizada pela psicanálise que define o trabalho realizado pelo aparelho psíquico com a finalidade de dominar as excitações que chegam a ele e cuja acumulação ameaça ser patogênica. Nesta compreensão a integração das excitações no psiquismo e o estabelecimento de associações são objetivados como boa resolução (Laplanche & Pontalis, 1970); caso contrário, pode ocorrer uma paralisia neste processo.

Seja criança, adolescente ou adulto vai precisar usar uma maior carga de energia psíquica e lidar com defesas psíquicas de modo mais exacerbado para dar conta do que será mobilizado pelos medos e fantasias despertados.

Segundo a Organização Mundial da Saúde, 50% da população residente nos países desenvolvidos não cumpre com a prescrição médica até o fim (Cabral & Trevisol, 2010), o que nos leva a pensar na importância do tema e na necessidade da preocupação das políticas públicas de saúde para com esta questão.

Outro aspecto importante, quando abordamos este tema, é o impacto da adesão ao tratamento nos custos dos cuidados de saúde. Hoje já se sabe que a não adesão à terapêutica medicamentosa está associada a piores resultados, maior progresso da doença e aumento dos custos de cuidados de saúde (Iuga & McGuire, 2014).

Um trabalho norte-americano refere que a não adesão à medicação contribui de modo importante para gastos evitáveis nos EUA. Ele também enfatiza que, apesar de o impacto da adesão na evolução da doença ser mais pronunciado em algumas doenças do que em outras, todas as partes interessadas concordam que o aumento da adesão irá melhorar os resultados em saúde e economizar bilhões de dólares. Em última análise, a colaboração entre os doentes, contribuintes, políticos e prestadores de serviços e a reestruturação de sistemas de trabalho em equipe, utilizando medicamentos de custo inferior e mantendo o alvo nas doenças associadas a maiores custos de saúde, será fundamental para se alcançar melhor adesão e, consequentemente, otimizar gastos (Iuga & McGuire, 2014).

Para melhorar a adesão ao tratamento medicamentoso, os profissionais devem entender quais são os motivos dos pacientes para o abandono do tratamento. Estes determinantes podem estar ligados, no caso dos doentes, a fatores demográficos, socioculturais e comportamentais; no caso do profissional, à relação médico-paciente, à comunicação e à concordância cultural; ou ainda à doença, à medicação e ao sistema de saúde (Iuga & McGuire, 2014).

Dentro de uma compreensão psicanalítica, pode-se pensar que o vínculo estabelecido na relação médico-paciente estaria colorido de aspectos transferenciais, pois o paciente vai portar-se de acordo com a maneira como aprendeu a reagir com as figuras parentais. Por outro lado, o profissional reagirá com seu conhecimento mesclado com suas características pessoais, e é desta interseção de percepções, conhecimentos e reações frente a experiências anteriores e potencialidades que se estabelecerá a troca entre profissionais e pacientes.

Evidencia-se em muitos casos a importância de um espaço para falar ou representar as feridas emocionais despertadas no paciente, que podem ser causadas pelo sofrimento corporal, pois sintomas físicos podem ser vivenciados com o sentimento de que o corpo não é mais perfeito. Esta situação causa uma decepção, pois ela impõe a necessidade da aceitação desta imperfeição para que o tratamento possa ser aceito.

Neste sentido, uma abordagem com o paciente é a entrevista motivacional que, baseada na técnica centrada no cliente de Rogers, enfatiza a postura básica do profissional, que deve ter cumplicidade (empatia), evocação (despertar motivação), autonomia (próprias decisões), estabelecer estratégias e ter uma escuta reflexiva. Nesta direção, tem por objetivo desenvolver discrepância e desviar resistências, buscando a autoeficácia (Rollinick, Miller & Butter, 2009).

A falta de adesão ao tratamento ocasiona não só a diminuição na qualidade de vida do doente como também o desperdício dos recursos para saúde (Iuga & McGuire, 2014). A adesão é o elo principal entre o processo do tratamento e o resultado (Vermeire, 2001). Deve-se também considerar que informação e educação são importantes para uma boa adesão ao tratamento (Rozanski, 2014).

Outro aspecto atual dentro deste tema é o uso da internet, pois informações sobre doença e saúde estão acessíveis, indiscriminadamente, algumas vezes incompletas, contraditórias, incorretas, enfim, podendo ser científicas ou não e confiáveis ou não. As pessoas, de um modo geral, podem ter dificuldade de distinguir o certo do errado. De qualquer maneira, esta fonte de consulta tem sido crescentemente valorizada, e temos de considerar que atualmente é oferecida uma imensa quantidade de informações, acessíveis a qualquer momento, de modo rápido e atualizado. Este conhecimento pode ser obtido em *sites* sobre saúde, nos quais estão acessíveis informações técnico-científicas, alternativas ou não, mas também nas diversas comunidades virtuais e grupos de apoio existentes na grande rede mundial.

Esta movimentação com o acesso à internet possibilita, então, que esta informação técnico-científica esteja mais acessível a um maior número de pessoas, permitindo o aumento do nível educacional das populações; consequentemente, a pessoa pode estar mais informada sobre doença, sintomas, medicamentos e custos de internação e tratamento. Se hoje os pacientes buscam informações na rede, tentando preservar sua autonomia, também é comum aproveitar ideias de vizinhos, parentes e amigos, fora do consultório ou hospital. É evidente uma tendência natural, que sempre existiu, de as pessoas procurarem, fora do circuito médico, o conhecimento e a experiência de terceiros sobre aquela doença, instituição ou profissional, o que hoje pode ser conseguido na internet. Com esta oportunidade de contato podemos ter a situação do paciente que não consegue utilizá-la em seu benefício. Também podem surgir aqueles que se prejudicam, na medida em que, verificando riscos e vários graus de comprometimento da doença, não usam em seu favor o que aprenderam. É o que acontece quando as informações acessadas na internet não são utilizadas na consulta médica, que seria o espaço para obter esclarecimentos e discutir possíveis tratamentos. Nas situações em que o paciente tem esta oportunidade, algum conhecimento e facilidade de percepção, pode compartilhar das decisões médicas para o tratamento (Cabral & Trevisol, 2010; Garbin, Neto, de Faria, & Guilam, 2008).

É interessante citar um estudo exploratório descritivo, com delineamento transversal e abordagem qualiquantitiva, realizado com 116 médicos que tinham atividade docente em uma universidade no Sul do Brasil. Esta pesquisa utilizou um questionário autoaplicável com questões sobre a percepção do médico sobre o uso da internet pelos pacientes e sua interferência na relação médico-paciente. A partir desta avaliação constatou-se que 85,3% dos médicos percebiam que o paciente acessava a internet e 92% utilizavam as informações na consulta seguinte. Do total, 58,6% dos médicos pesquisados consideraram as informações da internet importantes para o paciente conhecer sua doença, ter adesão ao tratamento e melhorar a relação médico-paciente. Eles perceberam que em 56,9% dos casos o uso da internet auxiliava na relação médico-paciente, em 15,5% atrapalhava e em 27,6% não interferia (Cabral & Trevisol, 2010).

A referida pesquisa nos mostra verbalizações que demonstram melhor a percepção destes profissionais: "Ao compreender um pouco mais sobre sua doença, torna-se mais fácil explicar o tratamento e suas consequências". "Quanto maior o nível de informação e de conhecimento do paciente sobre sua patologia, melhor a adesão ao tratamento. É absolutamente importante a participação do paciente nas decisões a serem tomadas, é necessário compartilhar e dividir orientações para que a terapêutica possa produzir o efeito desejado" (Cabral & Trevisol, 2010).

Também é percebida como vantagem aquela situação em que a internet tende a aproximar a linguagem médica à do paciente. "Ajuda, pois resolve dúvidas que por vezes você não alcança com seu linguajar". Deste modo: "... pode ser usada como ferramenta auxiliar na consulta" (Cabral & Trevisol, 2010).

Por outro lado, as informações conseguidas na internet também causam inquietações, que podem se revelar em forma de somatizações, de sintomas ou interferências psicológicas por má compreensão da informação ou por informações falsas: "...algumas vezes os pacientes acessam sites com informações (dados) incorretos ou interpretam esses dados de forma incorreta, o que gera ansiedade antes mesmo de ter o diagnóstico correto" (Cabral & Trevisol, 2010).

Concluindo, para incrementar a possibilidade da adesão ao tratamento medicamentoso, cuidados com os fatores de risco e identificação das barreiras deve se somar o conhecimento e a aceitação da doença a informações sobre o tratamento. Se os profissionais que tratam observam dificuldades nos pacientes é desejável que possam encaminhá-los a assistência adequada. Em alguns casos os aspectos emocionais podem ser o entrave da adesão. Cada paciente é, no fundo, o administrador de seu tratamento, pois de alguma maneira tem poder sobre si. Campanhas e programas que divulguem noções claras sobre saúde e doença se fazem necessários na tentativa de maior esclarecimento da população.

Referências Bibliográficas

Cabral, R. V., & Trevisol, F. S. (2010). A influência da internet na relação médico-paciente na percepção do médico. Revista da AMRIGS, 54(4), 416-420.

Dias, N. M. O. C., & Silva, A. M. d. B. T. B. (2014). Variáveis psicossociais associadas à adesão à terapêutica farmacológica em doentes crónicos: conhecimento, crenças e satisfação com a informação sobre medicamentos. Rev Port Med Geral Fam, 30(4).

Ferreira, A. B. H. (1999). Novo Aurélio Dicionário da Língua Portuguesa. Rio de Janeiro: Nova Fronteira.

Ferreira, D. (2014). Impacto da adesão terapêutica nos custos dos cuidados de saúde. Revista Portuguesa de Medicina Geral e Familiar, 30(4), 268-270.

Fletcher, R. H., & Fletcher, S. W. (2006). Epidemiologia clínica: elementos essenciais. Porto Alegre: Artes Médicas.

Garbin, H. B. d. R., Neto, P., de Faria, A., & Guilam, M. C. R. (2008). The internet, expert patients and medical practice: an analysis of the literature. Interface-Comunicação, Saúde, Educação, 4(SE), 0-0.

Haag, F., Casonato, S., Varela, F., & Firpo, C. (2011). Parents' knowledge of infective endocarditis in children with congenital heart disease. Rev Bras Cir Cardiovasc, 26(3), 413-418.

Iskandarsyah, A., de Klerk, C., Suardi, D. R., Soemitro, M. P., Sadarjoen, S. S., & Passchier, J. (2014). Psychosocial and cultural reasons for delay in seeking help and nonadherence to treatment in Indonesian women with breast cancer: A qualitative study. Health Psychology, 33(3), 214.

Iuga, A. O., & McGuire, M. J. (2014). Adherence and health care costs. Risk Manag Healthc Policy, 7, 35-44. doi:10.2147/RMHP.S19801

Katz, M., & Wajngarten, M. (2015). Cardiologia comportamental: uma nova fronteira de atuação da cardiologia. Arq Bras Cardiol, 104(1), 3-4.

Laplanche, J., & Pontalis, J.-B. (1970). Vocabulário de Psicanálise. São Paulo: Martins Fontes.

McAllister, S., Buckner, E. B., & White-Williams, C. (2006). Medication adherence after heart transplantation: adolescents and their issues. Prog Transplant, 16(4), 317-323.

Rollinick, S., Miller, W. R., & Butter, C. C. (2009). Entrevista motivacional no cuidado da saúde (R. C. Costa, Trans.). Porto Alegre: Artmed.

Rozanski, A. (2014). Behavioral cardiology: current advances and future directions. Journal of the American College of Cardiology, 64(1), 100-110.

Vermeire, E., Hearnshaw, H., Van Royen, P., Denekens, J. (2001). Patient adherence to treatment: three decades of research – A comprehensive review. J Clin Pharm Ther., 26(5), 331-342.

Zullig, L. L., Stechuchak, K. M., Goldstein, K. M., Olsen, M. K., McCant, F. M., Danus, S. et al. (2015). Patient-reported medication adherence barriers among patients with cardiovascular risk factors. J Manag Care Spec Pharm, 21(6), 479-485.

Efeito Placebo e Subjetividade: Dor, Desejo e Palavra

Rubens M. Volich

8

Certo dia, um religioso foi procurado por um senhor muito aflito, porque sua mulher estava em trabalho de parto, com perigo de perder a vida. O frade escreveu em três papeizinhos a seguinte frase em latim: "Depois do parto, ó Virgem, permaneceste intacta: Mãe de Deus, intercedei por nós" (*Pos partum Virgo, Inviolata permansisti: Dei Genitrix intercede pro nobis*), um versículo do Ofício da Santíssima Virgem. Deu os papeizinhos ao homem, que os levou para a sua esposa. A mulher ingeriu os papeizinhos, que o frade enrolara como uma pílula, e a criança nasceu normalmente. Um caso idêntico ocorreu com um jovem que se contorcia com as dores provocadas por cálculos vesicais. O frade fez outras pílulas semelhantes e as deu ao rapaz que, após ingeri-las, expeliu os cálculos e ficou curado.

São essas as origens das milagrosas "pílulas" de Frei Galvão, que passaram a ser muito procuradas pelos devotos deste primeiro santo brasileiro, canonizado em 2007. Até hoje, inúmeros locais ligado à história de Frei Galvão as fornecem "para pessoas que têm fé na intercessão de Servo de Deus". Graças à grande solicitação pelos papeizinhos, Frei Galvão se viu impossibilitado de atender a todos que o procuravam. Confiou, então, seu trabalho às irmãs, que passaram a produzi-los, transmitindo sua confecção de irmã para irmã, como uma tradição familiar a ser feita "no espírito de oração e dentro do mosteiro, para não perder a essência, a espiritualidade das pílulas"(São Frei Galvão, 2015a).

Desde então, as pílulas têm sido produzidas no Mosteiro da Luz, em São Paulo, pelas Irmãs Concepcionistas da Ordem da Imaculada Conceição, e até hoje são muito procuradas, podendo, inclusive, também ser obtidas pela internet, com total transparência e instruções muito claras:

> "As Pílulas de Frei Galvão não são remédio como os da farmácia. São, sim, remédio para a alma e o corpo para todo o fiel cristão que tem fé. Importante, [elas podem] também, interceder pelos médicos que cuidam da saúde dos que buscam a intercessão de Frei Galvão."
>
> "Envie-nos uma carta com a frase: 'Desejo receber as pílulas de Frei Galvão'. Preste atenção: dentro do envelope coloque um outro envelope destinado ao seu endereço (como se a Casa de Frei Galvão estivesse lhe enviando uma resposta). Não se esqueça de colocar o selo nos dois envelopes" (São Frei Galvão, 2015b)

É possível que algum leitor, em meio à aflição, tenha recorrido a este ou a outros procedimentos semelhantes. As crenças e o modo como cada um lida com seu sofrimento e os meios que busca para aliviá-los merecem todo o nosso respeito. Lembramos aqui da história dos papeizinhos de Frei Galvão, marcada pela fé, pela crença e por rituais religiosos, não apenas porque muitos relatam as graças alcançadas por meio deles, mas também por ser ela ilustrativa e carregada de inúmeros elementos que nos permitem compreender a função, o processo e até mesmo, em muitos casos, a eficácia de fenômenos caracterizados pelo efeito placebo.

A eficácia do placebo

Assim como o pequeno pedaço de papel de Frei Galvão, ao longo da história uma série de objetos e elementos foram considerados dotados de poderes de cura, como a tina de Mesmer (1779), que continha limalha ferro que captava e transmitia o "magnetismo animal", e o bastão metálico de Perkins (1795) (Zweig, 1956; Haygarth, 1800). Já no século XIX, pílulas à base de amido e farinha de rosca eram utilizadas na França por médicos renomados, como Trousseau e Corvisart, verdadeiras precursoras dos comprimidos farmacologicamente neutros, utilizados em protocolos de pesquisa, e de fórmulas comercializadas em farmácias no exterior, como o Lobepac.[*]

Os modos de apresentação, de aplicação e de utilização do placebo determinam diferentes resultados. A resposta é mais efetiva se for aplicado por injeção do que por via oral, se o número de comprimidos for maior, sendo seus efeitos também determinados pela cor da substância, pelo ambiente em que é prescrita/utilizada, pelo preço. Os efeitos placebo também são observados em procedimentos cirúrgicos

---

[*] Lobepac – Anagrama de placebo e descrito "como elixir psicoativo", com uma mesma fórmula supostamente capaz de produzir efeitos sedativos ou tônicos, diferenciadas apenas pela cor do comprimido, comercializado na França (LOBEPAC FORT BLEU Elixir Fl/10 mL).

e tratamentos simulados (Singh & Ernst, 2008). É comprovado que, em muitos casos, todos esses artefatos e procedimentos produziram e continuam a produzir os resultados por eles esperados: o alívio, a cura, a graça, segundo muitos, o milagre.

Apesar de polêmicas e incógnitas sobre as razões desses resultados, inúmeras pesquisas demonstram efeitos positivos de placebos, medicamentos sem princípio farmacológico ativo, no alívio da dor, na modulação imunológica, em quadros de Parkinson e de depressão, entre outros, acompanhadas de alterações mensuráveis do ritmo cardíaco, da pressão arterial, de mecanismos hormonais, neurobiológicos, fisiológicos e cerebrais (Mathew *et al.*, 2004; Feinberg, 2013). Pesquisas realizadas por Kaptchuk (1998) revelaram que mesmo pacientes que sabiam estar utilizando placebo apresentaram melhora significativa em seus sintomas, em comparação com pacientes que não recebiam nenhum tratamento, com reações metabólicas e elétricas no cérebro semelhantes às produzidas por substâncias ativas destinadas ao tratamento de tais sintomas.

Na recente pesquisa que levou à aprovação pelo FDA do Addyi (flibanserina), o "Viagra feminino", a utilização do produto placebo produziu resultados significativos. Enquanto as mulheres que não tomavam nenhum medicamento relataram ter 2,6 relações sexuais por mês, aquelas que tomaram placebo relataram 4,2 atos por mês, e as que tomaram o medicamento verdadeiro, 5 atos por mês (FDA, 2015). Ou seja, o placebo também aumentou essa frequência, pouca coisa inferior ao medicamento com princípio ativo.

Diversos estudos internacionais revelaram que nas pesquisas com medicamentos para os transtornos de humor e particularmente os estados depressivos os placebos produzem resultados positivos significativamente superiores que a melhora espontânea, e que em muitos casos de depressões moderadas os efeitos dos placebos são equivalentes e algumas vezes superiores aos dos antidepressivos (Kaptchuk, 1998; Kirsch *et al.*, 2008; Keller *et al.*, 2013). Uma meta-análise desses estudos mostrou que 79% dos pacientes deprimidos que receberam placebo melhoraram da depressão ao longo de 12 semanas, enquanto no caso dos que recebiam antidepressivos 93% melhoraram (Fountoulakis e Möller, 2010).

Krogsboll *et al.*, (2009) apontam ainda que na maioria das patologias psiquiátricas os efeitos benéficos do placebo são superiores aos daqueles que não recebem nenhum tratamento. Uma revisão de artigos sobre antipsicóticos mostrou que os efeitos positivos obtidos nos grupos placebo tinham aumentado significativamente entre 1960 e 2013, enquanto os efeitos das medicações com princípio ativo haviam diminuído (Rutherford *et al.*, 2014).

A eficácia de "medicamentos placebo" é amplamente reconhecida pelos médicos, que frequentemente os utilizam em sua prática. Um estudo dinamarquês revelou que 48% dos clínicos havia prescrito placebos no ano anterior (Hróbjartsson *et al.*, 2003). Uma outra pesquisa mostrou que 60% dos médicos israelenses utilizavam placebos, principalmente para lidar com pacientes que injustificadamente solicitavam medicamentos ou para acalmá-los (Nitzan *et al.*, 2004). Em seu editorial, o *British Medical Journal* reconheceu que a utilização de placebos é bastante disseminada na prática médica e que são eficientes em algumas condições, "mesmo que não saibamos como funcionam" (Spiegel, 2004).

Será, mesmo, que não sabemos? E, se assim for, o que será que nos impede de saber?

Substância, sugestão, relação

Como vimos, diversos fatores de ordem material são evocados para explicar o efeito evidente de substâncias e procedimentos placebo: a forma e a cor do comprimido, métodos de administração, o contexto e o ambiente do tratamento ou da pesquisa, custos, determinantes genéticos, sensibilidade de diferentes regiões e substâncias do cérebro, entre outros, que por mais que efetivamente contribuam para tal efeito, deixam de lado alguns fatores essenciais.

Um número crescente de pesquisadores reconhece no efeito placebo a importância da personalidade do médico ou pesquisador, a relação entre eles e os pacientes ou sujeitos de pesquisa, os efeitos de sugestão produzidos pela expectativa de melhora sintomática e, naturalmente, a personalidade do indivíduo a quem eles são ministrados. Vários autores reconhecem que a própria relação terapêutica pode se constituir como um "elemento placebo" importante para os resultados do tratamento de pacientes com doenças crônicas (Kleinman, 1988; Miller *et al.*, 2009).[*] Essas experiências implicam, naturalmente, a subjetividade de cada um, e, particularmente, representações, afetos, histórias de vida associadas a vivências de bem-estar e doença, de prazer e de sofrimento. Implicam também experiências e modos de relação com o outro, de cuidar e ser cuidado, mobilizando fantasias relacionadas à fragilidade de estar doente e aos recursos de cada um para lutar pela vida e, eventualmente, confrontar-se com a morte.

Mesmo nos mais bem construídos e controlados protocolos de pesquisa, diante dos melhores, mais seguros e consagrados procedimentos terapêuticos, o sujeito se depara com esse universo imaginário que permeia as representações do adoecer e que o remete às marcas, explícitas ou inconscientes, de medos, angústias, incertezas, e, em última instância, a seu desamparo, que convocam a demanda pelo tratamento, a esperança em sua eficácia, a crença na cura, no milagre.

Não por acaso, o nome placebo, em sua etimologia, vem marcado pela aura religiosa. Na (errônea) tradução latina do Salmo 116, dedicado ao culto dos mortos, o termo é evocado no sentido de agradar o Senhor: *"placebo Domino in regione vivorum"* (Agradarei ao Senhor no país dos vivos). Ele também aparece associado à liturgia católica do século XII, quando carpideiras e outras pessoas, recrutadas ou contratadas para cantá-lo nas cerimônias fúnebres, eram igualmente denominados *placebo* em referência à falta de sinceridade de seus prantos e à simulação de sua dor. No contexto terapêutico, a ideia de simulacro já era a ele associada em 1803 na seguinte

---

[*] "...os médicos devem alcançar as maiores taxas possíveis de efeito placebo. Para isso, devem estabelecer relações empáticas e preocupações genuínas para com o bem-estar dos seus pacientes. [...] As principais fontes da eficácia terapêutica são o desenvolvimento de uma bem-sucedida relação terapêutica e o uso retórico da personalidade e das habilidades de comunicação do médico para empoderar o paciente e persuadi-lo a um enfrentamento mais bem-sucedido [de sua doença]". (Kleinman, 1988, pp. 245-47) "

definição do *New Medical Dictionary*: "Placebo, eu agradarei. Epíteto atribuído a todo medicamento prescrito mais para agradar do que para beneficiar o paciente".

Sim, apesar de farmacologicamente neutro, para muitos o placebo agrada, satisfaz, acalma,e, para a surpresa de alguns, *justamente por isso* funciona, beneficiando muitos pacientes e produzindo efeitos reais sobre o metabolismo. Diante de leituras materialistas radicais da ciência, frente aos ideais de objetividade que busca a assepsia da subjetividade nos protocolos de pesquisa e de tratamento, perante as resistências para o reconhecimento dos processos inconscientes e da função do desejo nas relações entre corpo e mente, os placebos funcionam.

Funcionam porque, à revelia daqueles que os ministram e os utilizam, colocam em jogo, tanto no contexto terapêutico como no experimental, dinâmicas de outra ordem, relacionais, fantasmáticas, representativas inevitavelmente mobilizadas nesses contextos por experiências reais ou imaginárias de sofrimento, de tratamento e de cura.

A partir de uma condição real ou imaginária de sofrimento o sujeito não responde apenas a uma substância ou procedimento, inertes ou não, mas a todo um dispositivo, um enquadre no qual estão inseridos, que compreende a relação com médicos e pesquisadores, palavras, representações e significados compartilhados individual e culturalmente.

PHARMAKON, EFICÁCIA SIMBÓLICA E FUNÇÃO MATERNA

No diálogo entre Sócrates e Platão, relatado em *Fedro* (Brisson, 2000), destaca-se a preocupação em compreender a natureza e as relações entre corpo e alma. Entre substâncias, alimentos e procedimentos com vistas à promoção da saúde, da força e da virtude, a dialética, arte das palavras, visaria ao fortalecimento da alma. Nesse diálogo, também é evocado o *Pharmakon*, que, como descreve Jorge J. Saurí, possuiria quatro diferentes acepções como:

a) **Droga:** pode ser remédio e/ou veneno;

b) **Tintura:** pode fazer algo parecer outra coisa: uma substância modificadora do natural, introdutora de características suplementares;

c) **Escritura:** favorece a recordação e incita o esquecimento: pela confiança no que já está escrito, ocorre o descuido no cultivo da memória;

d) **Objeto Numinoso:** remete ao mágico, numa função expiatória (Saurí, 1998).

Segundo o espírito hipocrático, inspirador dessa leitura, nessas diferentes dimensões estão presentes, em qualquer substância, alimento ou procedimento ministrado ao homem, também as palavras, o conflito, os antagonismos, o engodo, a memória, a magia, a função expiatória. Comentando esse mesmo texto de Platão, Derrida (Brisson, 2000) acrescenta que o *pharmakon* não possui uma virtude própria, não se constitui apenas como a substância ativa presente na droga, mas compreende também a pessoa que a administra. Fédida acrescenta que ele dispõe, "desta afinidade tão estranha com o psíquico, de onde todo seu poder de ilusão é tirado" (Fédida, 1998, p. 37).

O *pharmakon*, seja ele uma substância ativa ou placebo, é, portanto, uma verdadeira operação na qual as relações com o terapeuta ou pesquisador que o prescreve ou o administra são partes integrantes dos efeitos que ele produz. A operação platônica do *pharmakon* o desqualifica como substância (é uma substância mas também uma não substância), para requalificá-lo pela *fala* e pela *memória*.

Por efeitos imaginários semelhantes aos do *pharmakon*, opera também a eficácia simbólica, revelada por Claude Lévi-Strauss por meio dos rituais do xamanismo. Ele a descreve como uma propriedade que induz uma estrutura sobre outra em diferentes níveis de ser vivo, isto é, os processos orgânicos, psique, inconsciente e pensamento reflexivo-coerente. Por meio dessa dimensão simbólica reestrutura-se não apenas a estrutura inconsciente de todo indivíduo, mas também sua relação com o outro e com o grupo. Lévi-Strauss ressalta a função dos gestos, dos sons, do ambiente nos ritos dos curandeiros em torno do doente, "farmacologicamente neutros", segundo a ciência, mas eficientes para promover a cura (Lévi-Strauss, 1975), traçando um paralelo com os efeitos dos fenômenos inconscientes observados em processos psicoterapêuticos e particularmente descritos por Freud no fenômeno da transferência (Freud, 1912). Comentando tais rituais, ele afirma:

> É cômodo [dizer] que se tratam de curas psicológicas. Mas esse termo permanecerá vazio de sentido enquanto não se defina a maneira pela qual representações psicológicas determinadas são invocadas para combater perturbações fisiológicas, igualmente bem definidas. [a análise do ritual de cura Cuna] constitui uma **medicação puramente psicológica**, visto que o xamã não toca o corpo do doente e não lhe administra remédio; mas, ao mesmo tempo, ele põe em causa, direta e explicitamente, o estado patológico e sua sede: diríamos, de bom grado, que o canto constitui uma **manipulação psicológica** do órgão doente, e que a cura é esperada dessa manipulação. [...] (p. 221).

> Que a mitologia do xamã não corresponda a uma realidade objetiva não tem importância: a doente acredita nela e é membro de uma sociedade que acredita. [...] A doente os aceita, ou, mais exatamente, ela não os põe jamais em dúvida. [...] Mas a doente, tendo compreendido, não se resigna apenas: ela sara. [...] é uma relação de símbolo à coisa simbolizada, ou, para empregar o vocabulário dos linguistas, de significante a significado. O xamã fornece à sua doente uma linguagem, na qual se podem exprimir imediatamente estados não formulados, de outro modo informuláveis. E é a passagem a esta expressão verbal (que permite, ao mesmo tempo, viver sob um modo ordenado e inteligível uma experiência real, mas sem isto anárquica e inefável) que provoca o desbloqueio do processo fisiológico, isto é, a reorganização, num sentido favorável, da sequência cujo desenvolvimento a doente sofreu." (Lévi-Strauss, 1975, p. 228).

Poderíamos ainda evocar, a partir dessa mesma perspectiva, a função do *suposto saber* descrito por Lacan (1968, 1979). Um saber imaginário, ilusório, atribuído pelo sujeito a um outro, presente na transferência terapêutica, mas também em toda relação humana, quando o sujeito supõe que esse outro possui um saber que o próprio sujeito desconhece sobre si mesmo, sobre seu inconsciente, sobre seu sofrimento, sobre a forma de aliviá-lo. Esse suposto saber é imaginado e atribuído pelo sujeito em sofrimento às substâncias, dispositivos, médicos, terapeutas e pesquisadores e principalmente à ciência, que mesmo em nosso mundo, altamente tecnológico, mobilizam nele vivências semelhantes às descritas por Lévi-Strauss.

Nesse contexto, é importante também reconhecer os meandros e as incidências da dimensão relacional no processo terapêutico. Diante do profissional de saúde, o paciente apresenta não apenas seus sintomas, sua doença, mas, também, vivências mais primitivas de desamparo mobilizadas por seu sofrimento e a fragilização de todo o seu funcionamento psicossomático (Volich, 2000). O médico, em particular, é um depositário privilegiado do pedido de alívio do sofrimento, não apenas somático, do paciente, manifestado por meio da transferência, pouco considerada na clínica médico-hospitalar.

Os modos primitivos e desorganizados de funcionamento convocam todo profissional de saúde ao exercício de uma *função materna*, que, como a mãe com o bebê, pode ser um *outro* que assume imaginariamente por um certo período funções que este ainda não é capaz de assumir por si mesmo, com vistas a promover a contenção, a organização e o desenvolvimento de recursos mais evoluídos da economia psicossomática, que contribuem para o processo de cura (Volich, 2000). As substâncias e os procedimentos placebo se inserem nessas cenas terapêuticas que modulam os efeitos da utilização desses recursos.

Esboçamos aqui apenas as mais importantes linhas de força que marcam não apenas as terapêuticas medicamentosas, mas, na verdade, toda a ação terapêutica. Os efeitos dessa ação são fruto das posições relativas existentes entre o terapeuta e o paciente, o mestre e o discípulo, e, mais especificamente, entre cada um deles e a operação *pharmakon*, na qual se situam substâncias, procedimentos e rituais.

Destaca-se nesses processos o papel essencial da existência de um outro, das transferências que acompanham o sujeito em cada procedimento específico, atribuindo significados e interpretando o que surge do interior do ser que vive, desenvolve-se e sofre.

Como *pharmakon*, o placebo nunca é uma substância neutra. Tanto quanto uma substância ativa, é impregnado pela história de sofrimento do sujeito e pela expectativa de cura do médico ou do pesquisador. É embebido pelas relações de cuidado e por fantasias de perda e de doença, entrelaçado à relação com eles estabelecida, modelado por gestos, palavras e olhares trocados nas cenas em que é ministrado. A neutralidade farmacológica e a assepsia esperada do ambiente experimental ou terapêutico são impossíveis de serem reproduzidas ou transpostas, na experiência humana, em uma neutralidade simbólica e de desejos. Sobretudo diante da presença ou evocação, real ou imaginária, do sofrimento, da doença e da morte, são justamente eles que, antes de mais nada, são convocados e investidos pelo sujeito, em busca da cura, da salvação ou, mesmo, do milagre. A cena dos placebos é inevitavelmente contaminada por essas e muitas outras ilusões.

Referências Bibliográficas

Brisson, Luc (2000), Platon, Phèdre. Introduction, traduction et notes (suivi de La pharmacie de Platon, de Jacques DERRIDA), Paris (2ª ed.).

FDA News Release. (2015, August). FDA approves first treatment for sexual desire disorder. Disponível em: http://www.fda.gov/NewsEvents/Newsroom/PressAnnouncements/ucm458734.htm.

Feinberg, C. (2013, January/February). The Placebo Phenomenon. Harvard Magazine.

Fédida, P. (1998). A fala e o pharmakon (Trad. de Monica Seincman). Revista Latino-americana de Psicopatologia Fundamental, I, 1, 29-45.

Fountoulakis, K. N., Möller, H-J. (2010). Efficacy of antidepressants: a re-analysis and re-interpretation of the Kirsch data. The International Journal of Neuropsych opharmacology, 14 (3), 405-412.

Freud, S. (1912). A dinâmica da transferência (p. 133). E.S.B., XII.

Haygarth, J. Of the imagination as a cause and as a cure of disorders of the body. Exemplified by fictious tractors and epidemical convulsions. Crutwell, 1800. Disponível em: http://www.jameslindlibrary.org/haygarth-j-1800/.

Hróbjartsson, A., Norup, M. (2003, June). The use of placebo interventions in medical practice – a national questionnaire survey of Danish clinicians. Evaluation & the Health Professions, 26(2), 153-65.

Kaptchuk, T. (1998). Powerful placebo: the dark side of the randomised controlled trial. Lancet, 351, 1722-25.

Keller, P.H., Giroux-Gonon, A., Gonon, F. (2013). Effet placebo et antidépresseurs: une revue de la littérature éclairée par la psychanalyse. L'évolution psychiatrique, 78, 327-340.

Kirsch, I., Deacon, B. J., Huedo-Medina, T. B., Scoboria, A., Moore, T.J., Johnson, B.T. (2008). Initial severity and antidepressant benefits: a meta-analysis of data submitted to the food and drug administration. PLoS Med, 5(2):e45.

Kleinman, A. (1988). The illness narratives: suffering, healing and the human condition. New York: Basic Books.

Krogsboll, L. T., Hrobjartsson, A., Gotzsche, P. C. (2009). Spontaneous improvement in randomised clinical trials: meta-analysis of three-armed trials comparing no treatment, placebo and active intervention. BMC Med Res Methodol, 9:1.

Lacan, J. (2003). O engano do sujeito suposto saber. In Lacan, J. Outros escritos. Rio de Janeiro: Jorge Zahar. (Obra originalmente publicada em 1968).

Lacan, J. (1979). O seminário, livro 11: os quatro conceitos fundamentais da psicanálise. Rio de Janeiro: Jorge Zahar.

Lévi-Strauss, C. (1975). Antropologia Estrutural, p; 215 e segs. Rio de Janeiro: Tempo Brasileiro.

Matthew, D., Johanna, M. J., Steve, B., Bruce, D. et al. (2004). The neural correlates of placebo effects: a disruption account. NeuroImage, 22, 447-455.

Miller, F. G., Colloca, L., Kaptchuk, T. J. (2009). The placebo effect: illness and interpersonal healing. Perspect Biol Med, 52(4), 518-39.

Nitzan, U., Lichtenberg, P. (2004, October 23). Questionnaire survey on use of placebo. BMJ, 329(7472), 944-6.

Rutherford, B. R., Pott, E., Tandler, J. M., Wall, M. M., Roose, S. P., Lieberman, J. A. (2014, 8 October). Placebo Response in Antipsychotic Clinical Trials. JAMA Psychiatry, 71(12), 1409-21.

São Frei Galvão (2015a). Disponível em: http://www.saofreigalvao.com. Acesso em: 07/09/2015.

_____ (2015b). Novena. Disponível em: http://www.saofreigalvao.com.

Singh, S., & Ernst, E. (2008). Trick or treatment? Alternative medicine on trial. Nova York: Bantam Press.

Spiegel, D. (2004, October 23). Placebos in practice: Doctors use them, they work in some conditions, but we don't know how they work. BMJ, 329(7472), 927-8.

Saurí, J. (1998). Tenor de la terapéutica. Revista Latinoamericana de Psicopatologia Fundamental, I(1), 19-22.

Volich, R. M. (2000). Psicossomática, de Hipócrates à Psicanálise. Coleção Clínica Psicanalítica. São Paulo, Casa do Psicólogo.

Zweig, S. (1956). A cura pelo espírito. Rio de Janeiro: Delta.

constituiu uma espécie de paradigma para as doenças que simulavam outras doenças. Lembremo-nos de que Wiliam Cullen, no seu *Synopsis Nosologiae Methodicae*, de 1769 (Cullen, 1769), agrupava as doenças dos nervos em quatro subtipos, conforme os sintomas exprimissem perda de consciência (coma), perda de força motora (astenia), desregulação do movimento e da sensibilidade (espasmos) ou perda da razão (vesania). A histeria é um quadro perfeito para representar a simulação de cada um destes sintomas "reais". Notemos como, nos casos relatados por Freud (Freud & Breuer, 1893), ela envolve estados de *absense* (perturbação da consciência), conversões motoras e sensoriais (alteração do movimento), psicastenia (fraqueza) e alucinações (vesanias). Notemos também que Freud exclui os estados de angústia e ansiedade da definição da histeria, reservando-os para a neurose de angústia, precisamente porque ela não corresponde a nenhum dos critérios de Cullen.

O estatuto diagnóstico da histeria antes de Charcot era moral (simuladoras, indiferentes, teatrais, mentirosas) e não clínico. A descoberta de Charcot é de que a tendência à simulação pode ser ela mesma um modo de adoecimento. Lembremo-nos ainda de que o principal e mais desafiador quadro clínico para os protoalienistas do século XVIII não era a psicose ou a melancolia, mas a hipocondria. Ou seja, uma doença que exprimia o sentimento de adoecimento, sem qualquer doença real que o justificasse. No entanto, isso é impreciso, pois um hipocondríaco continuará a ser hipocondríaco mesmo que se descubra uma doença real por trás de suas preocupações. Se o nascimento da clínica psicanalítica e da psicopatologia que lhe é contemporânea está baseado na investigação do efeito mórbido da influência psíquica gerado por uma palavra, situação ou ideia, podemos dizer que a psicanálise começa investigando o efeito nocebo, ou seja, os efeitos de influência iatrogênica na gênese e a determinação dos quadros psicológicos.

Fica claro, desta maneira, que um sintoma psíquico não é menos real porque ele envolve convicções, interpretações ou crenças do sujeito, o que não elucida, por si só, como tais atitudes mentais podem gerar verdadeiros sintomas. Esta ideia de que existe uma relação de espelhamento a partir da qual "verdadeiras doenças orgânicas" são mimetizadas por "falsas doenças psicológicas" é bastante antiga e recorrente. O caso da histeria e da epilepsia foi precedido pela sífilis, cujo estado terminal mimetizava a catatonia psicótica. Depois disso vieram as demências (*dementia precox*, de Kraeplin), as doenças degenerativas, e suas fixações ou retardos de desenvolvimento, as doenças que atacavam funções fisiológicas (alimentação, movimentação, sono, excreção) e até mesmo as doenças psíquicas que redundavam em verdadeiras lesões, tais como os fenômenos psicossomáticos.

Assim como o efeito de sugestão, o fenômeno da doença em espelho ficou sem uma explicação plausível. Poder-se-ia, então, levantar uma hipótese que ligasse os dois problemas: as doenças em espelho, assim como a sugestão, não derivam diretamente de sintomas, elas não são um caso de contágio, mas provêm do sofrimento que envolve os sintomas, fornecendo-lhes uma determinação particular de linguagem. Ao perceber que um determinado sintoma é acolhido, reconhecido e tratado, o sujeito se apropria da gramática e da experiência de reconhecimento ali presentes. A partir de então a forma, a a modalidade e as características expressivas da narrativa de sofrimento original são aproveitadas para dar nome e articular demandas que até então permaneciam indeterminadas.

Lévi-Strauss (1955), em seu clássico trabalho sobre a eficácia simbólica dos xamãs, descreve que estes atuam principalmente conferindo um lugar ao que antes se apresentava como um destes "estados informulados do espírito". Ou seja, o xamã cura por meio de danças, ritos e técnicas mágicas, não porque estas atuem tendo em vista forças sobrenaturais, mas porque dão *forma* àquilo que antes estava *informulado*. Esta passagem do sofrimento indeterminado para o sofrimento determinado não acontece toda de uma vez. Consideremos que as forças que concorrem para a sua eficácia são relativas ao uso da linguagem. Portanto, para entender a lógica do placebo é preciso entender seu funcionamento em termos de linguagem, bem como entender a estrutura de linguagem na qual o sofrimento acontece.

Nosso problema se torna ainda mais complexo porque as experiências de sofrimento, sejam elas pontuais, como trauma, crônicas, como conflitos estruturais, em forma de perda constitutivas ou ao modo de sentimentos disruptivos ou de inadequação, seja pelo seu trâmite real em cada sujeito ou pelas condições simbólicas de sua elaboração ou ainda pelos meios imaginários de sua expressão, podem gerar verdadeiros sintomas.

Comecemos então pela diferença entre sintoma e sofrimento. Um sintoma não se define por um comportamento, nem pela sua adaptação ou inadaptação funcional. Há sintoma que são egodistônicos, causam sofrimento ao eu, mas há sintomas que são egossintônicos, aos quais o "eu" está perfeita e justamente adaptado. Há sintomas que causam transtorno ao eu, mas há também sintomas que perturbam unicamente os outros. Portanto, uma definição mais rigorosa de sintoma dirá que ele é uma coerção psíquica, uma perda de liberdade. Desta maneira, teríamos duas famílias de sintomas: a primeira, dos sintomas que se impõe como automatismos (*zwang*), cuja gramática é a do necessário (impulsões, automatismos, adições, compulsões), ou seja, tudo o que aparece ao sujeito no modo de um "*tenho que*". A segunda família de sintomas depende da gramática da negação do possível. São as impotências psíquicas, as fobias, as evitações e tudo aquilo que responde à forma "*não posso com*". Por esta definição vê-se que um sintoma, na diagnóstica psicanalítica, depende da relação e da posição do sujeito. Mas, além disso, o sintoma só encontra sua determinação final quando se articula com o Outro. Há três maneiras fundamentais pelas quais um sintoma se completa no Outro: pela identificação, pela demanda e pela transferência. Quando um sintoma se articula de maneira estável com o Outro ele geralmente responde a duas outras condições: de discurso e de fantasia. Para Lacan, o sintoma tem uma estrutura de metáfora justamente porque na metáfora todas estas dimensões de linguagem são atendidas.

Mas o sofrimento não tem estrutura de metáfora, e sim de narrativa. Ele se apresenta como uma história cujos temas não são tão indefinidos: mal-encontro com um objeto intrusivo; perda ou esquecimento da alma, dos sonhos, dos ideais; desequilibração dos pactos com o outro e dissolução das unidades simbólicas das quais participamos (família, casamento, trabalho ou comunidade de destino). Ao contrário do sintoma, o sofrimento é transitivista, ele se transmite indeterminando quem é o agente e quem é o paciente desta experiência. Para aqueles a quem amamos ou por quem somos amados o sofrer é transitivo: "Sofro porque meu outro significativo sofre, e porque sofro meu outro significativo sofre". A interpretação do sofrimento do outro tem função causal sobre o meu próprio sofrimento. Há uma relação causal aqui que não se replica no caso do sintoma. Não preciso fazer uma ideia obsessiva apenas porque meu pai tinha este sintoma. E se o fizer provavelmente tal sintoma possuirá uma função etiológica diversa. O sofrimento é dependente de gramáticas de reconhecimento, e estas são funções sociais e políticas que definem, a cada momento, que tipo de sofrimento deve ser reconhecido e tratado e qual outro deve ser silenciado e feito invisível.

Esta diferença explica a noção de *sofrimento determinado*, ou seja, incluído em discursos, reconhecido pelo outro, expresso em narrativas sociais legítimas e demandas intersubjetivas identificadas, e o *sofrimento indeterminado*, que é aquele para o qual não encontramos nomeação, narrativa ou, ainda, para o qual a demanda não se articula e quiçá faze desta experiência indiferente ou informulada ao próprio sujeito. O sofrimento determinado convida a uma teoria de sua própria transformação, pela mudança do eu, pela modificação do outro ou pela alteração do mundo, o sofrimento indeterminado prescinde tanto da interpretação quanto da hipótese transformativa sobre sua própria gênese. Percebe-se assim como estas duas modalidades de sofrimento nos ajudam a entender tanto a potência diferencial do efeito placebo, quanto certos efeitos de aderência e de não aderência ao tratamento. Considerando que as narrativas de sofrimento também se desgastam, envelhecem e perdem a sua força de reconhecimento, podemos entender melhor tanto o fenômeno das doenças espelho, que afinal apenas apoiavam-se em narrativas fortemente reconhecidas pela ordem médica, quanto o fenômeno adjuvante da mutação histórica do envelope formal dos sintomas. Ou seja, ao que tudo indica, há certa sazonalidade dos sintomas preferenciais das estruturas clínicas. No final do século XIX a histeria aparecia com sintomas de anorexia e neurastenia. Já no início do século XX seu perfil clínico enfatizava paralisias e conversões. Nos anos 1950 estes sintomas cederam lugar aos quadros narcísicos, e nos anos 1970 isso evoluiu para tipos depressivos e infantilizados. Nos anos 2000 voltamos à predominância da linhagem de sintomas como anorexia, fibromialgia e angústia somática. Ora, esta deriva pode ser explicada pela mutação das narrativas de sofrimento empregadas para articular os sintomas.

Retomamos, assim, a hipótese de que o placebo age como uma determinação simbólica do sofrimento. Mas ele não é apenas a expressão da relação do eu imaginário com seu sintoma. O sofrimento empresta uma função nominativa que é indutora do sintoma. Ao contrário do que se passava no início do século XX, quando a narrativa médica do sofrimento estava dotada de grande autoridade, é possível que hoje o placebo seja mais eficaz em situações nas quais a interpretação médica do sofrimento tenha chegado a uma relativa exaustão ou insuficiência. Entenda-se, o placebo age sobre o sofrimento, e o sofrimento age sobre o sintoma. Vejamos alguns argumentos em favor desta hipótese à luz de cinco achados contemporâneos sobre placebo:

Injeções salinas e acupuntura são mais efetivas que pílulas de placebo. Pílulas placebo coloridas são mais eficazes do que pílulas anódinas em formato e cor convencional (Jeremi *et al.*, 2013).

Técnicas de placebo que empregam mais aparatos, envolvendo elementos diferenciais, tais como modificação da cor e forma da pílula, no caso de medicação ou aparência de complexidade de procedimentos, tendem a ser mais eficazes. Isso se explicaria, talvez, porque a profusão dos meios denota investimento do outro, aumentando a consciência do próprio processo de tratamento. Isso amplia o trabalho de determinação do sofrimento, em detrimento da nomeação simplificada do sintoma. Fornecer um semblante para que a autoridade de quem cura se mostre de modo mais exuberante é uma boa estratégia, desde que tal autoridade favoreça a articulação entre demanda e identificação. No placebo não é a autoridade que cura, mas a nossa suposição e a demanda dirigida a ela. Em *O feiticeiro e sua magia*, Lévi-Strauss (1951) examina o caso de Quesalid, um aprendiz de xamã que não acreditava em magia. Justamente porque desdenha dos poderes sobrenaturais dos truques de aspiração ou de movimentação de penas invisíveis, ele pode criar uma ritualística mais viva e cheia de elementos coreográficos. Portanto, certa descrença na própria autoridade para curar pode ser benéfica para o efeito placebo.

O efeito placebo é mais pronunciado no caso de sintomas como a dor e de quadros como a depressão. O efeito placebo corresponde a 68% do efeito das drogas antidepressivas (Rief *et al.*, 2007).

A dor é um exemplo limite do sofrimento determinado. A dor, via de regra, possui uma localização precisa, objetiva e claramente descritível ao longo do tempo. Sua existência parece não depender do modo como é nomeada. Sua significação não requer uma hermenêutica subjetiva, mas uma investigação de causas. No entanto, é a dor um dos sintomas mais fortemente sensíveis ao placebo. Na famosa cura Cuna (Lévi-Strauss, 1955) dos índios do Panamá, uma mulher grávida não consegue dar à luz. O xamã executa sua coreografia por meio de um cântico em uma língua que não é compreensível à parturiente. Mesmo assim o parto se desenlaça. Por mais que a dor exprima um sofrimento bastante determinado, este sofrimento não se articula narrativamente. O que a canção Cuna permite é que a estrutura dialogal, para a qual o xamã aparece como mediador, torne a dor um acontecimento inscrito em uma história, em uma disputa (entre deuses e homens), em uma conversação (entre os bons e maus espíritos).

A depressão, por outro lado, parece ser o caso oposto ao da dor como exemplo paradigmático do *sofrimento indeterminado*. Ela se mostra como uma síndrome com uma série de sintomas somáticos e psíquicos desconexos entre si, alterações de sono, libido, apetite, assim como mudanças de humor, dores e o sintoma mais indeterminado de todos: a anedonia – a perda generalizada da capacidade de experimentar prazer. Neste caso, o que salta aos olhos é a desconexão narrativa que costuma acompanhar os casos de depressão. Ainda que vários nos tragam histórias de sofrimento e causas objetivas e subjetivas, raramente se encontra uma verdadeira ligação entre os sintomas específicos e estes supostos agentes etiológicos. Neste caso o placebo não age incluindo a experiência do sujeito em uma gramática dialogal, mas facultando que a narrativa vigente se mostre insuficiente ou inadequada para articular os sintomas entre si. Seu efeito derivaria de um deslocamento de transferência, similar ao que acompanha a mudança de médico ou de abordagem terapêutica, facultando uma espécie de "novo início" tantas vezes presente na fala desses pacientes como uma demanda.

As mesmas regiões do cérebro ativadas quando pacientes recebem terapia placebo são ativadas nos cérebros dos médicos quando eles pensam administrar tratamentos efetivos (Jensen *et al.*, 2014).

Esta parece ser uma espécie de comprovação neurocientífica de como a identificação e a transferência são fenômenos intersubjetivos poderosamente mobilizados durante a situação de tratamento. O resultado sugere que a eficácia do placebo talvez dependa da experiência de reconhecimento que acompanha a administração de cuidados e medicamentos. O dado corrobora nossa observação de que o sintoma "se completa" na transferência, articulando identificação (cérebro dos médicos) com a demanda (cérebro dos pacientes), por meio de uma experiência de sofrimento compartilhada.

A diferença de efetividade entre a droga e o placebo decresce significativamente com o tempo. Ela decresce com a linha de gravidade e cresce com a duração do estudo. O tratamento medicamentoso em estudos comparativos está associado a maior eficácia do que o tratamento medicamentoso nos estudos com placebo-controle

O tempo de tratamento é um forte indicador ou favorecedor do laço que se forma entre médico e paciente. O médico potencializa assim o placebo – na medida em que passa a fazer parte da narrativa de sofrimento, ele toma decisões compartilhadas, vive a viagem em conjunto com o doente. Hubert (212) e meta-análises sucessivas de Leichsenring & Rabung (2008) têm mostrado a eficácia superior de *Psicoterapias Psicodinâmicas de Longo Prazo* (LTPP), incluindo a psicanálise, em relação a outras estratégias psicoterapêuticas, como a Terapia Cognitivo-Comportamental, Analítico-Comportamental, Sistêmica e Breve. É possível que isso se deva ao longo tempo de contato entre terapeuta e paciente. Envolvendo mais de 53 sessões, a LTPP é definida como uma abordagem psicoterapêutica que dá grande atenção à relação paciente terapeuta, sendo possível que isso favoreça ou, na verdade, capte formas narrativas mais extensas e detalhadas sobre o sofrimento. É possível que em muitos casos isso seja decisivo, e, em outros, apenas um mal investimento. De todo modo, o mínimo a ser dito sobre um tempo de continuidade como este é que isso indica a formação de um laço que supera a estrutura simplificada do *solve problem situation* que organiza a maior parte das terapias breves.

A eficiência e a eficácia do placebo vêm crescendo durante o tempo, sobretudo em sociedades de alta medicalização

A confiança no discurso da cura progride na medida em que a medicina ocupa-se não apenas das formas mais consagradas de doença, mas evolui para a busca do estado de felicidade e satisfação "bipsicossocial", o que amplia o escopo de consideração da demanda. Contudo, essa extensão social da promessa de cura não se fez acompanhar dos recursos necessários para oferecer o suporte narrativo que lhe seria consequente. Ou seja, conforme o discurso médico estabelece narrativas cada mais estritas sobre o modo de sofrer e de falar sobre ele, outras narrativas perdem visibilidade e legitimação diante deste discurso. Torna-se inconveniente e oneroso escutar as consequências do adoecimento para o conjunto da vida do paciente, suas implicações em seus sistemas morais e religiosos de interpretação do mal-estar, seu impacto junto à família, seus planos e aspirações coletivas e profissionais. Ou seja, o antigo tema de que a história da doença se mistura com a história do doente tende a ser elaborado em formas de linguagem cada vez mais impessoais e roteirizadas, necessárias para o bom funcionamento administrativo do processo da saúde. Com isso, abre-se espaço cada vez maior para que outras ofertas narrativas infiltrem-se no processo do tratamento, muitas vezes obstaculizando ou concorrendo com este. A aderência ao tratamento dependerá fortemente de como a narrativa de sofrimento do paciente se articula com o discurso da cura que lhe é proposta. Notemos aqui a mudança conceitual que existe entre a narrativa e o discurso. A narrativa possui personagens, enredos e ações transformativas que atravessam vários discursos: moral, jurídico, religioso, econômico, político. Sem sentido lacaniano o discurso que prevalece na cura hospitalar e na medicina de massa é chamado de discurso do mestre. É por isso que o ponto chave da experiência do adoecimento começa pelo diagnóstico e termina pela alta, tendo a cada passo um evento de nomeação específico que cabe a uma instância individualiza-da específica. As instituições, e o hospital entre elas, definem-se pela reprodução de discursos, não pela propagação de narrativas.

As pesquisas sobre o efeito placebo merecem uma crítica metodológica à luz de nossa hipótese. Elas raramente detalham ou dão importância particular ao fato de que, ainda que apareça sob forma de um procedimento ou de um objeto material como a medicação, o placebo insere-se em uma trama de linguagem. Ele é apresentado ao paciente de alguma maneira, e instruções e recomendação são proferidas. Esta rarefação da descrição do "pacote de linguagem" que acompanha a administração do placebo prejudica a avaliação dos resultados das pesquisas. Isso é compreensível do ponto de vista da comparação de variáveis que excluem a linguagem, uma vez que estão às voltas apenas com causas determinantes de natureza empírica. Todavia, a linguagem é uma determinação material, ainda que sua empiria seja diferente dos processos químicos ou físicos.

Com este procedimento incorre-se em uma espécie de achatamento metodo-lógico do efeito placebo. Ele termina remetendo a uma indiscutida ação mental ou ação a distância, em que se deixa de lado que o efeito placebo acontece pela conju-gação de três funções incialmente distintas e separáveis: a identificação, a deman-da e a transferência. É certo que existe um contágio sobre a interpretação de uma causa etiológica comum – o que se pode chamar de sofrimento organizado por um "eu também". Esta é uma identificação de grupo que tende a criar uma aco-modação e uma expressão aparentada entre pessoas que sofrem com um mesmo, supostamente, sintoma. Mas um sintoma é também um modo de demanda incons-ciente, um pedido que não se sabe enquanto tal e que realiza um tipo de satisfação na relação com o outro. O placebo, nesta medida, pode fazer a função que Lacan (1960) chamou de *objeto a*, ou seja, um indutor, mas também um perturbador da relação entre a demanda, como pedido inconsciente, e o desejo, como montagem de fantasia. Em psicanálise, o placebo são palavras, mas também a presença, seu olhar ou a voz do psicanalista. Note-se como na identificação há uma espécie de saber positivo, sobre a etiologia comum de uma mesma experiência de sofrimento. Ainda que suposta, há na identificação o saber compartilhado, ao passo que na demanda este saber falta ou se desloca em versões mais ou menos determinadas. É por isso que, sob determinadas circunstâncias, demanda e identificação se sepa-ram, dando margem a um terceiro fenômeno que Freud chamou de transferência. Para Lacan a transferência é justamente uma relação de linguagem, organizada por um sujeito suposto saber.

Muitos psicanalistas que trabalham em hospitais queixam-se de que os pa-cientes, ainda que colaborativos, não prosseguem no tratamento. Diante de nossa hipótese, isso se explica pelo fato de que, para que haja tratamento, é necessária uma transferência, e para que exista transferência é necessária alguma indeterminação do sofrimento. Quando a experiência de sofrimento cabe perfeitamente no discurso que é oferecido pelo hospital e seus médicos, por mais que exista uma indicação clínica, não haverá transferência para um verdadeiro tratamento. Pode existir demanda e identificação, mas sem transferência nem o placebo pode mostrar sua eficácia.

Referências Bibliográficas

Cullen, W. (1781). Synopsis Nosologiae Methodicae In Lectures on the Materia medica, 2nd ed. Dublin: Whitestone. (Obra originalmente publicada em 1769).

Dunker, C. I. L. (2015). Mal-estar, sofrimento e sintoma. São Paulo: Boitempo.

Freud, S., & Breuer, J. (1988). Estudos sobre histeria. Obras Completas de Sigmund Freud. Vol. II. Buenos Aires: Amorrortu. (Obra originalmente publicada em 1893).

Goertz, C., Bonduelle, M., & Gelfand, T. (1995). Charcot: Constructing Neurology. London: Oxford Press.

Howick, J., Friedemann, C., Tsakok, M., et al. (2013, May 15). Are treatments more effective than placebos? A systematic review and meta-analysis. PLos One.

Huber, D., Zimmerman, J., Henrich, G., Klug, G. (2012). Comparison of cognitive--behaviour therapy with psychoanalytic and psychodynamic therapy for depressed patients – A three-year follow-up study. Z Psychosom Med Psychother 58, 299-316.

Jensen, K. B., Kaptchuk, T. J., Chen, X., Kirsch, I., Ingvar, M., Gollub, R. L., Kong, J. (2014, December 1). A neural mechanism for nonconscious activation of conditioned placebo and nocebo responses. Cereb Cortex, pii: bhu275.

Lacan, J. (2010). O Seminário Livro X A Angústia. Rio de Janeiro: Jorge Zahar. (Obra originalmente publicada em 1960).

Leichsenring, F., Rabung, S. (2008). Effectiveness of long-term psychodynamic psychotherapy: a meta-analysis. JAMA. 2008;300(13):1551-1565. doi:10.1001/jama.300.13.1551.

Lévi-Strauss, C. (1988) O feiticeiro e sua magia. In Antropologia Estrutural I. Rio de Janeiro: Civilização Brasileira. (Obra originalmente publicada em 1955).

_____. (1988) Eficácia simbólica. In Antropologia Estrutural I. Rio de Janeiro: Civilização Brasileira. (Obra originalmente publicada em 1955).

Rief, W., Nestoriuc, Y., Weiss, S. (2009). Meta-analysis of the placebo response in antidepressant trials. Journal of Affective Disorders, 118, Issues 1-3, 1-8.

As Múltiplas Narrativas do Corpo no Sofrimento Contemporâneo*

Maria Helena Fernandes

10

> Qu'est-ce qui fait que les mots prennent corps et prennent au corps et ne soient pas seulememt porteurs de sens? Qu'est-ce qui fait que la pensée de Freud, dans son exigence, ses contradictions, son mouvement parvienne, bien plus qu'à 'produire du texte', à créer une oeuvre qui soit pour nous un organisme vivant et non lettre morte?

*J.-B. Pontalis***

Para poder contribuir com a discussão a respeito das peculiaridades do adoecer na contemporaneidade, decidi me deter nas vicissitudes da escuta psicanalítica diante da presença do corpo doente. Isso implica tentar encarar de frente os desafios que a clínica nos propõe no cotidiano quando nos deparamos, atualmente, com uma multiplicidade de narrativas que se engajam diretamente o corpo. Acredito que promover uma discussão sobre essa questão é encarar de frente os próprios limites da nossa escuta psicanalítica, muitas vezes aprisionada aos nossos modelos teóricos arraigados e, no mais das vezes, idealizados.

---

* As ideias aqui apresentadas são fruto de uma apresentação oral na mesa-redonda "As vicissitudes do adoecer", no 10º Congresso de Psicologia Hospitalar, tendo sido anteriormente publicadas no meu livro Corpo e em alguns artigos cujas referências o leitor encontrará especificadas ao longo do texto.
** "O que é que faz com que as palavras tomem corpo e tomem o corpo e não sejam apenas portadoras de sentido? O que é que faz com que o pensamento de Freud, em sua exigência, suas contradições, seu movimento, venha, muito mais do que 'produzir um *texto*', criar uma *obra* que seja para nós um organismo vivo e não letra morta?" (Pontalis, J-B., 2000).

A questão do corpo na psicanálise me ocupa já há muitos anos e deu origem a vários artigos e três livros. No primeiro livro abordei as vicissitudes da percepção do corpo na doença orgânica (Fernandes, 1999), no segundo, dediquei-me a explorar o lugar do corpo na teoria freudiana (Fernandes, 2003a), já no terceiro, sobre a clínica psicanalítica da anorexia e da bulimia, me propus a contribuir para melhor compreender as distorções da imagem corporal, tão comum nesses casos (Fernandes, 2006a).

O meu interesse pela questão do corpo na psicanálise se originou justamente no contato com o corpo doente, há muitos anos, no contexto do meu trabalho no Serviço de Interconsultas do Departamento de Psiquiatria da Escola Paulista de Medicina (UNIFESP), onde, naquela época, eu exercia atividades clínicas, de ensino e de pesquisa, divididas entre o ambulatório e o Hospital Geral. Naquela ocasião tinha à minha disposição três "enquadres de escuta" diferentes: o ambulatório, o Hospital Geral e, ainda, o atendimento psicoterápico em consultório particular. Foi justamente a heterogeneidade dessa prática que me motivou, por meio da particularidade de cada um desses "enquadres de escuta", a buscar distinguir a especificidade de uma abordagem propriamente psicanalítica do corpo.

Se insisto aqui na expressão "enquadres de escuta", é certamente com o intuito de chamar a atenção para a ideia – menos evidente do que possa parecer – de que a escuta, tomada em seu sentido analítico, supõe que existe sempre uma palavra a ser ouvida, mais precisamente a ser *acolhida*. Mas será que a "escuta" implica apenas o que pode ser ouvido? O trabalho cotidiano nas instituições de saúde em geral nos ensina que não podemos "escutar" sem "ver". O "escutar-ver" é ainda mais necessário quando nos deparamos com as palavras que, muitas vezes, pouco ou nada conseguem dizer, além de evocar imagens confusas de um cenário frequentemente violento (Fernandes, 1986; Semer e Fernandes, 1990; e Martins, Yazigi, Fernandes e Machado, 1990).

A multiplicidade de funções que exerce o profissional que vive esse tipo de experiência apresenta, sem dúvida, uma série de dificuldades. Talvez a principal, de ordem teórica, seja a impossibilidade de se referir, de maneira segura, a modelos conceituais que possam ajudá-lo a compreender as diversas ressonâncias que sua prática lhe permite apreender. Entretanto, essa dificuldade não deve velar a riqueza decorrente justamente dessa multiplicidade, aquela que resulta da diversidade do material clínico. Apesar dos impasses e das inúmeras dificuldades com as quais nos defrontamos nessa prática, não posso deixar de enfatizar que o contato com o adoecimento do corpo mostra-se um campo precioso para movimentar justamente as nossas interrogações a respeito das relações entre o corpo e o inconsciente (Fernandes, 2002).

Cabe lembrar aqui que o interesse dos psicanalistas pelos processos de adoecimento do corpo sempre esteve presente, desde os primórdios do movimento psicanalítico, como se pode verificar, por exemplo, pela importância dos trabalhos de Felix Deutsch, Groddeck, Reich e Ferenczi. A partir da década de 1940, esse interesse progressivamente se intensifica e, além da conhecida importância dos trabalhos de Balint, desenvolvem-se, no seio do movimento psicanalítico, duas escolas ditas de psicossomática: a Escola de Chicago e, posteriormente, a Escola de Paris.*

---

* A esse respeito remeto o leitor ao livro *Psicossomática: de Hipócrates à psicanálise*, de Rubens Volich (2000).

Há que se reconhecer, então, que, ao ver-se às voltas com o adoecer do corpo, a psicanálise sofre uma ampliação de seu campo clínico que resulta necessariamente em uma ampliação de seu campo teórico. No entanto, não se deve ignorar que essa ampliação pode contribuir também para uma espécie de medicalização da psicanálise, cada vez que o discurso psicanalítico, ao confundir-se com o discurso médico, perde de vista a especificidade de sua metodologia.

Foi nesse horizonte que realizar uma leitura a respeito do lugar do corpo na teoria freudiana pareceu-me uma necessidade eminentemente clínica, cujo objetivo foi, sem dúvida, melhor instrumentalizar a nossa escuta para acolher não apenas o corpo doente mas também as múltiplas narrativas do corpo tão presentes na clínica contemporânea e, consequentemente, na vida do nosso tempo. A meu ver, a problemática do corpo representa um ponto fundamental nas distinções epistemológicas que devem ser sistematicamente enfatizadas, de modo a garantir não apenas a fertilidade das relações entre psicanálise e medicina, que nos interessa particularmente aqui, mas também a especificidade da metodologia psicanalítica.

Assim, tomarei como ponto de partida a questão do corpo no discurso freudiano para centrar minha discussão nas vicissitudes da nossa escuta diante da presença do corpo doente na situação analítica. E isto com o objetivo de contribuir para operacionalizar a escuta psicanalítica no âmbito das instituições de saúde de um modo geral, de hospitais, ambulatórios e centros de saúde, cuja peculiaridade é justamente a de nos confrontar cotidianamente com a doença, a dor e a morte.

A presença do corpo na clínica contemporânea

Não se pode deixar de notar que, cada vez mais, ocupam lugar de destaque na cena contemporânea a obsessão pela magreza, a compulsão por praticar exercícios físicos, as excessivas e múltiplas intervenções cirúrgicas de modelagem do corpo, o horror do envelhecimento e da passividade, a busca psicopatológica da saúde, ou, ao contrário, uma negligência destrutiva do corpo, que aparecem hoje, em nossa clínica cotidiana, ao lado de uma vasta gama de descompensações somáticas. É o corpo que toma a frente da cena, constituindo-se como fonte de frustração, de insatisfação e de impedimento à potência fálico-narcísica (Fernandes, 2003b, 2009, 2011).

Se acrescentarmos a esse panorama a tendência de alguns a tornarem-se vítimas de acidentes mais ou menos graves, ou ainda a sensibilidade aumentada de outros para as doenças contagiosas, não podemos deixar de constatar que implicar o corpo nas respostas dadas aos conflitos internos é um fato bastante banal naquilo que constitui hoje a diversidade das narrativas clínicas do corpo.

Assim, para dar visibilidade ao que quero trazer para a nossa discussão, começarei apresentando alguns *flashs* da minha clínica psicanalítica. Digo *flashs* porque não se tratam de casos clínicos, nem tampouco de vinhetas clínicas, mas tão somente de *imagens*. Imagens que evocam as múltiplas narrativas de uma clínica, que colocam em evidência essa presença marcante do corpo na vida do nosso tempo.

Flávia, 35 anos, dois filhos; aos 20, uma cirurgia plástica para diminuir os seios; hoje, 4 lipoaspirações "para tirar as gordurinhas" – diz ela – *"a da barriga não ficou legal, era melhor como antes, vou ter que refazer!"* Outra cirurgia, desta vez para aumentar os seios: *"agora é legal ter seios grandes"*. Procura análise após sentir-se *"esgotada e sem ânimo"* depois da doença do filho mais novo, que chegou a precisar de uma cirurgia.

Lígia chega à análise profundamente deprimida, fazendo uso de antidepressivos; chega a comer e vomitar até oito vezes ao dia. Encontra-se emagrecida, referindo um medo enorme de engordar e ficar feia. É uma moça que chama a atenção pela sua beleza. Dedica-se com exagero aos exercícios físicos e relata obter "alívio" com essa atividade. Após terminar a faculdade os episódios bulímicos a impedem de dar continuidade ao seu desejo de fazer uma pós-graduação. Inicia reticente sua análise, dizendo que já se submeteu a duas terapias anteriores, mas *"não adiantou nada"* – diz ela.

Pierre tem 50 anos, o cardiologista e a mulher acham importante que ele inicie uma análise. Teve um infarto agudo do miocárdio há três meses: [...] *"Eu tive o infarto, mas não senti nada, foi o médico que descobriu"* – diz ele. Ângelo também teve um infarto, tem apenas 42 anos, e recordando-se desse dia, comenta: *"Eu tive dor a noite inteira, mas não quis acreditar que poderia ser algo grave"*.

Eduardo, por sua vez, está atormentado pelo temor de ter contraído AIDS após uma relação sexual em que a camisinha rasgou. O resultado do exame de sangue negativo não lhe restitui a calma esperada. Queixa-se de dores nas costas, sente-se cansado e questiona-se: *"e se estiver com um câncer?"*.

Marília, olhar esperto e corpo miúdo, é bailarina de profissão. Não sabe o que se passa com ela, acha que tem tudo, mas não consegue se sentir "feliz"; *"acho que sofro de TPM"* – diz ela. Machuca-se com facilidade, chegando a precisar parar de trabalhar. Diz que parece não sentir o corpo apoiar-se em toda a sua extensão no divã. O corpo não tem densidade, Marília flutua!

Ora, se por um lado, a diversidade dessas breves narrativas da clínica contemporânea reflete a imagem do mal-estar na atualidade, por outro, solicita uma reflexão que deve partir necessariamente de duas questões: se o corpo biológico enquanto tal não pode ser objeto da psicanálise, existiria então um corpo abordável pelo instrumental teórico-clínico psicanalítico? Que corpo é esse que se mostra, às vezes insistentemente, e que pode ser acolhido pelo psicanalista na sua escuta?

Essas duas questões serão o eixo metodológico deste texto que, a partir de uma releitura do texto de Freud, tem como objetivo refletir sobre as vicissitudes da nossa escuta e, assim, ampliar as possibilidades do instrumental psicanalítico frente ao corpo doente.

O CORPO EM FREUD

Se o corpo da histeria se afasta do corpo da anatomia, como diz Freud, ele se aproxima, no entanto, de um corpo representado a partir de uma linguagem popular e não científica. Essa diferença, entre o corpo científico e o corpo popular, evidenciada de modo exemplar pelo fenômeno da conversão histérica, inaugura a distinção entre o corpo biológico e o corpo colocado em evidência pela construção freudiana, a saber, o corpo psicanalítico.

Logo, dizer que Freud funda a distinção entre o corpo biológico e o corpo psicanalítico equivale a dizer, conforme já salientou Joel Birman (1991), que a psicanálise realiza uma passagem da lógica da anatomia para a lógica da representação. No entanto, a meu ver, isso não esgota a problemática do corpo em Freud. Foi justamente isso que demonstrei de modo detalhado no meu segundo livro. Nesta publicação, parto da hipótese de que, longe de estar excluído da psicanálise, o corpo encontra-se, ao contrário, no centro da construção teórica freudiana.

Se tivéssemos tempo aqui para retomar o percurso metapsicológico de Freud, seria possível demonstrar que, tendo se desenvolvido a partir da histeria e do sonho numa complexidade crescente que vai da pulsão ao ego corporal, a teoria freudiana enuncia uma abordagem própria do corpo, na qual a alteridade é um elemento-chave. Isto é, a teoria freudiana coloca em evidência que o outro se encontra sempre na origem da constituição do sujeito, um sujeito habitante de seu próprio corpo. Vale, então, enfatizar que, se não existe sujeito sem corpo, pois o sujeito é por definição encorpado, habitar o próprio corpo não é algo dado como certo, é o resultado de um laborioso trabalho psíquico resultante do encontro com o outro desde o início da vida.

Além disso, a partir de 1920, o fato de a pulsão de morte ter sido descrita como a pulsão sem representação vem acentuar um modo de eficácia psíquica que se situa aquém da simbolização, abrindo, assim, todo um campo de possibilidades para se pensar o irrepresentável no interior da metapsicologia. A meu ver, explorar as relações entre o corpo e o inconsciente implica, então, não restringir nossas reflexões ao registro da representação. Isso me permitiu enfatizar, segundo a minha hipótese, que a função metapsicológica do corpo, entre dor e prazer, vida e morte, permite abordar tanto um *corpo da representação* como também o que eu chamei de um *corpo do transbordamento*, que, situando-se aquém da simbolização, coloca em evidência o excesso impossível de ser representado (Fernandes, 2003a).

Então, para que essa breve retomada teórica do percurso do corpo em Freud tenha algum interesse, de fato é necessário refletir agora sobre os desdobramentos dessa leitura do texto freudiano na escuta psicanalítica cotidiana. Pois, mesmo privilegiando o *corpo da representação*, e afirmando assim a utilidade da psicanálise no tratamento das neuroses, isto é, da histeria, das fobias, da neurose obsessiva, Freud jamais submete o corpo exclusivamente ao reinado da pura representação. Aliás, foi a tradição psicanalítica pós-freudiana que viu, durante muito tempo, a preocupação com a questão do corpo na psicanálise como uma espécie de heresia epistemológica, como um atentado contra a pureza da psicanálise.

Se as teorias pós-freudianas, remontando sempre à origem da descoberta de Freud dos sintomas corporais das histéricas, não excluem uma compreensão do corpo, de certo modo foi a clínica psicanalítica, fundamentada nessas mesmas teorias, que, paradoxalmente, excluiu durante um bom tempo aqueles pacientes que procuravam uma análise motivados, por exemplo, por uma queixa corporal.

Parece-me que essa exclusão se deu, de um lado, pela recusa de alguns analistas de aceitar em análise esses casos, e, de outro, por uma espécie de "surdez" deles a tudo aquilo que os convida a pensar diferentemente da lógica da neurose. Esse tipo de surdez às vezes acaba por obrigar o paciente a excluir, ele próprio, a psicanálise, simplesmente abandonando o processo analítico (Fernandes, 2006b).

Os pacientes que apresentam uma doença somática e são enviados a um analista às vezes chegam à análise como se se tratasse de tentar um novo remédio, ou simplesmente um novo tratamento prescrito. Na maioria dos casos, um médico lhes recomenda a análise, sem que eles próprios tenham experimentado esse desejo. A passividade inerente a essas situações – que consiste em se deixar administrar uma nova droga ou prescrever um novo tipo de tratamento – é, em sua própria natureza, de um certo modo, contrária à aventura psicanalítica. Esta exige, por meio da regra fundamental da associação livre, uma atividade que, se pode parecer desmentida pela posição deitada do paciente, não é menos importante. Ao paciente é pedido que fale livremente, procurando afastar todos os julgamentos críticos. Essa demanda solicita de sua parte um esforço já considerável em si. A associação livre implica um engajamento ativo na constituição do trabalho analítico, engajamento que, como sabemos, está sempre em relação direta com a transferência.

Ao contrário, receber um novo medicamento ou se submeter a um novo tipo de tratamento médico não exige necessariamente do paciente uma tal participação. No tratamento médico, o paciente é, a princípio, passivo; ele recebe em seu corpo as marcas impressas pelo outro sem ser, necessariamente, convidado a participar. A perspectiva da mudança de registro da passividade para a atividade pode, portanto, estar na origem da recusa de alguns pacientes a se engajarem em uma análise, ou, simplesmente, da sua decepção em relação ao que esperavam do processo analítico. A exigência de trabalho psíquico que uma análise requer parece, assim, considerável em relação às marcas que esse encontro – esse corpo a corpo, ousaria dizer – deixa no analista e no paciente.

Certos pacientes, porém, exprimem claramente o sentimento de que a experiência de ser escutado pelo analista lhes foi benéfica. Poderíamos pensar que falar com alguém e ser escutado por essa pessoa lhes remete à sensação de receber cuidados passivamente, mesmo que esse dizer seja já atravessar um espaço, o que supõe uma ação. Se assim for, pode-se dizer que é a própria *escuta* que é vivida como o benefício dos cuidados dispensados pelo analista. De fato, há um investimento do paciente pela escuta do analista, na medida em que esta reflete a presença do analista.

Se, de um lado, a análise coloca problemas a seus pacientes, de outro, é importante não esquecer que os pacientes também colocam problemas para a psicanálise. É com grande desconfiança que ouço as muitas vozes que se erguem, entre os analistas, em favor de um remanejamento do enquadre analítico segundo certas categorias de pacientes. No entanto, reconheço, de qualquer modo, que seria importante remanejar *a disponibilidade de escuta* do analista. É essa disponibilidade que pode nos permitir construir rupturas naquilo que nos é familiar, a fim de que possamos questionar a regularidade aparente do próprio discurso psicanalítico (Fernandes, 2014).

A escuta psicanalítica do corpo doente

Não posso deixar de enfatizar que o adoecimento do corpo, qualquer que seja a sua etiologia, é uma realidade da qual nem o paciente nem o terapeuta podem fugir e, às vezes, nem mesmo esquecer. Como analistas, nós olhamos, escutamos e, de certo modo, participamos dessa realidade. Assim, é importante refletir justamente sobre a maneira como acolhemos o corpo doente ou não de nossos pacientes, pois é disto exatamente de que se trata.

Vale ressaltar que esse acolhimento só será possível se o analista permanecer atento às ressonâncias contratransferenciais de suas próprias representações frente à doença somática apresentada pelo paciente. Essas ressonâncias remetem não apenas aos fantasmas do analista, mas também à sua posição perante a eventualidade de sua própria morte, sobretudo quando se trata de uma doença realmente grave.

No que diz respeito à transferência, não é raro alguns pacientes alimentarem o pressuposto de que o analista está à espera de explicações psicológicas para designá-las como *causa* de sua doença, o que desperta neles uma espécie de reação "paranoica", bastante compreensível aliás. Em tais condições, o paciente não pode se comportar de outro modo senão tentando se proteger, a todo custo, de qualquer relação de sua doença com sua história pessoal, para manter assim sua condição de "estar doente de verdade", de ter realmente uma doença orgânica.

Nada mais violento, quando se está doente, que se ver exposto a intervenções explicativo-causais de cunho psicológico, que, aliás, nada têm de analítico, e que parecem hoje muito difundidas na linguagem do senso comum. Além disso, não se deve esquecer de que a resistência do paciente a se desprender de seus sintomas em muitos casos se justifica. Essa resistência é bem diferente da recusa ao tratamento médico e, às vezes, é a proteção mais eficaz contra os excessos interpretativos de um certo imperialismo psicanalítico (Fernandes, 2014).

Por tudo o que vimos até aqui, gostaria de insistir que pensar os limites da nossa escuta diante do corpo doente implica considerar que a psicanálise não pode ser transformada nem em uma teoria psicológica do somático nem em uma interpretação simbólica direta das doenças do corpo, o que significa dizer que o psíquico não pode ser definido como o mestre absoluto que reina sobre o destino do corpo biológico e, consequentemente, que o somático não pode ser definido meramente como substrato causal.

Dito isto, é prudente não esquecer que a etiologia das doenças orgânicas permanece, em princípio, como competência das disciplinas médicas, cabendo a uma abordagem psicanalítica do corpo tudo aquilo que o toca na palavra, mesmo que essa palavra não seja pronunciada com facilidade, mesmo que ela seja mais "atuada" que "falada", mesmo que seja muda ela não se faz menos presente.

Em *Estudos sobre a histeria*, o material que Freud (1985) utiliza para distinguir o doente orgânico, o hipocondríaco e o histérico é o discurso, as particularidades discursivas desses pacientes. Ele chama a atenção, já nessa ocasião, para a especificidade de nosso *instrumento de trabalho*: é exatamente da relação da palavra com o corpo que devemos nos ocupar.

No entanto, o que a clínica contemporânea nos ensina é que a expressão verbal e metafórica frequentemente utiliza o corpo como imagem, solicitando assim do analista um *olhar* e uma *escuta* capazes de figurar essa imagem e descrevê-la em palavra. Faz-se necessário então um verdadeiro trabalho de *nominação/ligação* – essa colocação em palavras que reenvia sempre a alguma outra, criando, desta forma, uma cadeia associativa que visa ligar os elementos do discurso em um verdadeiro trabalho de *construção de sentidos*.

Muitos analisandos parecem necessitar que o analista os acompanhe na busca das palavras capazes de acolher os detalhes os mais fortuitos da sua fala e colocá-los em relação com o que se passa no seu corpo, permitindo, assim, que um sistema simbólico possa ir lentamente se estabelecendo em torno de todo evento que solicita o corpo.

Posto isto, para concluir, gostaria de insistir que é por meio da *delicadeza* da escuta, de uma leitura em filigrana das palavras, na sutileza da busca dos detalhes, dos gestos, do olhar, do silêncio, que o analista vai reencontrar as marcas das imagens internas do seu paciente. Tudo se passa como se a palavra do analista devesse incentivar o paciente a desenvolver seu poder imaginativo de tal forma que o acontecimento que toca o corpo não fique privado de possibilidades metafóricas. A metáfora, disse P. Fédida (1977), "é uma morada, e o psicanalista tem necessidade do poema para habitar" (p. 131).

Ora, se o psicanalista tem necessidade do poema para habitar, então é na figura do poeta que devemos buscar inspiração para tentar preservar nossa capacidade de devanear com as palavras, criar imagens a partir do silêncio e conseguir, assim, caminhar, com delicadeza, ao lado de nossos pacientes no árido terreno da doença, da dor e da morte que caracteriza as múltiplas narrativas do corpo tão presentes na expressão do sofrimento contemporâneo.

Referências Bibliográficas

Birman, J. (1991). Freud e a Interpretação Psicanalítica. Rio de Janeiro: Relume Dumará.

Fédida, P. (1977). Corps du vide et espace de séance. Paris: Jean-Pierre Delarge.

Fernandes, M. H. (1986). A função e a inserção do psicólogo nas equipes multi-profissionais. Boletim de Psiquiatria – Órgão Oficial do Centro de Estudos do Departamento de Psiquiatria da Escola Paulista de Medicina, 19(1-2), 21-24.

Fernandes, M. H. (1999). L'hypocondrie du rêve et le silence des organes: une clinique psychanalitique du somatique. Villeneuve d'Ascq: Presses Universitaires du Septentrion.

Fernandes, M. H. (2002). A hipocondria do sonho e o silêncio dos órgãos: o corpo na clínica psicanalítica. In Aiseinstein, M.; Fine, A., & Pragier, G. (org.) Hipocondria. (p. 173-192). São Paulo: Escuta.

Fernandes, M. H. (2003a). Corpo. São Paulo: Casa do Psicólogo.

Fernandes, M. H. (2003b). As formas corporais do sofrimento: a imagem da hipocondria na clínica psicanalítica contemporânea. In Volich, R. M.; Ferraz, F. C., & Ranña, W. (org.) Psicossoma III: interfaces da psicossomática. (p. 107-129). São Paulo: Casa do Psicólogo.

Fernandes, M. H. (2006a). Transtornos alimentares: anorexia e bulimia. São Paulo: Casa do Psicólogo.

Fernandes, M. H. (2006b). Entre a alteridade e a ausência: o corpo em Freud e sua função na escuta do analista. In Ulhôa Cintra, E.M. (org.) O corpo, o eu e o outro em psicanálise: ciclo de palestras na clínica dimensão. (p. 29-54). Goiânia: Dimensão.

Fernandes, M. H. (2009). Le corps fétiche: La clinique miroir de la culture. In Gaspard, J-L., & Doucet, C. (orgs.) Pratiques et usages du corps dans notre modernité (p. 117-127). Toulouse: Érès.

Fernandes, M. H. (2011). O corpo e os ideais na clínica contemporânea. Revista Brasileira de Psicanálise, 45(4), 21-33.

Fernandes, M. H. (2014). O corpo doente no divã. In Volich, R. M., Ranña, W., & Labaki, M. E. P. (org.) Psicossoma V: integração, desintegração e limites. (p. 107-125). São Paulo: Casa do Psicólogo.

Freud, S. (1996) Études sur l'hystérie. Paris: PUF. (Obra originalmente publicada em 1895).

Martins, L. A. N.; Yazigi, L.; Fernandes, M. H., & Machado, A. M. (1990). De la douleur des malades à la souffrance de l'equipe. Psychologie Médicale, 22(8), 727-731.

Pontalis, J-B. (2000). Fenêtres. Paris: Gallimard.

Semer, N. L., & Fernandes, M. H. (1990). O psicólogo no Hospital Geral: Ensino e atuação. In Miguel Filho, E. C. (org.) Interconsulta Psiquiátrica no Brasil. (p. 31-37) São Paulo: Astúrias.

Volich, R. M. (2000). Psicossomática: de Hipócrates à psicanálise. São Paulo: Casa do Psicólogo.

do meu ponto de vista, o pedido de avaliação psicológica não deve ser tomado pelo psicólogo fora do contexto que o originou.

Assim, o que dá sentido à hipótese que sustenta o argumento deste trabalho é a ideia, firmemente fundamentada pela teoria psicanalítica, de que nem sempre o que se pede equivale ao que se demanda, assim como nem sempre o que se quer equivale ao que se deseja (Freud, 1916/1974; Forbes, 2004; Moretto e Priszkulnik, 2014).

Neste contexto, tomemos como provável contribuição da Psicanálise ao problema da avaliação psicológica no Hospital a seguinte consideração: há casos em que a demanda que origina o pedido de avaliação pode não coincidir com o que neste é explícito. Neste sentido, seria razoável considerarmos a possibilidade de que o que entendemos como pedido de avaliação/esclarecimento diagnóstico para embasar a decisão de condutas pode estar relacionado com o pedido de ajuda para lidar com dificuldades que não são as mesmas explícitas no pedido.

Fato é que, e talvez isso seja um consenso, convém avaliar. Eis o alcance da avaliação psicológica, pois não há o que responder sem avaliação – e, neste caso, refiro-me com clareza à avaliação tanto de pedidos quanto de demandas.

É claro que toda abordagem clínica do sofrimento se orienta pela articulação com a fundamentação teórica que o define e caracteriza. E é por esta razão que podemos afirmar que a forma pela qual um profissional responde (ou não) aos pedidos e demandas a ele dirigidos é o que possibilita (ou não) a sustentação de sua clínica na instituição de saúde.

De todo modo, seja qual for a orientação teórica do profissional psicólogo, o trabalho de avaliação psicológica se faz no escopo do método clínico, ou seja, é um processo que não se faz de modo aleatório, pois pode ser definido pela especificidade de sua caracterização e metodologia. Nesse sentido, a perspectiva psicanalítica acerca do tema da avaliação psicológica tem suas especificidades e encontra seus impasses (Miller & Milner, 2006; Teixeira, 2008; Moretto, 2016).

A avaliação psicológica é um processo de investigação que se valoriza quando priorizamos a clareza de nossos objetivos – o que queremos saber por meio do processo de avaliação? – e quando zelamos pela coerência entre os objetivos e os métodos que escolhemos para alcançá-los.

Às vezes acontece de o profissional, por ter o domínio e a *expertise* na condução de um determinado método de trabalho, priorizar o método em si, em vez de priorizar a coerência entre o método (que ele domina) e os objetivos propostos na situação. Isso põe em risco o potencial conclusivo do processo de avaliação psicológica, uma vez que métodos inviáveis tendem a desfavorecer o alcance dos objetivos da investigação em curso (Primi, 2010).

De qualquer maneira, uma vez definidos os objetivos e o método, o que se espera de uma avaliação psicológica é que nos conduza a resultados e que estes, por sua vez, nos deem a condição de concluir alguma coisa a respeito do que está sendo investigado.

Se a avaliação psicológica no Hospital for, digamos assim, conclusiva, então o passo seguinte do trabalho é absolutamente fundamental para o que entendemos como comunicação interdisciplinar – tanto oral, em reuniões, quanto escrita, em prontuários – e para a inserção do psicólogo como membro de equipe. É preciso transmitir os resultados e as conclusões que serão, na melhor das hipóteses, considerados como elementos que compõem o campo das decisões.

Até aqui nos referimos aos alcances da avaliação psicológica, enfatizando o seu potencial em nosso trabalho. Passemos a considerar os seus limites, pois eles existem.

Dizer que avaliação psicológica tem limites é dizer também que a avaliação psicológica nem sempre é suficiente para que o psicólogo responda à equipe: do meu ponto de vista, isso se torna mais provável nas situações – às quais já me referi – em que o psicólogo deixa de levar em conta os elementos de demanda que estão presentes no contexto que originou o pedido. E quase sempre esses elementos estão associados às dificuldades de manejo com o sofrimento.

O limite da avaliação psicológica se torna evidente quando a demanda da equipe se sustenta pela dificuldade com relação ao sofrimento, mas a resposta do psicólogo ao pedido de avaliação se refere ao esclarecimento diagnóstico de sintomas.

A montagem do problema, ou do mal-entendido que torna a avaliação psicológica limitada, pode ser definida do seguinte modo: a demanda da equipe decorre do sofrimento, enquanto a resposta do psicólogo se faz a partir do que ele pôde avaliar a respeito dos sintomas.

E é nesse sentido que a perspectiva psicanalítica do problema pode ter sua função de esclarecimento.

Para a Psicanálise, sofrimento e sintoma são conceitos que não se equivalem, necessariamente. Já é, de certo modo, claro para muitos de nós que o conceito de sintoma difere razoavelmente em Medicina e Psicanálise, uma vez que para a Medicina o sintoma é um sinal de que há algo fora da ordem, de que algo não funciona bem – uma disfunção (Calazans & Lustoza, 2012); enquanto, de modo distinto, a descoberta freudiana indica que o sintoma tem função, uma vez que ele é tomado pelo psicanalista como uma formação de compromisso (Lacan, 1966/1991; Moretto, 2016), visando à resolução possível do conflito psíquico que caracteriza a tensão entre as instâncias do aparelho psíquico.

Isso posto, o que propomos aqui é a consideração da diferença entre sintoma e sofrimento (Dunker, 2015), pois, ainda que essa diferença não seja clara para os demais profissionais de saúde, para nós ela é essencial, uma vez que pode ser a chave para o entendimento de determinados mal-entendidos que se apresentam na cena institucional, para os quais somos chamados para "avaliação e conduta".

Note-se que, ao chegar à instituição de saúde pedindo atendimento, o indivíduo oferece o seu corpo ao saber médico geralmente esperando obter dele soluções razoáveis para o seu sofrimento, o qual, sabemos, manifesta-se por variadas formas.

Uma das maneiras de manifestação do sofrimento é pela via do sintoma, uma vez que, como temos ressaltado, para nós, sintoma não é a mesma coisa de sofrimento.

A expectativa posta na figura do médico é que este, tomado pelo indivíduo como destinatário atento e receptivo do sofrimento em pauta, ponha em funcionamento o saber e os dispositivos clínicos que lhe permitam examinar, reconhecer e tratar do problema que se lhe apresenta, a partir dos critérios diagnósticos bem estabelecidos que habitualmente orientam sua prática.

A ele cabe, no entanto – e isso é consenso –, examinar, reconhecer, diagnosticar e tratar de sintomas (e não, *a priori*, do sofrimento). Temos, de um lado, alguém que demanda a abordagem do sofrimento (ainda que por meio do sintoma), e, de outro, alguém que aborda o sintoma (ainda que reconheça o sofrimento a ele associado, ora como causa, ora como efeito).

A partir daí, o que se passa na prática, é que, frequentemente, as equipes de saúde que atuam na abordagem do sintoma nem sempre conseguem tratar do sofrimento, que insiste em compor a cena médico-institucional como um elemento enigma, de difícil abordagem, motivando, como já apontamos, o chamado ao psicólogo para avaliação e conduta.

Aqui convém que nos detenhamos com mais atenção ao movimento bastante sutil que caracteriza a relação entre demanda (abordagem do sofrimento) e pedido (avaliação psicológica de sintomas): há uma tendência da equipe de tomar o sofrimento psíquico como sintoma psicológico a ser decifrado e eliminado.

E é claro que nessas situações nas quais se associa – talvez automaticamente – sofrimento psíquico a sintoma psicológico emergem também as dificuldades da equipe médica com relação ao diagnóstico e, consequentemente, à construção de projetos terapêuticos.

Para concluirmos, a questão que precisa ser respondida por cada um de nós é: o que está em foco na avaliação psicológica que sustentamos? O que está em foco no diagnóstico psicológico? Do que se trata quando conduzimos o processo psicoterápico de alguém: sintoma ou sofrimento?

Na perspectiva psicanalítica, o que pensamos é que o chamado ao psicólogo se dá em função da necessidade de esclarecimento diagnóstico e de abordagens terapêuticas que levem em conta elementos da subjetividade dos pacientes, pois essas dificuldades, ainda que possam levar equipes de saúde à dúvida a respeito do **diagnóstico**, não lhes deixam margem à dúvida com relação à legitimidade do sofrimento.

E se somos os profissionais que diferenciam sofrimento de sintoma, cabe-nos fazer essa diferença valer, tomando-a a favor da resolução dos problemas que nos são apresentados.

Na esteira desse raciocínio, a pergunta que se impõe é: os métodos diagnósticos e as abordagens psicoterápicas que adotamos nos permitem alcançar os objetivos clínicos ao qual nos propomos? Se nos guiamos, sobretudo nas instituições regidas pelo Sistema Único de Saúde (SUS), pelo princípio de resolubilidade (Teixeira, 2009) visando ao melhor planejamento estratégico para combinar eficácia e eficiência das ações em saúde, será que os meios que adotamos nos conduzem aos fins propostos?

Assim, de acordo com a perspectiva psicanalítica da questão que envolve o alcance e os limites da psicoterapia e o uso de escalas/inventários de avaliação no Hospital Geral, tal reflexão nos permite concluir que é muito importante a coerência entre os métodos escolhidos e os objetivos propostos, uma vez que a não diferenciação, por parte do psicólogo, das noções de sintoma e sofrimento, pode contribuir, sobremaneira, tanto para o movimento (nem sempre consciente por parte do profissional) de patologização do sofrimento quanto para a sua cronificação.

Aqui o ponto que preocupa é aquele que indica que tomar o sofrimento como sintoma psicológico pode equivaler a tomar o caminho da construção de patologias, que, vale dizer, são de difícil tratamento, uma vez que a patologização do sofrimento, além de não promover saúde, favorece o estabelecimento de uma espécie de sofrimento crônico, ou, como propusemos chamar, cronicidade psíquica.

Que tipo de cuidado, então, devemos dispensar a casos como esses? Com qual noção de cuidado cada um de nós trabalha? Ainda que consideremos a importância capital do processo diagnóstico em nosso trabalho, sobretudo para pensarmos a direção do tratamento, cabe-nos perguntar: cuidamos quando patologizamos o sofrimento? O que está no foco do diagnóstico psicológico e das psicoterapias?

A noção de cuidado em Psicanálise extrapola a dimensão "sinto-mal", abrangendo a dimensão do mal-estar e do sofrimento (Dunker, 2015). Sendo assim, a discussão a respeito dos nossos métodos de abordagem deve tomar como relevante a relação entre diagnóstico de sintomas, tratamento do mal-estar e reconhecimento do sofrimento.

Do contrário, estaríamos favorecendo aquilo que um psicanalista entende como risco principal: o apagamento do sujeito.

É claro que o contato com o sofrimento de pacientes e equipes exige de nós muito além do repertório que construímos por meio de nossa formação teórica, ainda que seja uma formação continuada, necessariamente. Faz parte de nosso compromisso, na medida em que participamos ativamente e com interesse da formação de profissionais para atuação na área da saúde, que estejamos sempre disponíveis para acolher as dificuldades inerentes a este trabalho.

A real disponibilidade frente à alteridade não é uma posição simples. Há de se levar em conta que pouca ou nenhuma disponibilidade do profissional para o encontro com a singularidade do paciente pode ter efeitos iatrogênicos na medida em que tal indisponibilidade pode produzir (ainda mais) desamparo, o que por sua vez diminui significativamente a força que um paciente adoecido precisa ter para lutar pelo que lhe é possível.

Referências Bibliográficas

Calazans, R., & Lustoza, R. Z. (2012). Sintoma psíquico e medicina baseada em evidências. Arquivos Brasileiros de Psicologia, 64(1), 18-30.

Dunker, C. I. L. (2015). Mal-estar, sintoma e sofrimento. São Paulo: Boitempo.

Forbes, J. (2004). Você quer o que deseja?, 4 ed. São Paulo: Best Seller.

Freud, S. (1974). Conferências introdutórias à psicanálise: Teoria geral das neuroses. In Obras Completas de Sigmund Freud. v. XVI. Rio de Janeiro, Imago, 1974. (Obra originalmente publicada em 1916).

Lacan, J. (1991). Psicoanalisis y medicina. In: Intervenciones y textos. p. 86-99. Buenos Aires: Manantial. (Obra original publicada em 1966).

Miller, J.-A., & Milner, J.-C. (2006). Você quer mesmo ser avaliado? São Paulo: Manole.

Moretto, M. L. T. (2016). O que pode um analista no hospital? 5 ed. São Paulo: Casa do Psicólogo.

Moretto, M. L. T., & Priszkulnik, L. (2014). Sobre a inserção e o lugar do psicanalista na equipe de saúde. Tempo psicanalítico, 46(2), 287-298.

Primi, R. (2010). Avaliação psicológica no Brasil: fundamentos, situação atual e direções para o futuro. Psicologia: Teoria e Pesquisa, 26(spe), 25-35.

Teixeira, A. M. R. (2008). O objeto da psicanálise no impasse da avaliação. Psicologia em Revista, 14(1), 37-46.

Teixeira, R. R. (2009). Humanização: transformar as práticas de saúde, radicalizando os princípios do SUS. Interface - Comunicação, Saúde, Educação, 13(Supl. 1), 785-789.

Alcances e Limites da Psicoterapia e o Uso de Escalas/Inventários de Avaliação no Hospital Geral sob a Perspectiva da Fenomenologia

Fernanda Rizzo di Lione

Neste capítulo, descreverei como a Fenomenologia oferece fundamento para compreender o paciente no hospital geral. Não usamos escalas e inventários. Por meio do meu relato vocês irão entender como o psicólogo cuida do paciente.

Em primeiro lugar, gostaria de destacar a nossa condição humana: somos mortais. Sinto muito informá-los, mas vamos todos morrer, somos seres mortais, caminhamos em direção à morte.

A morte não nega a vida, uma só pode acontecer porque a outra acontece e vice-versa; elas não são contraditórias. Para a biologia, o nascer e o morrer são parte da vida. Mas passamos a vida toda não pensando nessa possibilidade.

Heidegger (2012) diz que o Homem é um "ser para a morte" (p. 691), ele caminha em direção à morte. Esse é o destino de todos nós. Mas, como o Homem vive enquanto caminha em direção à morte? Para responder a esta questão, trago uma citação da Hannah Arendt (1999) que é uma autora importante na Fenomenologia:

"Fluindo na direção da morte, a vida do homem arrastaria consigo, inevitavelmente, todas as coisas humanas para a ruína e a destruição, se não fosse a faculdade humana de interrompê-las e iniciar algo novo, faculdade inerente à ação humana como perene advertência de que os homens, embora devam morrer, não nascem para morrer, mas para começar. (p. 258)

Porque nós vamos morrer, porque nós não temos todo o tempo do mundo, se torna imperativo a questão da **escolha**. A condição de ser mortal é o que fundamenta que precisamos fazer escolhas, uma

vez que nosso tempo é limitado. Para ilustrar, eu cito Medard Boss (1988),psi-
quiatra muito importante dentro da Fenomenologia que, junto com Heidegger,
desenhou a *Daseinsanalyse:* "Somente porque o homem é finito, cada momento
conta." (p. 72).

O psicólogo que trabalha com o referencial da Fenomenologia chega ao hospital levando em conta as considerações anteriormente citadas, para atender pessoas que têm doenças que ameaçam a vida. Faço aqui um recorte: eu trabalhei no
Hospital Sírio-Libanês, em São Paulo, muitos anos, com pacientes com doenças graves e seus familiares, em especial com pacientes oncológicos. Organizei essa apresentação pensando nestes pacientes.

No hospital, o paciente tem direito a poucas escolhas; se ele escolheu fazer o
tratamento, escolheu um pacote de coisas e renunciou a outras, muitas vezes, sem
perceber. Por exemplo, o paciente internado não pode escolher o horário do banho,
que horas ele vai dormir, quando vai vir o almoço. Mas, ele **pode** escolher ter acompanhamento psicológico! Isso faz toda a diferença no nosso trabalho. Poder escolher
se consultar com a psicóloga tem a ver com escolher se debruçar sobre suas próprias
questões, olhar e cuidar da sua própria existência e de como ele está vivendo o que
está acontecendo neste momento.

Aqui entra em cena a questão do cuidado: o que é cuidado? Cuidado é um
modo da relação acontecer. Ele é particularmente significativo nos processos que
buscam a cura. Vocês conhecem o mito do cuidado? Eu vou ler para vocês:

Certo dia, ao atravessar um rio, Cuidado viu um pedaço de barro. Logo teve uma
ideia inspirada. Tomou um pouco do barro e começou a dar-lhe forma. Enquanto
contemplava o que havia feito, apareceu Júpiter.

Cuidado pediu-lhe que soprasse espírito nele. O que Júpiter fez de bom grado.

Quando, porém, Cuidado quis dar um nome à criatura que havia moldado,
Júpiter o proibiu. Exigiu que fosse imposto o seu nome.

Enquanto Júpiter e Cuidado discutiam, surgiu, de repente, a Terra. Quis também
ela conferir o seu nome à criatura, pois fora feita de barro, material do corpo da
Terra. Originou-se então uma discussão generalizada.

De comum acordo pediram a Saturno que funcionasse como árbitro. Este tomou
a seguinte decisão que pareceu justa:

"Você, Júpiter, deu-lhe o espírito; receberá, pois, de volta este espírito por ocasião
da morte dessa criatura. Você, Terra, deu-lhe o corpo; receberá, portanto, também
de volta o seu corpo quando essa criatura morrer. Mas como você, Cuidado, foi
quem, por primeiro, moldou a criatura, ficará sob seus cuidados enquanto ela
viver. E uma vez que entre vocês há acalorada discussão acerca do nome, decido
eu: essa criatura será chamada *Homem*, isto é, feita de *húmus*, que significa terra
fértil." (Boff, 2013, p. 51-52)

Assim, cura e cuidado coincidem...

Eu tive um professor, hoje meu supervisor, mestre... que se chama João
Augusto Pompéia (2011) e sobre o mito do Cuidado ele escreveu assim: "[...] O

homem é essa terra, é esse lugar em que o possível se faz real. Ele é aquele cujo cuidado tece a trama que reúne futuro, passado e presente, que junta tudo, seja o sonho, seja a realidade que chega." (p. 109). Seja a doença que se impõe.

Mas como é que a gente cuida? O psicólogo que trabalha no referencial da Fenomenologia compreende o Homem a partir da sua particularidade. Como é que ele vai cuidar daquele que está gravemente doente? Como é que ele vai cuidar do modo com que o paciente olha para a sua doença? Como ele vai participar com o paciente da tarefa de clarear essa experiência do adoecimento? Como ele vai facilitar o paciente a favorecer o processo de apropriação de si, dentro desse contexto de uma doença que ameaça a vida?

A Fenomenologia é um método de investigação que entende a doença como uma revelação da nossa transitoriedade, do quanto estamos aqui de passagem, do quanto a nossa existência é provisória; deste modo, a doença pode ser vivida como uma ameaça à continuidade do Homem no mundo e com os outros.

> [...] toda doença é uma ameaça à vida e com isso um aceno para a morte. [...] Vida e morte são inseparavelmente unidas e pertencem uma a outra. [...] quem quiser compreender algo da vida dos homens deverá também pensar em seu ser-mortal e quem quiser compreender a morte também será obrigado a se informar sobre a condição da vida humana. (Boss, 1998, p. 67)

Assim, o adoecimento é visto como uma privação, uma limitação do modo como o Homem vive, de como ele vai transitar entre o seu nascimento e a sua morte. O adoecimento aponta o quão frágil e precário o Homem é, o quanto ele está aqui de passagem, temporariamente. Ele aponta a nossa finitude e traz, de um modo radical, a incerteza quanto ao futuro. O adoecimento aponta o que falta. Reconhecer-se numa doença que ameaça a vida traz a vivência da proximidade da morte, e isso pode gerar muita angústia.

Então, para que nós estejamos falando sobre a mesma coisa, angústia é se reconhecer desnecessário para o mundo. O paciente ainda não morreu, mas ele já descobriu, tirou o manto que cobre, a percepção do fim do seu ser neste mundo. Somos ao mesmo tempo tão importantes para nós mesmos e tão pouco importantes para o mundo. Como somos vulneráveis! A angústia colapsa com o projeto de sentido, porque uma vida sem sentido se esvazia. E quem faz suportar o meu próprio ter que ser, o meu próprio ter que ser eu mesmo, é o Cuidado. Cuidado é o nosso modo cotidiano de viver, é cuidando que o Homem existe propriamente.

Deparar-se com a finitude pode trazer o desespero, o questionamento e a depressão. Nós conhecemos bem essas reações. Mas, também pode ser uma força que conduz à mudança, pode ser uma convocação para a reestruturação. Tanto para a pessoa que ficou doente, quanto para as pessoas envolvidas com ela, que foram tocadas pelo seu adoecimento. É descobrir que o que vive, morre.

No cotidiano do tratamento do paciente a gente pode reconhecer que tudo passa, mas também que tudo fica na sua história.

O psicólogo cuida do ser que sofre, na sua singularidade, seja ele o paciente, alguém da família, um dos cuidadores, fazendo uma assistência direta ou indireta, atendendo juntos e/ou separados; atento a como aquele Homem está vivendo dentro do seu cotidiano, enquanto o processo do adoecimento está se desenrolando. Trabalhamos na busca de liberdade, do jeito de ser, do que faz sentido para o paciente, dentro do contexto da doença. Deste modo, vamos investigar:

— O que ele sabe sobre a doença e o tratamento;

— Quais são as suas expectativas;

— Como ele compreende o que está acontecendo;

— Como ele está lidando com essa realidade que a doença impôs;

— Quem são e como ele se relaciona com as pessoas que são importantes pra ele;

— Como é a sua espiritualidade.

Gosto especialmente quando chegamos no momento de perguntar sobre como é a sua vida para além dos muros do hospital:

— O que ele faz, do que ele gosta?;

— Como ele viveu a sua vida até esse momento? Quais são os seus prazeres?;

— Ele já perdeu alguém? Como foi?;

— Como essa doença entra em sua vida, nesse momento?

Por que fazemos todas estas perguntas? Porque para compreender o homem eu preciso do vigor do todo.

O psicólogo então vai se aproximar, acolher, validar, cuidar do sofrimento, atento, nesse caminhar, ao processo que o paciente faz de busca de sentido naquele momento da sua trajetória. O psicólogo que trabalha no referencial da Fenomenologia é um ouvinte participante, que provoca. Provocar, neste contexto, é sempre um chamar para o descobrir.

O paciente é um narrador que vai se percebendo como autor da sua própria história, muitas vezes se ouvindo enquanto fala. Falando o significado da doença vai se apresentando ao próprio paciente, pois a fala é o instrumento que condensa o sentido da história que cada paciente está sendo.

O psicólogo favorece a possibilidade de re-significação da vida, a partir do confronto com sua condição de ser-para-a-morte. É poder estar junto nesse processo de transformação provocado pela doença, mas protagonizado pelo paciente. Ele continua escrevendo sua história, costurando o que ele viveu com o que ele está vivendo, e o que ele quer e pode viver. Para ilustrar apresento duas citações da mesma paciente, que chamarei de Camila, mãe de duas meninas pequenas. A primeira ela escreveu logo depois que acabou o tratamento de uma leucemia, e a segunda ela me mandou em 2014.

— Estou quase acabando de escrever o meu diário do período em que estive doente [...] Talvez eu faça uma encadernação parecida com a de um livro para cada uma das meninas [...] Foi uma época difícil, mas de grande crescimento para a nossa família [...] A vida é mesmo um presente grande, gostoso e cheio de laços coloridos, alguns com nós que temos que abrir. (Camila, nome fictício, 2006).

Anos depois ela me escreveu um *e-mail* em que uma das partes dizia assim:

— Fiz um diário naquela época de uma maneira simples para que as meninas pudessem entender. [...] Esse tema, aqui em casa, é um assunto totalmente liberado e de vez em quando surge algum comentário ou lembramos de acontecimentos engraçados daquela época. [...] São tantas coisas para lembrar que hoje sinto uma imensa gratidão por essa experiência. Consigo sentir empatia por outras pessoas e vejo que crescemos muito individualmente e como família. (Camila, nome fictício, 2014).

Mas e a morte? A morte é um tema fundamental e muito trabalhado pela Fenomenologia. Ela vai acontecer com todos nós, ela tira o Homem do tempo e sem o tempo, não há o amanhã. Heidegger (2012) escreveu: "A morte é a possibilidade da pura e simples impossibilidade-de-ser-aí" (p. 691).

Nós somos ser-para-a-morte. Quando a morte se apresenta não tem mais o movimento de vir a ser. O futuro se fecha. Frente a um diagnóstico de uma doença que ameaça a vida, o adoecimento e as possibilidades que ele carrega passam a ser um tema do qual o paciente pode se ocupar. Cabe ao psicólogo acolher essa condição e lidar com as questões que surgem a partir daí. A vivência da aproximação da morte faz o paciente descobrir a sua não necessidade no mundo e abre, assim, a perspectiva de cuidado para cuidar do poder-ser e do seu ter-que-ser ele mesmo. A historicidade de cada um só se encerra quando o homem morre. Cuidar da própria morte é cuidar da continuação dos outros depois da sua morte. Para exemplificar, trouxe a fala de uma paciente nos seus últimos dias de vida; ela tinha optado por não contar detalhes da sua doença para o filho de 9 anos, mas, com o agravamento da sua condição clínica, mudou de ideia. Após uma conversa longa e emocionante entre ela, o filho e o marido, ela me disse:

— Foi muito difícil, é duro vê-lo sofrendo assim, mas é melhor ele saber disso enquanto eu ainda estou aqui e posso estar com ele, quero poder responder a suas perguntas [...] Quem sabe a gente consegue estar junto no dia das mães. (Maria Clara, nome fictício, 2013).

E eles ficaram juntos... Dois dias depois do dia das mães era o aniversário dela e ela faleceu às 5h da manhã do dia seguinte.

O paciente pode escolher se comprometer com ser ele mesmo até o final, com empunhar a própria morte, cuidando até o fim da sua própria vida.

Eu não poderia deixar de citar Oliver Sacks (2015), que em virtude do seu recentemente falecimento teve publicadas algumas cartas. Na carta intitulada *My own life*, que ele escreveu seis meses antes de morrer, aparece:

— Sou grato porque me foram concedidos nove anos de boa saúde e produtividade desde o primeiro diagnóstico, mas agora eu estou face a face com a morte. [...] Agora devo escolher como viver durante os meses que me restam. Tenho de viver do modo mais rico, profundo e produtivo que eu puder. (p. 25-6)

Neste texto ele está falando de aproveitar até o fim todas as suas possibilidades. Entretanto, essa disposição pode enveredar por um caminho traiçoeiro, o de tentar escapar da morte a qualquer preço. Por isso, eu finalizo com um outro autor que eu admiro, o Rubem Alves (1993). Nesta crônica chamada "Tempo de morrer" ele reflete sobre como gostaria que fossem seus últimos momentos de vida, dizendo:

— Não, não quero recursos heroicos. Só quero que a dor não me contorça para poder ouvir um último poema, para ouvir uma última sonata. Somente assim o adeus ficará coisa doce, manifestação da vida no seu último momento, e o vazio que se segue se encherá da doce nostalgia que tem o nome de saudade... É preciso aprender a sabedoria sagrada: se há um tempo de nascer, há também um tempo de morrer. Que o último momento seja belo como um pôr-do-sol, longe do frio elétrico-metálico das máquinas... (p. 121).

Referências Bibliográficas

Alves, R. (1993). O retorno e o terno. Campinas: Papirus.

Arent, H. (1999). Condição humana. São Paulo: Ed. Forense Universitária.

Boff, L. (2013). Saber cuidar: ética do humano – compaixão pela terra. Petrópolis, RJ: Editora Vozes.

Boss, M. (1988). Angústia, culpa e libertação. São Paulo: Livraria Duas Cidades.

Cardinalli, I. (2000). A doença a partir da Daseinsanalyse. Palestra proferida na Ass. Bras. de Daseinsanalyse, São Paulo.

Freire, E. (2014). Leitura de ser e tempo de Martin Heidegger. São Paulo: Ass. Bras. de Daseinsanalyse.

Heidegger, M. (1988). Ser e tempo. Tradução: Márcia de Sá Cavalcanti. Petrópolis, RJ: Editora Vozes.

Heidegger, M. (2012). Ser e tempo. Tradução, organização, nota prévia, anexos e nota: Fausto Castilho. Campinas, SP: Editora da Unicamp; Petrópolis, RJ: Editora Vozes.

Pompéia, J. A., & Sapienza, B. T. (2011). Os dois nascimentos do homem: escritos sobre terapia e educação na era da técnica. Rio de Janeiro: Viaverita.

Sacks, O. (2015). Gratidão. Capítulo My Own Life. São Paulo: Companhia das Letras.

Spanoudis, S. (1997). A tarefa do aconselhamento e orientação a partir da daseinsanalyse. Rev. da Assoc. Bras. de Daseinsanalyse, Nos 1, 2, e 4.

Alcances e Limites da Psicoterapia e o Uso de Escalas/Inventários de Avaliação no Hospital Geral sob a Perspectiva da Terapia Cognitivo-Comportamental (TCC)

Lucia Emmanoel Novaes Malagris

13

A atuação do psicólogo na área da saúde tem se ampliado muito ao longo das últimas décadas. Apesar das conquistas, o trabalho do psicólogo neste campo ainda requer a superação de algumas barreiras e limites, necessitando de adaptações e ajustes em sua prática. O Hospital Geral é um dos contextos de atuação que, graças às suas características próprias, envolve a necessidade de importantes adaptações desse profissional. Tal fato se deve tanto a aspectos físicos do ambiente como também às especificidades do comportamento e das emoções dos indivíduos que ali estão demandando cuidados por parte do psicólogo. Convém lembrar que o Hospital Geral pode envolver ações do psicólogo tanto em enfermarias como também em atendimentos ambulatoriais, nos casos em que os pacientes não necessitem ser internados ou que careçam de apoio psicológico após uma internação. Cada caso exige adaptações diferenciadas.

Um dos aspectos a ser considerado pelo psicólogo, como enfatizam Gorayeb & Guerrelhas (2003), é que uma série de mudanças costuma ocorrer no comportamento do paciente quando se encontra no ambiente hospitalar. É comum que interprete a situação como uma ameaça à sua vida. Além disso, a configuração ambiental de um hospital, em geral, não oferece acolhimento, podendo ser frio e, até mesmo, aversivo para o paciente. Os dois aspectos citados levam à reflexão de como se sente a pessoa num ambiente pouco acolhedor, desconfortável e aversivo, enquanto se percebe ameaçada em sua própria vida.

O psicólogo necessitará se ajustar ao ambiente que não é, na maioria das vezes, o mais apropriado para o trabalho psicoterapêutico, conforme aprendido em sua formação. Ou seja, nem sempre é possível total privacidade, disponibilidade de salas no horário necessário e conforto físico para o paciente e para o profissional. Além disso, no contexto hospitalar o psicólogo não se relacionará somente com o paciente, pois, em geral, precisará ter contato com familiares e profissionais de outras áreas, sendo, por isso, importante o desenvolvimento de habilidades sociais e flexibilidade.

Dentre as abordagens psicológicas que têm contribuído para o desenvolvimento da área, encontra-se a Terapia Cognitivo-Comportamental. A seguir, apresentaremos uma breve visão dessa modalidade terapêutica para que seja possível a compreensão de sua atuação no contexto hospitalar, seus alcances e limites.

Terapia cognitivo-comportamental: uma breve visão

A TCC é um modelo de psicoterapia que tem como objetivo mudanças comportamentais e cognitivas visando ao bem-estar psicológico do paciente (Gorayeb & Possani, 2015). Integra técnicas e conceitos vindos das abordagens comportamental e cognitiva, conciliando teorias e procedimentos. Para caracterizar a TCC, pode-se afirmar que dois princípios são centrais na abordagem. O primeiro é que as cognições influenciam as emoções e os comportamentos, e o segundo é que os comportamentos podem afetar os padrões de pensamento e as emoções. Na TCC, objetiva-se a identificação e modificação de pensamentos desadaptativos ou disfuncionais que podem estar associados a sintomas emocionais (Wright *et al.*, 2008).

O modelo cognitivo-comportamental básico tem como principais elementos: o evento, a avaliação cognitiva deste, as emoções decorrentes dessa avaliação e comportamento consequente. O processamento cognitivo da informação tem um papel central no modelo, mas convém ressaltar que a TCC valoriza a interação entre fatores biológicos, ambientais, comportamentais e interpessoais. Alguns conceitos básicos para a TCC são os níveis de cognição: pensamentos automáticos, crenças intermediárias e crenças centrais/esquemas cognitivos (Wright *et al.*, 2008).

Os pensamentos automáticos se referem ao nível mais superficial da cognição, se referem à interpretação imediata do evento; as crenças intermediárias se constituem nas regras condicionais, são pressupostos subjacentes que apoiam as crenças centrais; as crenças centrais são regras fundamentais para o processamento de informação e se constituem no nível mais profundo de cognição. Estas últimas são desenvolvidas ao longo da vida por influência das experiências do indivíduo (Wright *et al.*, 2008).

O processo terapêutico se dá em etapas: avaliação, conceitualização do caso, planejamento terapêutico, processo terapêutico e prevenção de recaída. Tais etapas são básicas para o tratamento dos diversos transtornos emocionais, e são aplicadas também na área da Psicologia da Saúde (Malagris & Almeida, 2015). Considerando a etapa de avaliação no tratamento por meio da TCC voltado para a área da saúde, alguns pontos devem ser investigados, tais como: aspectos físicos (postura física, contato visual, tom de voz, respiração, expressão de dor), história familiar da doença, crenças sobre a doença e sobre o tratamento, sentimentos sobre a doença, comportamentos de risco ou de saúde, ansiedade e medos, presença de depressão, estratégias de enfrentamento utilizadas, tratamentos anteriores, presença de apoio social e familiar, consequências da doença, comorbidades, dificuldades em outras áreas e relacionamento com os profissionais de saúde. Dependendo do caso pode ser necessário investigar outros pontos.

A investigação dos pontos mencionados pode ser realizada por meio de instrumentos de avaliação. Costumam ser usados questionários de autorrelato sobre a doença, escalas, inventários psicológicos, observação, diários (como o Registro Diário de Pensamentos Disfuncionais – RDPD, por exemplo), entrevista estruturada e relatos do hospital (médico, psicólogo ou psiquiatra).

Seguem alguns instrumentos utilizados na avaliação inicial na TCC que se aplicam ao contexto hospitalar (**Quadro 13.1**), embora a lista não esgote de modo algum o material existente.

Quadro 13.1 Exemplos de instrumentos utilizados pela TCC para avaliação

Instrumentos utilizados	Referência
Inventário de Sintomas de Estresse (*Stress*) para Adultos de Lipp (ISSL)	Lipp (2000)
Inventário de Beck de Depressão (BDI II)	Beck & Brown, (2012)
Inventário de Beck da Ansiedade (BAI)	Beck *et al.* (2011)
Escala Hospitalar de Ansiedade e Depressão (HADS)	Castro *et al.* (2006)
Escala de Afetos Positivos e Negativos (PANAS)	Giacomoni & Hutz (2006)
Escala de Autoestima de Rosenberg (EAR)	Hutz e Zanon (2011)
Questionário sobre a Saúde do Paciente (PHQ-9)	Osorio, Mendes, Crippa e Loureiro (2009)
Escala de Alexitimia de Toronto (TAS)	Yoshida (2007)
Questionário de Saúde Geral de Goldberg	Pasquali, Gouveia, Andriola, Mirando e Ramos (2005)
Escala de Resiliência (ERES)	Pesce, Assis, Avanci, Santos, Malaquias e Carvalhaes (2005)
Inventário de Qualidade de Vida SF-36	Ciconelli, Ferraz, Santos e Quaresma (1999)
Escala de Apoio Social	Griep, Chor, Faerstein, Werneck & Lopes (2005)

A etapa seguinte, ou seja, a conceitualização é um elo fundamental entre a avaliação e o tratamento, já que fornece a base para as intervenções e, consequentemente, atingimento das metas terapêuticas. Segundo Kuyken, Padesky & Dudley (2010, p. 21):

- Conceitualização de caso é um processo em que o terapeuta e cliente trabalham em colaboração para primeiro descrever e depois explicar os problemas que o cliente apresenta na terapia. A sua função primária é guiar a terapia de modo a aliviar o sofrimento do cliente e a desenvolver a sua resiliência.

Após a elaboração da conceitualização, terapeuta e cliente conversam sobre ela e uma lista de objetivos é traçada em conjunto. Em seguida, o terapeuta elabora o plano de tratamento com base na conceitualização e nos objetivos estabelecidos e o apresenta ao cliente explicando os objetivos das estratégias propostas. O tratamento em si tem como um ponto fundamental a relação terapêutica, pois a TCC trabalha com o empirismo colaborativo em que terapeuta e paciente atuam juntos para o alcance dos objetivos estabelecidos por ambos no processo de avaliação e conceitualização. O plano de tratamento envolve a utilização de uma variedade de estratégias de base cognitiva e/ou comportamental (Leahy, 2006).

As estratégias são selecionadas e utilizadas de acordo com o entendimento do caso, e visam reduzir a resistência e ambiguidade, caso existam; motivar o paciente para a adesão ao tratamento e incentivar seu papel ativo; e identificar, questionar e revisar pensamentos automáticos negativos, crenças intermediárias e centrais. No caso da aplicação da TCC na Psicologia da Saúde, as estratégias visam também reduzir os sintomas físicos e comportamentos de risco para a doença (Malagris & Almeida, 2015).

São exemplos de estratégias utilizadas para alcançar os objetivos citados: psicoeducação a respeito do modelo cognitivo e da queixa do cliente; Registro Diário de Pensamentos Disfuncionais (RDPD) para identificação de pensamentos automáticos disfuncionais; reestruturação cognitiva com questionamento socrático para avaliação e modificação de pensamentos automáticos e crenças; conscientização e identificação de distorções cognitivas; registros para controle de atividades e agendas; utilização de cartões de autoajuda; treinamento de habilidades (especialmente em solução de problemas); realização de tarefas cognitivas e comportamentais entre as sessões; exposição gradual frente a comportamentos evitativos; ensaio cognitivo para reestruturação cognitiva; dramatização; exame de vantagens e desvantagens; aprendizagem de manejo do tempo; revisão de videoteipes em sessões; e técnicas de relaxamento e respiração profunda. Para conhecimento mais amplo de técnicas utilizadas na TCC, sugere-se que o leitor consulte Leahy (2006).

A última etapa, prevenção de recaída, envolve a discussão dos possíveis desafios que a pessoa terá após o término do tratamento e de como ela poderia lidar com eles. Ou seja, o paciente, com o auxílio do terapeuta, planeja o modo como poderá utilizar as estratégias aprendidas em situações vindouras (Wright *et al.*, 2008). Essa etapa é muito importante para que os ganhos terapêuticos sejam mantidos e ampliados.

O processo terapêutico se desenvolve ao longo das etapas descritas e se fundamenta na qualidade da aliança terapêutica. Como enfatiza Falcone (2011), o terapeuta não pode apenas possuir o conhecimento técnico, mas necessita também fomentar o respeito e a consideração pelo cliente, além de desenvolver a capacidade de identificar sinais de problemas na relação terapêutica. Desse modo pode evitar um fracasso no tratamento e/ou rompimento precoce. Ao longo do processo é importante também que o terapeuta fique atento às emoções desencadeadas em si mesmo, de modo que estas não interfiram negativamente na relação e no tratamento. Recomenda-se um padrão de interação empático, caloroso e acolhedor desde o início da terapia, pois é, conforme Malagris e Almeida (2015), desde o primeiro contato que se começa a estabelecer a possibilidade de adesão e mudança, ou seja, o sucesso do tratamento.

ALCANCES E LIMITES

A TCC tem se mostrado bastante efetiva no tratamento de problemas de saúde física, tais como em pacientes com hepatite C (Barros, 2015), hipertensão (Lipp, 2007; Malagris et al., 2009; Malagris, Lipp & Chicayban, 2014), tabagismo (Ismael, 2007), insônia crônica (Buela-Casal, Sanchez & Rangé, 2001), síndrome metabólica (Malagris & Lipp, 2014), dor crônica (Castro, 2011), dentro outros.

No entanto, alguns limites podem ser encontrados na utilização dos instrumentos de avaliação e de estratégias de intervenção, o que exige flexibilidade por parte do terapeuta. Os inventários, testes, escalas e algumas estratégias podem não ser compreendidos pelos pacientes com baixo nível educacional e socioeconômico cultural, portanto, recomenda-se que sejam adaptados às limitações apresentadas. Quanto aos instrumentos é necessário que o terapeuta ajude o cliente clarificando o que é solicitado nas questões. No que se refere às estratégias, a necessidade de adaptação, ao mesmo tempo em que exige flexibilidade e conhecimento teórico consistente por parte do terapeuta, também oferece alternativas para o alcance das metas.

Outro limite se refere ao ambiente em que se dá a avaliação e o tratamento psicológico, no caso o Hospital Geral . É sabido que as condições de um hospital, na maioria das vezes, não oferecem a privacidade necessária e o acolhimento desejado para que o paciente se sinta confortável. Portanto, a avaliação feita através dos métodos aqui expostos deve garantir as condições mínimas necessárias para que não haja interferências negativas e prejuízos na qualidade das informações colhidas. O mesmo deve ser considerado em relação às demais etapas do tratamento, pois é fundamental que o psicólogo seja flexível, mas que não deixe de ficar atento à ética profissional.

A condição física do paciente, que nem sempre se sente disposto a responder perguntas, escalas e inventários, ou até mesmo a ser atendido pelo psicólogo, também pode ser um obstáculo. É importante que os limites físicos do paciente sejam respeitados, de modo a não cansá-lo demasiadamente, e que se perceba os sinais de desgaste ou de impossibilidade de atenção em virtude de mal-estar ou dor experimentados. Conforme afirmam Neto, Yacubian, Scalco & Gonçalves (2001), a duração e frequência das sessões no hospital devem ser curtas e frequentes. Além disso, as tarefas propostas devem se relacionar ao ambiente hospitalar e aos estressores locais identificados e trabalhados.

A dificuldade de adesão ao tratamento e às estratégias sugeridas pelo terapeuta no tratamento de uma doença também se constitui em um limite para a avaliação e para o tratamento psicológico, pois o paciente pode não se sentir estimulado a realizar as atividades sugeridas pelo psicólogo. Para minimizar esse problema, um ponto crucial é o fortalecimento da relação terapêutica e a psicoeducação. Uma aliança terapêutica que ofereça segurança, além da eliminação de dúvidas sobre o modelo cognitivo-comportamental de tratamento, sobre a doença apresentada, sobre o processo de hospitalização e sobre as estratégias cognitivo-comportamentais indicadas, pode ser útil para facilitar a adesão (Malagris & Almeida, 2015).

Considerações finais

O trabalho do psicólogo no campo da saúde requer adaptação de suas práticas às demandas específicas do local de atuação. O profissional precisa ampliar seus conhecimentos e embasar sua atuação em resultados de pesquisas que comprovem a eficácia das práticas utilizadas. Precisa também olhar o indivíduo que ali se encontra como alguém que sofre e que deve ter seus medos e ansiedades legitimados e respeitados. O psicólogo pode contribuir para o bem-estar do indivíduo no hospital por meio de suas práticas focadas nas demandas do momento, especialmente ao construir uma boa relação terapêutica e se manter consciente dos limites e barreiras específicas da situação, de modo que consiga alcançar seus objetivos ao minimizar a dor e o sofrimento dos pacientes.

Referências Bibliográficas

Barros, J. C. (2015). Stress e hepatite C: eficácia do treino de controle do stress em pacientes com terapia com inibidores de protease. Tese de Doutorado, UFRJ, Rio de Janeiro.

Beck, A. T., & colegas do Center for Cognitive Therapy (2011). Escalas Beck Departamento de Psiquiatria da Universidade da Pennsylvania (USA). Adaptação Brasileira: Jurema Alcides Cunha. São Paulo: Casa do Psicólogo.

Beck, A. T., Steer, R. A., & Brown, G. K. (2012). BDI-II – Inventário de Depressão de Beck – Manual. Adaptação brasileira: Gorenstein, C., Pang, W. Y., Argimon, I, L., & Werlang, B. S. São Paulo: Casa do Psicólogo.

Buela-Casal, G., Sanchez, A. I., & Rangé, B. (2001). Avaliação e tratamento dos transtornos do sono. In B. Rangé (Org.). Psicoterapias cognitivo-comportamentais: um diálogo com a psiquiatria, p. 449-460. Porto Alegre: Artmed.

Castro, M. M. C., Quarantinii, L., Batista-Neves, S., Kraychete, D. C., Daltro, C., & Miranda-Scippa. (2006). Validity of the hospital anxiety and depression scale in patients with chronic pain. Revista Brasileira de. Anestesiologia, [online], 56(5), 470-477. Disponível em http://www.scielo.br/pdf/rba/v56n5/en_05.pdf.

Castro, M. (2011). Contribuições da Terapia Cognitivo-Comportamental em grupo para pessoas com dor crônica. In B. Rangé. Psicoterapias cognitivo-comportamentais: um diálogo com a psiquiatria, p. 608-616. Porto Alegre: Artmed.

Ciconelli, R. M., Ferraz, M. B., Santos, W. M., & Quaresma, M. R. (1999). Tradução para a língua portuguesa e validação do questionário genérico de avaliação de qualidade de vida SF-36 (Brasil SF-36) / Brazilian-Portuguese version of the SF-36. Revista Brasileira de Reumatologia, 39(3):143-50.

Falcone, E. F. (2011). Relação terapêutica como ingrediente ativo de mudança. In B. Rangé. Psicoterapias cognitivo-comportamentais: um diálogo com a psiquiatria (p. 145-154). Porto Alegre: Artmed.

Giacomoni, C. H., & Hutz, C. S. (2006). Escala de afeto positivo e negativo para crianças: estudos de construção e validação. Psicologia Escolar e Educacional, 10(2), 235-245.

Gorayeb, R., & Guerrelhas, F. (2003). Sistematização da prática psicológica em ambientes médicos. Revista Brasileira de Terapia Comportamental e Cognitiva, V(1), 11-19.

Gorayeb, R., & Possani, T. (2015). Atendimento ambulatorial e interconsultas no contexto hospitalar. In Gorayeb, R. (org.). A prática da psicologia no ambiente hospitalar (p. 23-41). Novo Hamburgo: Sinopys Editora.

Griep, R. H., Chor, D., Faerstein, E., Werneck, G. L., & Lopes, C. S. (2005). Validade de constructo de escala de apoio social do Medical Outcomes Study adaptada para o português no Estudo Pró-Saúde. Cadernos de Saúde Pública, 21(3), 703-714.

Hutz, C. S., & Zanon, C. (2011). Revisão da adaptação, validação e normatização da escala de autoestima de Rosenberg. Avaliação Psicológica [online], 10(1), p. 41-49. Disponível em http://pepsic.bvsalud.org/pdf/avp/v10n1/v10n1a05.pdf.

Ismael, S. M. C. (2007). Efetividade da terapia cognitivo-comportamental na terapêutica do tabagista (Doctoral These, Universidade de São Paulo).

Kuyken, W., Padesky, C.A., & Dudley, R. (2010). Conceitualização de casos colaborativa: o trabalho em equipe com pacientes em terapia cognitivo-comportamental. Porto Alegre: Artmed.

Leahy, R. (2006). Técnicas de terapia cognitiva: manual do terapeuta. Porto Alegre: Artmed.

Lipp, M. E. N. (2000). Manual do inventário de sintomas de stress para adultos de Lipp (ISSL). São Paulo: Casa do Psicólogo.

Lipp, M. E. N. (2007). Controle do estresse e hipertensão arterial sistêmica. Revista Brasileira de Hipertensão, 14(2), 89-93.

Malagris, L. E. N., Brunini, T. M. C., Moss, M. B., Silva, P. J. A., Espósito, B. R., & Ribeiro, A.C.M. (2009). Evidências biológicas do treino de controle do stress em pacientes com hipertensão. Psicologia: Reflexão e Crítica, 22(1), 1-9.

Malagris, L. E. N., Lipp, M. E. N., & Chicayban, L. M. (2014). Hipertensão arterial sistêmica: contribuição de fatores emocionais e possibilidades de atuação em Psicologia. In E. Seidl & M. C. Miyazaki. (Coord.). Psicologia da Saúde: pesquisa e atuação profissional no contexto de enfermidades crônicas. Curitiba: Juruá Editora.

Malagris, L. E. N., & Lipp, M. E. N. (2014). Stress Control Training for Women with Metabolic Syndrome. Pinnacle Pschology, 1(2). Article ID pp_140, 266-276. Disponível em http://pjpub.org/pp/pp_140.pdf.

Malagris, L. E. N., & Almeida, R. A. (2015). Psicologia da Saúde e Terapia Cognitivo-Comportamental: teoria, implicações e práticas. In C. B. Neufeld, E. M. Falcone, & B. Rangé (Orgs.) PROCognitiva: programa de atualização em terapia cognitivo--comportamental. Porto Alegre: Artmed Panamericana.

Neto, F. L., Yacubian, J., Scalco, A. Z., & Gonçalves, L. (2001). Terapia comportamental cognitiva dos transtornos afetivos. In B. Rangé (Org.) Psicoterapias cognitivo-comportamentais: um diálogo com a psiquiatria, p. 275-286. Porto Alegre: Artmed.

Osório, F. L., Mendes, A. V., Crippa, J. A. S., & Loureiro, S. R. (2009). Study of the discriminative validity of the PHQ-9 and PHQ-2 in a sample of brazilian women in the context of primary health care. Perspectives in Psychiatric Care, 45, 216-227.

Pasquali, L., Gouveia, V. V., Andriola, W. B., Miranda, F. J., Ramos, A. L. M. (1994). Questionário de saúde geral de Goldberg (QSG): adaptação brasileira. Psicologia Teoria e Pesquisa, 10(3), 421-37.

Pesce, R. P., Assis, S. G., Avanci, J. Q., Santos, N. C., Malaquias, J. V., & Carvalhaes, R. (2005). Adaptação transcultural, confiabilidade e validade da escala de resiliência. Cadernos de Saúde Pública, 21(2), 436-448.

Wright, J. H., Basco, M. R., & Thase, M. E. (2008). Aprendendo a Terapia Cognitivo-Comportamental: um guia ilustrado. Porto Alegre: Artmed.

Yoshida, E. M. P. (2007). Validade da Versão em Português da Toronto Alexithymia Scale-TAS em Amostra Clínica. Psicologia: Reflexão e Crítica, 20(3), 389-396.

Aplicabilidade da Terapia Cognitivo-Comportamental no Contexto Hospitalar

Ricardo Gorayeb
Renata Nakao

14

A Terapia Cognitivo-Comportamental (TCC), como modelo de terapia baseado em princípios teóricos do cognitivismo e técnicas comportamentais, se desenvolveu inicialmente direcionada ao tratamento de transtornos de depressão e ansiedade (Beck 1963, 1964). Rapidamente, entretanto, sua aplicação se expandiu para outros distúrbios, como transtornos alimentares, esquizofrenia, transtorno bipolar, dor crônica, transtornos de personalidade e abuso de substâncias (Butler & Beck, 2000). Atualmente, o uso da TCC pode ser observado nos mais diversos campos de atuação da Psicologia, como escolas, presídios, empresas e hospitais.

Neste capítulo, serão descritas estratégias de atuação do psicólogo hospitalar que exemplifiquem a aplicabilidade da TCC neste contexto. As experiências relatadas foram vivenciadas pela equipe de psicologia do Hospital das Clínicas da Faculdade de Medicina de Ribeirão Preto (HCFMRP-USP), instituição universitária pública do estado de São Paulo onde atuam os autores. O HCFMRP-USP é um hospital beneficiário do Sistema Único de Saúde (SUS), de nível terciário, referência em ensino, pesquisa, assistência e tratamentos de alta complexidade. Conta com 873 leitos de enfermaria e possui quadro de mais de 7.000 funcionários, além de alunos e profissionais em pós--graduação (residência, aprimoramentos). Realiza diariamente uma média de 90 cirurgias, 2.500 consultas ambulatoriais, 7.800 exames laboratoriais, 500 exames especializados, 600 exames radiológicos e 80 transfusões de sangue.

O primeiro exemplo de aplicação da TCC no HCFMRP-USP se refere aos atendimentos de *Interconsulta Psicológica*. O termo "interconsulta" foi usado inicialmente para descrever ações entre especialidades médicas. Uma interconsulta médica ocorre quando um especialista identifica um problema que foge de sua competência em um paciente internado em sua enfermaria, por exemplo. Este profissional, então, solicita a avaliação e possível seguimento de outro médico da especialidade requerida. Trata-se de uma prática comum e bastante consolidada entre as especialidades médicas diferentes.

Com o passar dos anos, e após a inserção de outros profissionais de saúde no ambiente hospitalar, começaram a ocorrer interconsultas com outros profissionais da saúde, ainda de áreas biológicas, como fisioterapeutas e nutricionistas. Na medida em que as necessidades não biológicas dos pacientes passaram a ser notadas e entendidas como importantes pelos profissionais da saúde, outras especialidades passaram a ser solicitadas nos moldes da interconsulta. Dentre estas especialidades, destacam-se a terapia ocupacional, a pedagogia e a psicologia.

Apesar de sua indiscutível relevância, a interconsulta com outros profissionais "não médicos" é ainda pouco praticada, e fica restrita na maioria das vezes aos hospitais universitários. No HCFMRP-USP, a interconsulta psicológica se iniciou na década de 1970, em algumas clínicas onde a demanda pela ação do psicólogo era mais evidente, como a Pediatria. Ao longo dos anos, pedidos de interconsulta psicológica passaram a surgir de outras especialidades, como o Centro de Terapia Intensiva e as unidades de emergência. Atualmente, o HCFMRP-USP possui um quadro de 80 psicólogos contratados, que atuam junto a equipes interdisciplinares em diversas especialidades. Por essa razão, a interconsulta psicológica passou a ocorrer somente nas clínicas onde não há um psicólogo contratado, como Nutrologia, Dermatologia, Reumatologia e Imunologia.

O procedimento da interconsulta psicológica se inicia com a solicitação de um profissional da saúde, redigida em impresso oficial específico, onde constam dados de identificação do paciente (nome, número de registro, enfermaria e leito) e uma descrição resumida da demanda observada. Por fim, descreve-se o objetivo da solicitação (avaliação psicológica, atendimento ao paciente e/ou familiar, discussão do caso com a equipe, entre outros). Esta solicitação é encaminhada ao Serviço de Psicologia e direcionada ao profissional que fará o atendimento (psicólogos em aprimoramento profissional, na maioria das vezes).

Ao receber o Pedido de Interconsulta (PI), o psicólogo primeiramente busca fazer contato com a equipe que solicitou o atendimento com o objetivo de complementar as informações contidas no PI. São colhidos dados como: motivo do pedido, expectativas da equipe em relação à atuação do psicólogo naquele caso, compreensão geral dos aspectos clínicos e prognósticos do paciente, além de se informar sobre a necessidade de medidas de proteção e segurança para o atendimento (uso de equipamentos de proteção individual ou evitação de contato, por exemplo). Em seguida, faz-se contato com o paciente, buscando avaliar itens como: compreensão do paciente sobre seu quadro clínico e o motivo de sua internação, relacionamento com equipe e demais pacientes do quarto, apoio social, histórico de tratamentos psiquiátricos e psicológicos, expectativas sobre os procedimentos médicos, adaptação ao ambiente hospitalar, estratégias de enfrentamento, entre outros. Esta avaliação pode ser feita em uma ou mais sessões, e pode incluir consultas com familiares para facilitar a compreensão do caso (Gorayeb & Possani, 2015).

- Os atendimentos psicológicos realizados visam auxiliar o paciente a elaborar recursos emocionais que favoreçam o seu restabelecimento psicológico e físico. A equipe multidisciplinar que está em contato com o paciente também recebe orientações, com a finalidade de favorecer o melhor manejo do caso. (Gorayeb & Possani, 2015)

A seguir, serão descritos dados de um levantamento realizado pela equipe de psicologia do HCFMRP-USP sobre a prática da interconsulta psicológica neste hospital. Os dados se referem aos registros de atendimento de 112 PIs no período de março de 2007 a janeiro de 2009.*

Do total de 112 pacientes atendidos, 80,4% eram adultos, 83,9% do sexo feminino e 60,7% casados. A demanda descrita pelo profissional que requisitou a interconsulta (médicos de diversas especialidades) pode ser observada na **Figura 14.1**.

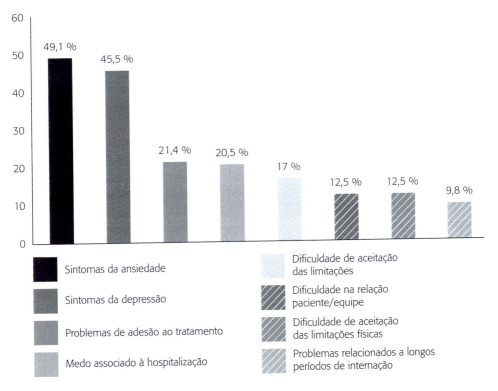

Figura 14.1 Demanda descrita no Pedido de Interconsulta (PI) enviado à psicologia.

---

* Os dados foram organizados pelas psicólogas Flávia S. Gomes, Juliana C. Viviani, Giovana B. Facchini, Roberta M.C. Freitas e Ricardo Gorayeb (coordenador do Serviço).

Observa-se que os motivos para a solicitação de atendimento psicológico mais frequentes neste período foram a presença de sintomas de ansiedade e depressão. Há também PIs motivados por problemas de adesão ao tratamento, que incluem relatos como resistência a procedimentos médicos, resistência a medicação ou dieta, entre outros. Descrições mais específicas contidas nos PIs foram agrupadas e categorizadas, como se observa na **Figura 14.1**.

Após a avaliação psicológica do caso, definiram-se as principais demandas de cada caso e observou-se que em 98,2% dos casos os problemas identificados pelo médico solicitante condiziam com a demanda do paciente, avaliada pelo psicólogo. Em apenas 1,8% dos casos houve discrepância entre o que o médico observou e o que o psicólogo avaliou, o que indica uma boa capacidade dos profissionais médicos para identificar demandas emocionais nestes pacientes.

A **Tabela 14.1** apresenta as técnicas mais utilizadas, tanto com os pacientes quanto com os familiares, nos atendimentos de interconsulta psicológica.

Tabela 14.1. Técnicas utilizadas com pacientes e familiares em interconsultas psicológicas no HCFMRP-USP

Pacientes	
Ventilação e Apoio	92,0%
Fornecimento de Informações	82,1%
Treino Assertivo	43,8%
Treino Discriminativo	37,5%
Reforçamento Positivo	30,4%
Teste de Realidade	27,7%
Familiares	
Fornecimento de informações	25,0%
Ventilação e Apoio	24,1%

Ainda sobre os atendimentos, em 68,8% dos casos foram realizadas de uma a quatro sessões de atendimento, revelando o caráter objetivo e breve destas intervenções. Em 49,1% dos casos o psicólogo realizou intervenção junto à equipe de saúde, e não somente com o paciente e seu familiar. Sobre o nível de compreensão dos pacientes, 32,1% conheciam sua condição médica, mas relatavam dúvidas, o que indica a importância das orientações fornecidas pelo psicólogo em linguagem simples e acessível e da disponibilidade de tempo e espaço adequado para a manifestação das dúvidas. Por fim, em 19,6% dos casos foi realizado encaminhamento para seguimento psicológico ambulatorial posterior, em serviços disponíveis nos municípios dos pacientes ou no próprio Serviço de Psicologia do HCFMRP-USP.

Diante dos dados apresentados, conclui-se que a interconsulta psicológica realizada no HCFMRP-USP cumpre sua tarefa de oferecer suporte emocional aos pacientes no momento da internação, e que o diálogo dos profissionais da psicologia com os demais profissionais de saúde vem surtindo efeitos favoráveis, já que a

Aplicabilidade da Terapia Cognitivo-Comportamental no Contexto Hospitalar

capacidade de identificação de problemas emocionais em pacientes hospitalizados parece estar desenvolvida e adequada. Revela-se, com estes resultados, o caráter breve, porém resolutivo, das intervenções, tendo em vista que menos de 20% dos casos precisaram de encaminhamento para seguimento psicológico posterior. A prática da interconsulta psicológica está em constante crescimento no contexto hospitalar, e deve ser compreendida como uma das principais estratégias de inserção do psicólogo nas diversas especialidades médicas.

A seguir, serão relatados dois casos atendidos pela equipe de psicologia no HCFMRP-USP. O primeiro se refere a uma intervenção no modelo de interconsulta psicológica realizada com uma paciente em tratamento pela equipe da Nutrologia, uma das clínicas que solicita interconsulta psicológica com mais frequência neste hospital. O relato descreverá com detalhes a demanda psicológica identificada e os procedimentos utilizados, como forma de exemplificar e esclarecer este modelo de atuação do psicólogo hospitalar. O segundo caso, relatado em seguida, aborda um atendimento psicológico ambulatorial que, diferente do Relato de caso 1, foi realizado por uma psicóloga membro da equipe de profissionais atuantes na clínica de Mastologia do HCFMRP-USP. Não se trata, portanto, de um caso de interconsulta psicológica e objetiva apresentar outro modelo de atuação no hospital geral.

Relato de caso 1:
Descrição de intervenção em interconsulta psicológica na enfermaria de Nutrologia

Será apresentado a seguir o relato de um caso atendido em interconsulta na enfermaria de Nutrologia do HCFMRP-USP. Este caso relata a intervenção psicológica a uma paciente do sexo feminino, de 43 anos de idade, que chamaremos aqui de Emília. O PI à Psicologia veio da equipe médica da enfermaria de Nutrologia, onde Emília estava internada havia 30 dias graças a cirurgias malsucedidas para redução do intestino. Foram solicitadas avaliação e intervenção psicológicas em função de sintomas depressivos observados na paciente, como a evitação de contatos sociais e recusa em sair da cama e atender às solicitações da equipe.

A avaliação psicológica identificou que, de fato, havia manifestação de sintomas depressivos, como anedonia e desesperança, que possivelmente estavam associados à condição ambiental de completa privação de estímulos reforçadores. Emília estava internada sozinha em um quarto onde não havia televisão ou qualquer outra fonte de estímulos e distração. Também não recebia visitas há vários dias, estando, portanto privada de contatos sociais.

A partir destas observações, foram adotadas pela psicóloga algumas condutas com o objetivo de amenizar a intensidade dos sintomas depressivos e auxiliar a paciente a enfrentar o longo período de hospitalização com menos sofrimento emocional.

Em primeiro lugar, realizou-se o acolhimento da queixa apresentada por Emília a partir de uma escuta empática e não punitiva de seu relato, buscando validar seus sentimentos e demonstrar que aquela reação emocional estava relacionada às condições ambientais presentes na hospitalização. A psicóloga esclareceu que seus atendimentos deveriam ser um espaço em que a paciente poderia expressar seus sentimentos, sua insatisfação, seus medos e dúvidas em relação ao quadro clínico, para que fossem pensadas alternativas que aumentassem sua capacidade de enfrentamento desta situação.

Além disso, observou-se que Emília apresentava um comportamento bastante passivo nas interações com a equipe de médicos e enfermeiros. Não tomava iniciativa na busca por informações sobre seu quadro clínico e tratamento e nem reivindicava melhorias nas condições de sua internação. Assim, as psicólogas responsáveis definiram como conduta instalar comportamento assertivo no repertório da paciente a partir de técnicas como modelagem e modelação.

A modelagem, como procedimento baseado nos princípios do reforço diferencial e de aproximação sucessiva, consiste na definição de um padrão comportamental a ser atingido pelo paciente e no reforçamento de respostas que progressivamente se aproximem deste padrão definido (no caso, respostas assertivas de busca de informações e solicitações à equipe) (Rangé *et al.*, 1998). Já a modelação se baseia no princípio da aprendizagem por observação e imitação. Para isso, durante os atendimentos, a psicóloga demonstrava como Emília poderia se comportar assertivamente e simulava interações com a equipe, dando exemplos de frases a serem usadas, maneiras de solicitar informações etc.

A psicóloga também auxiliou Emília a discriminar, dentre todas as variáveis ambientais presentes, aquilo que mais lhe trazia insatisfação. Com as perguntas da terapeuta que estimulavam observação e avaliação das contingências, Emília pôde perceber como sua rotina no hospital estava carente de estímulos reforçadores, tais como interações sociais positivas e elementos de distração que tratassem de assuntos que não fossem exclusivamente seu estado de saúde.

Assim, foram estabelecidas, juntamente com a paciente, prioridades a serem discutidas com a equipe de saúde, no sentido de melhorar as condições de sua internação. Após a intervenção da psicóloga junto aos profissionais da equipe, foi possível obter a transferência de Emília para um quarto da enfermaria onde havia uma televisão e onde também estavam internadas outras pacientes, em bom estado de recuperação. Além disso, foi dada à Emília uma autorização para que um familiar acompanhante permanecesse com ela na enfermaria. Essas mudanças retiraram Emília do estado de isolamento social e possibilitaram a ela maior frequência de interações positivas, mesmo se mantendo hospitalizada.

Notou-se, ao final dos atendimentos, melhora no quadro depressivo de Emília, com significativa ampliação do repertório verbal e da frequência de emissão de comportamentos assertivos diante da equipe de saúde, o que colaborou para que ela aumentasse sua compreensão sobre aspectos clínicos de seu caso e detalhes sobre seu tratamento. Também foi observada melhoria no grau de adesão de Emília ao tratamento, com maior frequência de comportamentos colaborativos e aceitação dos procedimentos médicos. Conclui-se que a intervenção psicológica, iniciada com um PI, elevou a satisfação de Emília com seu tratamento e também a satisfação da equipe em cuidar desta paciente, tendo sido, portanto, muito importante para o desfecho de seu caso.

Relato de caso 2:
Atendimento psicológico ambulatorial a paciente com câncer de mama

O segundo caso a ser apresentado demonstra outro modo de atuação do psicólogo no contexto hospitalar. Trata-se de um atendimento ambulatorial, conduzido por uma psicóloga contratada do Serviço de Psicologia e membro da equipe de Mastologia do HCFMRP-USP (Gorayeb, Nakao & Marucci, 2014). No presente texto, serão fornecidos alguns dados deste atendimento, com o objetivo de ilustrar este modelo de assistência psicológica no hospital.

A paciente Ana (nome fictício), de 31 anos, casada e mãe de uma criança de oito anos de idade, foi diagnosticada com câncer de mama e, como tratamento, lhe foram indicadas quimioterapia e mastectomia (retirada da mama). Ana foi encaminhada à Psicologia, mas apresentou muita resistência, negava seu diagnóstico e abandonou o tratamento ("Deus não permitiria que eu adoecesse", dizia ela).

Após um ano e meio, a paciente voltou a procurar o hospital, queixando-se de sintomas que indicavam complicações clínicas do câncer, tais como metástase óssea, hepática e no sistema nervoso central. Ana iniciou o tratamento médico, mas, apesar do importante agravamento de seu quadro clínico, persistia apresentando negação ao diagnóstico, com falas como "não sei explicar, mas eu não tenho nada... Na minha mente eu não tenho isso! Do jeito que a médica falou, do jeito que pensei naquele dia, é o mesmo jeito que eu penso agora. Eu só aceitei fazer o tratamento por causa da minha família. Por mim eu estaria em casa, normal... é uma coisa minha, eu não aceito". Diante disso, foi novamente encaminhada à Psicologia e, desta vez, iniciou o atendimento ambulatorial.

A avaliação psicológica evidenciou a presença de sintomas de ansiedade e depressão em intensidade moderada (resultado obtido com a Escala Hospitalar de Ansiedade e Depressão – HAD [Botega *et al.*, 1998]). Notou-se também a ocorrência de esquiva/negação, uma reação emocional comum quando o paciente sente que não possui controle dos elementos aversivos do ambiente e quando há uma insuficiência de repertório adequado para o enfrentamento. Como estratégia de enfrentamento, Ana se utilizava de enfrentamento religioso negativo, delegando, no primeiro momento, exclusivamente a Deus a resolução de seu problema e, após a piora, apresentando revolta e decepção com Deus por não ter sido curada. Apesar deste quadro desfavorável, observou-se que a paciente possuía bom suporte social, tanto do esposo e demais familiares quanto da comunidade religiosa da qual fazia parte.

O objetivo principal da intervenção foi, portanto, promover mudanças que favorecessem a adesão de Ana ao tratamento médico proposto. Para isso, foram adotadas condutas diversas, resumidamente descritas na **Tabela 14.2**.

Tabela 14.2. Descrição resumida da conduta adotada no atendimento psicológico à paciente Ana

Conduta
1. Estabelecer boa relação terapêutica para que, a partir do vínculo com a psicóloga, fosse possível ampliar a expressão de sentimentos e diminuir a resistência prévia da paciente em relação à equipe
2. Ajudar a paciente a compreender o seu comportamento de esquiva
3. Facilitar a comunicação e a relação entre a paciente e a equipe de saúde
4. Reduzir sintomas de ansiedade e depressão
5. Modelar estratégias mais adequadas de enfrentamento
6. Reforçar diferencialmente comportamentos de adesão ao tratamento
7. Investigar recursos presentes na vida da paciente que poderiam atuar como facilitadores dos comportamentos de adesão

A paciente foi acompanhada pela psicóloga por cerca de um ano. O caso de Ana evoluiu bem, tendo em vista que houve redução do número de faltas às consultas médicas e aceitação da quimioterapia e da cirurgia, indicando melhora na adesão ao tratamento. Além disso, observou-se diminuição da resistência e desconfiança de Ana com a equipe da Mastologia, o que levou a uma maior receptividade das orientações dos profissionais sobre os cuidados com sua saúde. Ana substituiu estratégias de enfrentamento inadequadas por outras, mais saudáveis e positivas, o que teve como consequência a redução dos comportamentos de esquiva que apresentava no início dos atendimentos.

Conclui-se, assim, que o atendimento psicológico a esta paciente foi eficaz para facilitar seu engajamento nos comportamentos necessários para a manutenção de sua vida. Após um ano, Ana continuava em acompanhamento médico ambulatorial, realizando o tratamento, e recebeu alta do atendimento psicológico.

OUTRAS POSSIBILIDADES DE ATUAÇÃO: EDUCAÇÃO E SAÚDE

Para finalizar esta explanação sobre as possibilidades de aplicação da TCC no ambiente hospitalar, abordaremos um aspecto da atuação que perpassa praticamente todas as formas de intervenção psicológica, que é a educação no contexto da saúde. Atuar no processo de mudança de comportamentos e hábitos dos pacientes é parte fundamental da prática psicológica e se inicia por ações de educação em saúde. Tais ações incluem a escolha, a seleção e a preparação da mensagem que se deseja transmitir ao paciente, buscando garantir uma comunicação efetiva que assegure uma assistência adequada às necessidades daquele indivíduo.

Isso porque no ambiente hospitalar é muito comum nos depararmos com pacientes que, apesar de estarem em contato constante com profissionais da saúde e realizarem acompanhamento médico, pouco ou nada conhecem sobre sua doença.

- O que se observa nestes casos é que, muitas vezes, o paciente até sabe qual é o seu diagnóstico, nomeando de maneira adequada a doença que o acomete. Seu conhecimento, entretanto, não vai além disso, ou seja, não alcança aspectos como as causas da doença, sua atuação no organismo e, principalmente, os fatores envolvidos no seu tratamento. (Nakao & Gorayeb, 2015).

Este déficit faz com que os pacientes se comportem de maneira passiva em seu tratamento, ficando à mercê daquilo que a equipe de saúde define como melhor para a sua saúde, sem assumir o protagonismo nesta situação. Também, a baixa compreensão pode influenciar negativamente sobre as chances de boa adesão aos tratamentos, além de reduzir os níveis de qualidade de vida e aumentar a chance do aparecimento de distúrbios psicológicos, como ansiedade e depressão.

Faz-se necessário, portanto, que ações de educação em saúde sejam planejadas e praticadas no contexto hospitalar, e o psicólogo tem muito a contribuir à medida que entende que estilos de vida saudáveis podem ser construídos em qualquer fase da vida dos pacientes. Mais do que planejar a praticar educação em saúde, deve-se preocupar com a avaliação de tais práticas, ou seja, o profissional que se propõe a trabalhar com ações educativas deve testar a eficácia de tais ações, preferencialmente por meio de estudos sistematizados. É importante verificar se uma determinada ação de fato atinge seu objetivo de aumentar o nível de compreensão dos pacientes sobre sua doença e tratamento e de promover saúde.

O Serviço de Psicologia do HCFMRP-USP tem conduzido estudos acerca deste tema e, recentemente, concluiu a confecção de um material educativo impresso voltado a pacientes portadores de hipertensão arterial sistêmica (HAS). Trata-se de uma cartilha que aborda o conceito da doença e os principais aspectos de seu tratamento com uma linguagem simples e acessível (**Figura 14.2**), contando também com ilustrações que favoreçam a compreensão do conteúdo.

A eficácia do material foi testada por meio de questionários com perguntas que avaliavam o nível de conhecimento dos pacientes acerca de sua doença e tratamento e uma escala de avaliação comportamental, ambos elaborados pelos pesquisadores para esse estudo. A escala de avaliação comportamental buscou quantificar a frequência de ocorrência de comportamentos de risco e de proteção para a HAS, e era aplicada antes e após a intervenção psicoeducativa. Consiste em uma escala tipo Likert de cinco pontos (nunca, poucas vezes, às vezes, muitas vezes e sempre) com oito itens correspondentes aos principais comportamentos de risco para HAS, como a qualidade da alimentação, a prática de atividades físicas, estratégias para manejo de estresse, o consumo de bebida alcoólica e o tabagismo.

Os resultados da pesquisa sugerem que intervenções educativas com o uso da cartilha foram eficazes para promover aumento do nível de conhecimento dos pacientes hipertensos sobre sua doença e aspectos do tratamento. Os dados completos serão publicados futuramente, com uma análise das diferenças entre tipos de intervenções diversos. Espera-se que estes dados auxiliem os profissionais da saúde a aprimorar suas ações educativas no hospital e que a cartilha seja divulgada

Figura 14.2. Cartilha "Como cuidar da saúde do seu coração – pressão alta", produzida como parte do estudo "Elaboração e avaliação da eficácia de material educativo para pacientes hipertensos".

e distribuída entre pacientes hipertensos que possam se beneficiar das informações nela contidas.

Este capítulo apresentou possibilidades de atuação do terapeuta cognitivo-comportamental no contexto hospitalar a partir de exemplos vivenciados pela equipe do Serviço de Psicologia do HCFMRP-USP. Trata-se de apenas uma fatia do tema, tendo em vista que a aplicabilidade da TCC neste contexto tem se ampliado e que as possibilidades crescem na medida em que se produzem evidências da eficácia do trabalho psicológico e se conquistam espaços para inserção do psicólogo no campo da saúde.

Referências Bibliográficas

Beck, A. T. (1963). Thinking and depression: 1. Idiosyncratic content and cognitive distortions. Archives of General Psychiatry, 9, 324-333.

Beck, A. T. (1964). Thinking and depression: 2. Theory and therapy. Archives of General Psychiatry, 10, 561-571.

Botega, N. J., Pondé, M. P., Medeiros, P., Lima, M. G., & Guerreiro, C. A. M. (1998). Validação da Escala Hospitalar de Ansiedade e Depressão (HAD) em pacientes epiléticos ambulatoriais. Jornal Brasileiro de Psiquiatria, 47(6), 285-289.

Butler, A. C., & Beck, J. S. (2000). Cognitive therapy outcomes: A review of meta-analyses. Journal of the Norwegian Psychological Association, 37, 1-9.

Gorayeb, R., Nakao, R. T., & Marucci, F. A. F. (2014). Influência dos aspectos comportamentais para adesão ao tratamento de doença crônica. In A. C. Lopes (Org.), Proterapêutica – Programa de Atualização em Terapêutica: Ciclo 2, volume 2 (pp. 173). Porto Alegre: Artmed.

Gorayeb, R., & Possani, T. (2015). Atendimento ambulatorial e interconsultas no contexto hospitalar. In R. Gorayeb (Org.), A prática da psicologia no ambiente hospitalar (pp. 446). Novo Hamburgo: Sinopsys.

Nakao, R. T., & Gorayeb, R. (2015). Educação em Saúde. In R. Gorayeb (Org.), A prática da psicologia no ambiente hospitalar (pp. 446). Novo Hamburgo: Sinopsys.

Rangé, B., Gorayeb, R., Lettner, H. W., Oliveira, C. M. F., Souza, C. R., Conceição, D. B., & von Poser, N. (1998). In B. Rangé (Org.), Psicoterapia Comportamental e Cognitiva de Transtornos Psiquiátricos (pp. 300). Campinas: Editorial Psy Ltda.

Acolhimento e Intervenção com Bebês Hospitalizados

Marisa Marantes Sanchez

15

Introdução

A assistência prestada pela equipe de saúde à mãe e ao seu bebê tornou-se tão importante quanto a recuperação do pós-parto e a sobrevivência do recém-nascido. Nas maternidades, preocupados em estabelecer a interação entre a mãe e o bebê, muitos psicólogos centralizam sua atenção nas queixas de ansiedade e crenças maternas. Raramente acolhem ao bebê quando ele ingressa na unidade de internação. Na maioria das vezes, o paciente passa a ser a mãe, a qual é acompanhada e orientada, com o objetivo de resgatar a sua autoconfiança para exercer os cuidados com o recém-nascido. Entretanto, a intervenção com o bebê se mostra essencial como medida protetiva à sua saúde mental, pois os primeiros esquemas mentais e a memória emocional estão se formando.

A criança, desde o nascimento, possui uma tendência perceptual que a predispõe a interagir com outros seres humanos, bem como uma variedade de respostas que servem de mediadores dessa interação, tais como o choro, o sorriso e a vocalização, sendo, portanto, considerada competente dentro do processo de interação social. As habilidades do recém-nascido evidenciam sua capacidade para expressar emoções como tristeza, alegria, nojo, raiva e medo.

O acolhimento ao bebê hospitalizado se mostra uma intervenção fundamental, a fim de prevenir riscos psicológicos futuros. Observar, reconhecer, compreender e responder adequadamente às informações e aos sinais do bebê em unidades materno-infantis o auxilia em suas modalidades de contato.

A prática de cuidados relacionados às necessidades do bebê pode minimizar o estresse tóxico experimentado pela hospitalização e proporcionar registros positivos na sua memória, auxiliando na formação de esquemas cognitivos saudáveis a serem utilizados no decorrer do processo evolutivo.

A terapia cognitiva focada em esquemas e a saúde mental do bebê

A terapia cognitiva criada por Aaron Beck possui, atualmente, mais de vinte abordagens dentro do modelo comportamental e cognitivo-comportamental (Knapp, 2008). Entre essas abordagens encontra-se a Terapia do Esquema (TE), a qual busca explicitar o entendimento da personalidade normal e patológica.

Ainda que respeite os pressupostos básicos da terapia cognitiva, apresenta uma importante contribuição ao prestar maior atenção nos fatores genéticos, na aprendizagem, nos efeitos do apego e cuidados na infância. A TE considera que a formação da personalidade ocorre a partir da interação entre a genética, as necessidades emocionais básicas e a interação com o ambiente. Porém, dá grande ênfase à influência dos cuidados recebidos nos primeiros anos de vida para compor a base da estabilidade emocional.

Os esquemas mentais básicos (esquemas iniciais) se formam a partir das demandas psicológicas da criança e o quanto elas foram supridas pelos cuidadores e pelo ambiente em que estiveram inseridas. Quanto maiores os cuidados amorosos recebidos pelos pais e o enriquecimento do ambiente, melhores serão suas habilidades de conexão e autocuidado para o enfrentamento de estressores na vida adulta (Wainer, Paim, Erdos & Andriola, 2016).

O início da vida emocional da criança é guiado por um intrincado circuito neuropsicológico (Young, Klosko & Weishaar, 2008) e muitos esquemas surgem na etapa pré-verbal, quando sensações corporais e memórias emocionais são armazenadas. O registro que fica na memória irá alicerçar os esquemas iniciais, definindo padrões comportamentais e cognitivos que formam a personalidade, sendo expressos no relacionamento interpessoal (Siegel, 1999).

O esquema é como um princípio organizador amplo, que permite dar sentido às experiências de vida. Contém emoções, memórias e sensações corporais para além da cognição e desempenha um papel determinante na forma como a pessoa pensa, sente, atua e se relaciona com os outros (Young, 2003).

Conforme Siegel (1999), as primeiras interações são registradas no cérebro a partir dos sistemas sensoriais, que processam as informações. Deste modo, o cérebro passa a criar representações dos vários tipos de informações recebidas, se desenvolvendo na interface entre os processos neurofisiológicos e as relações interpessoais. A amígdala faz parte do sistema límbico, sendo a principal responsável pelo armazenamento de memórias. E essa memória poderá ser recuperada inconscientemente, sempre que experiências relacionadas ao episódio registrado como desconforto ou medo sejam ativadas.

As crenças nucleares se constroem a partir das experiências mais primevas e moldam a percepção e a interpretação dos eventos do cotidiano. São elas o conteúdo dos esquemas, os quais são estruturas mentais que contêm armazenadas as representações de significados percebidos. De acordo com Knapp (2008, p. 23) "os esquemas são fundamentais para orientar a seleção, codificação, organização, armazenamento e recuperação de informações de dentro do aparato cognitivo". As primeiras relações estabelecidas pelo indivíduo desenvolvem modelos de trabalho dos seus relacionamentos (Bowlby, 2002) que funcionam como mapas cognitivos, os quais o ajudarão a navegar pelo seu mundo social.

Young (2003) integra à TE as concepções de Bowlby. Para este, a teoria do apego procura explicar tanto o apego acompanhado de separações esporádicas quanto os apegos duradouros estabelecidos com as pessoas em geral (Bowlby, 2002). Considera que as relações precoces contribuem para o desenvolvimento de esquemas cognitivos ou modelos de trabalho no início da vida. A base dos comportamentos futuros passou a ser sedimentada no comportamento estabelecido entre pais e filhos. Logo, o comportamento de apego apresenta três características distintas e universais conhecidas como a busca constante de proximidade de seu cuidador, podendo tolerar afastamentos temporários; estabelecimento de uma maior ou menor segurança conforme o comportamento do cuidador; reação de protesto pela separação ou perda e a consequente busca de recuperação da figura de apego (Ainsworth & Bowlby, 1991).

Os processos avaliativos, compostos por afeto ou emoções, são sentimentos que, devido ao estado de consciência, permitem ao sujeito identificar seus próprios estados, desejos e condições. Os processos avaliativos que não podem ser sentidos criam o que Bowlby (2002) denominou *sentimento inconsciente.* Para o autor, a emoção é expressa nos sentimentos ou afetos como o amor, o ódio, o susto ou a fome, os quais estão inerentemente ligados a uma forma de ação. Aquilo que é sentido pelo indivíduo reflete o modo como ele avalia o mundo e a si mesmo, como avalia determinadas situações e que tipos de comportamentos estão sendo estimulados. Formam-se, desta maneira, as estruturas representacionais, as quais podem gerar o conhecimento através de esquemas. Com base na teoria do apego, Young (2003) propôs o conceito de Esquemas Iniciais Desadaptativos (EIDs), os quais consistem em padrões de pensamento, afeto e comportamento que o indivíduo adota em relação a si mesmo e aos outros. São padrões extremamente rígidos e predominantes, que provêm de modelos registrados na infância e resultam de experiências infantis nocivas ou tóxicas e significativamente disfuncionais (rejeição, depressão, abuso, instabilidade, abandono), podendo estar no centro de uma série de transtornos, como os de personalidade.

A intervenção com bebês, conforme a terapia cognitiva focada em esquemas, tem como objetivo a minimização das distorções dos esquemas iniciais. Como o bebê já se relaciona e manifesta suas percepções desde um período muito precoce, a intervenção com o recém-nascido procura estimular suas competências e prevenir desadaptações associadas à estruturação de esquemas disfuncionais. As distorções iniciadas em um período precoce do desenvolvimento podem aparecer mais tarde, como um modo esquemático de funcionamento ou como algum Transtorno de Personalidade. A intervenção busca favorecer a prevalência de comportamentos funcionais sem o predomínio do estresse (Sanchez & Wainer, 2013).

A hospitalização de bebês recém-nascidos

Os recém-nascidos internados em Unidade de Terapia Intensiva Neonatal (UTI NEO) são submetidos a muitos procedimentos e tratamentos considerados invasivos, dolorosos e estressantes. Geralmente, após o parto apresentam instabilidade fisiológica e hemodinâmica como consequência de distúrbios congênitos, alterações metabólicas, prematuridade, asfixia perinatal, problemas durante a gravidez, levando à necessidade de cuidados intensivos após o nascimento (Gomes & Hahn, 2011).

Pesquisas relatam um grande número de procedimentos dolorosos com aproveitamento deficiente de estratégias eficazes de gestão da dor. Em um estudo de coorte, Barker e Rutter (1995) acompanharam 54 recém-nascidos em uma UTI NEO e comprovaram que mais de 3.000 procedimentos foram realizados. Ao observarem 151 recém-nascidos nos primeiros 14 dias de vida, Simons *et al.* (2003) contabilizaram 14 procedimentos dolorosos por dia para cada paciente. Em pesquisa semelhante, Cardoso *et al.* (2010) registraram que durante o período de internação a criança é manipulada de 82 a 132 vezes por dia e cuidada por três enfermeiras por dia. Gomes e Hahn (2011) verificaram que o bebê hospitalizado tem a vivência de 240 mudanças de cuidadores, entre médicos, enfermeiras e fisioterapeutas.

A equipe médica e de enfermagem volta sua atenção para os procedimentos de saúde, a fim de oferecer condições de sobrevivência ao bebê. Dependendo da necessidade do procedimento mais invasivo ou urgência da intervenção, nem sempre a sensação de dor da criança é avaliada (Szabo *et al.*, 2012). O psicólogo perinatal pode realizar a avaliação comportamental da dor, a qual se fundamenta na modificação de determinadas expressões comportamentais após um estímulo doloroso. Alterações motoras, dos padrões de sono e vigília, choro e mímica facial são indicativos do desconforto produzido pela dor (Guinsburg & Cuenca, 2010; Silva, Balda & Guinsburg, 2012).

Há aproximadamente vinte anos, existia a crença de que recém-nascidos não teriam maturidade neurológica para a emissão dos estímulos de dor, e, portanto, também não teriam a capacidade de armazenar essas experiências na memória. Atualmente, sabe-se que as vias aferentes e os centros corticais e subcorticais, necessários à percepção da dor, estão bem desenvolvidos já nas etapas finais da gestação (Miyake, Reis & Grisi, 1998; Falcão, Sousa, Stival, Lima, 2012). O córtex, assim como todas as estruturas centrais ligadas à percepção dolorosa, também se encontra com seu desenvolvimento completo ao nascimento, assim, bebês no período neonatal já são capazes de sentir, perceber e memorizar as experiências dolorosas (Falcão *et al.*, 2012).

Através de uma pesquisa de revisão integrativa, Falcão *et al.* (2012) encontraram na análise dos resultados que a escala NIPS foi a mais utilizada para o diagnóstico da dor neonatal; que há pouca intervenção para tratar a dor vivenciada por neonatos durante procedimentos dolorosos no ambiente da UTI NEO; e que as principais medidas para alívio da dor são a administração de analgésicos e o uso combinado de sucção não nutritiva e glicose oral.

Guinsburg e Cuenca (2010) relatam que os profissionais envolvidos com o cuidado ao lactente pré-verbal e, especialmente, ao recém-nascido devem estar aptos a decodificar a linguagem de dor própria dessa faixa etária, a fim do pleno exercício da sua função como profissionais de saúde. Salientam o fato de a vivência da dor ter repercussões orgânicas e emocionais que comprometem o bem-estar do bebê em curto prazo e que podem modificar de modo permanente a organização do sistema nociceptivo, além de potencializar a suscetibilidade destes pacientes a alterações cognitivas, psicossomáticas e psiquiátricas na infância e na adolescência.

Existe a necessidade emergente de o psicólogo voltar a atenção ao recém-nascido, pois é ele o paciente internado em UTI NEO e que passa por todos os procedimentos dolorosos.

A inserção dos psicólogos em UTI NEO já é ampla, mas os registros de sua prática com neonatos ainda são restritos no Brasil. Conforme uma busca realizada na Scielo (*Scientific Eletronic Library Online*) entre os anos de 2013 a 2015, a qual possui ampla abrangência de artigos em seus acervos, foram encontrados 72 artigos nacionais. No entanto, 59 artigos foram excluídos pelo fato de tratarem exclusivamente do tratamento médico clínico e medicamentoso. Dos 13 artigos que restaram, nenhum apresentava referência ao acolhimento ou acompanhamento do psicólogo ao bebê. Um único artigo que não se enquadrava no período delimitado para a busca, datado de seis anos, referiu sobre a atenção e a psicoeducação da família com um bebê hospitalizado, e não propriamente à atenção psicológica ao bebê como paciente.

Infelizmente, ainda são raros os psicólogos que realizam uma intervenção direta com o bebê. O recém-nascido, separado da mãe nos primeiros momentos do pós-parto, passa a ter uma sensação de desconforto e medo pelo desconhecido. Esse desconforto e medo são confirmados quando associados a picadas de agulha, cheiros desconhecidos e barulhos estranhos. O apoio imediato se mostra fundamental.

A presença dos pais durante a hospitalização, os laços de vínculo e a reciprocidade entre os pais e a criança, especialmente da mãe com o filho, formam os principais alicerces no processo da estruturação emocional do neonato.

Desse modo, na medida em que a ciência avança e o trabalho interdisciplinar demonstra ser fundamental para as ações em equipe, cabe ao psicólogo se inteirar do funcionamento biológico da criança para tornar suas intervenções mais eficazes e direcionadas à assistência ao paciente.

O acolhimento e o estresse como fator de risco

Os procedimentos invasivos e dolorosos, como picadas de agulha, cateterismo e intubação, ficam armazenados na memória dos bebês que têm a vivência da hospitalização. Eles necessitam de ajuda para o enfrentamento do estresse e a prevenção de riscos ao psiquismo em desenvolvimento. De acordo com Nunes (2005), somos cuidadores cerebrais. Isto significa promover a organização do recém-nascido, o qual dá sinais e comunica sua prontidão para se orientar ou evitar estímulos.

A assistência humanizada tem sido estimulada pelo Sistema Único de Saúde (SUS) desde 2004, quando o Ministério da Saúde disseminou no Brasil a Política Nacional de Humanização (PNH). Entre as iniciativas de humanização, o acolhimento e suporte aos pacientes se tornaram importantes campos de atenção na UTI NEO.

Acolher significa a atenção dispensada na relação com o paciente e com o cuidador/pais. Envolve a escuta, o respeito às suas queixas e a identificação das necessidades individuais ou coletivas (Medeiros, Souza, Barbosa & Costa, 2010).

A PNH busca aprimorar a qualidade do atendimento prestado à população por meio da associação entre a modernização tecnológica com o acolhimento e a subjetividade do ato de cuidado (Roseiro & Paula, 2015). Conforme o Ministério da Saúde, o acolhimento é uma postura ética que implica a escuta do usuário em suas queixas e o reconhecimento do seu protagonismo no processo de saúde e adoecimento (Brasil, 2004). Mas se tratando do bebê, como se faz essa escuta?

O ambiente hospitalar provoca vários estímulos desagradáveis e, desse modo, a internação hospitalar torna-se um estressor para ele e seus pais. As primeiras interações sociais são registradas no cérebro a partir dos sistemas sensoriais, que processam as informações. O bebê, instintivamente, busca meios para se organizar frente ao desconforto. No entanto, em virtude da restrição de alguns movimentos, tem impedido seus comportamentos de organização, como sugar o dedo. Assim, o cérebro passa a criar representações dos vários tipos de informações recebidas, se desenvolvendo na interface entre os processos neurofisiológicos e as relações interpessoais (Siegel, 1999).

As experiências advindas dos relacionamentos influenciam as representações registradas no cérebro. O acolhimento tem como objetivo beneficiar as primeiras experiências emocionais que ocorrem nesse período de hospitalização, para que sejam mais bem assimiladas (Brasil, 2010).

Apesar da importância do acolhimento, essa prática não costuma ser observada na rotina dos psicólogos que atuam com bebês. Na maioria das vezes, quando este ingressa na UTI NEO o faz sozinho, visto que sua mãe também está internada recebendo procedimentos médicos pelo parto recente. O estímulo inicial opera como parte primordial do desenvolvimento do cérebro e da personalidade formando a memória emocional. O afeto vivenciado imprime um significado positivo ou negativo de cada experiência. Frente à separação da mãe, que varia entre dias, horas e/ou meses, o psicólogo necessita intervir para a prevenção do estresse no recém-nascido.

Os estudos sobre a biologia do estresse realizados pelo Center on the Developing Child consideram que o desenvolvimento saudável pode ser prejudicado pela ativação excessiva ou prolongada dos sistemas de resposta ao estresse no corpo e no cérebro. O estresse é considerado um conjunto de reações que o organismo desenvolve ao ser submetido a uma situação que exige esforço para a adaptação (Selye, 1976; Shonkoff, 2010).

Caso a criança tenha um adulto como apoio, os efeitos nocivos podem ser controlados e voltar ao estado de equilíbrio anterior. Contudo, se a exposição ao estressor for prolongada e houver a ausência de um adulto para estabelecer o reequilíbrio, haverá consequências, causando alterações na arquitetura cerebral.

Nesse caso, o sistema de respostas do corpo irá desenvolver o estresse tóxico, o qual provoca efeitos nocivos sobre a aprendizagem, o comportamento e a saúde ao longo da vida. As experiências negativas resultam em atrasos no desenvolvimento, problemas de saúde posteriores, incluindo doenças cardíacas, diabetes, abuso de substâncias e depressão (Shonkoff, 2010).

A resposta ao estresse tóxico pode ocorrer quando o bebê experimenta fortes e frequentes adversidades, tais como a exposição prolongada a procedimentos dolorosos, barulho, sono interrompido, manuseio para troca de fraldas ou banho, por exemplo. Este tipo de ativação prolongada dos sistemas de resposta ao estresse pode prejudicar o desenvolvimento da arquitetura cerebral e de outros sistemas de órgãos; aumenta o risco de doenças relacionadas com o estresse e incapacitação cognitiva, com repercussões na idade adulta (Shonkoff, 2010).

O estresse precoce vivido na infância está diretamente relacionado a maior severidade de sintomas psiquiátricos no adulto. Quando as necessidades emocionais básicas não são atendidas ocorre o desenvolvimento de esquemas iniciais desadaptativos de abandono, privação emocional, defectividade e vergonha (Wainer *et al.*, 2016).

As competências do bebê

Os esquemas iniciais desadaptativos são padrões psicológicos amplos, formados por memórias e sensações corporais. São denominados iniciais ou precoces por se repetirem no decorrer do desenvolvimento no ciclo vital e por configurarem como padrões autoderrotistas (desadaptativos) e inflexíveis (luta pela doença) (Young *et al.*, 2008).

Desde o nascimento o bebê se mostra competente, graças a uma tendência perceptual que o predispõe a interagir com outros seres humanos. Também apresenta elencada uma variedade de respostas que servem de mediadores dessa interação, tais como o choro, o sorriso e a vocalização, sendo, portanto, considerado competente dentro do processo de interação social (Schermann, 2007).

Recém-nascidos imitam seus cuidadores, provocando nestes a empatia. Reproduzem ações motoras e visuais a partir das imagens que captam os neurônios-espelho, os quais são células cerebrais fundamentais para a socialização e a empatia. Os neurônios-espelho foram descobertos acidentalmente por Rizzolatti em 1994 (Rizzolatti & Sinigaglia, 2008). Após observar a atividade cerebral de um macaco (através de eletrodos no cérebro), ele constatou que a observação de uma ação (pegar comida) ativava as áreas cerebrais estimuladas durante a ação do próprio indivíduo, ou seja, para o cérebro do macaco era como se ele mesmo estivesse pegando o alimento.

Ao estudar sobre a preferência do recém-nascido aos estímulos maternos, Pacheco e Figueiredo (2010) avaliaram a preferência pela voz ou face materna em 50 bebês entre um e cinco dias de vida. O objetivo da pesquisa foi identificar os fatores que podiam influenciar o comportamento do recém-nascido em três dimensões:

preferência, habituação e pós-habituação à voz ou face materna. Consideraram o tempo que o bebê olhava para a sua mãe e para duas pessoas estranhas, obtendo como resultado a preferência dos bebês pelo estímulo auditivo ou visual provocado pela mãe, em vez do estímulo provocado pela voz ou face de pessoas estranhas. Ao confirmar, nesta amostra, as preferências do recém-nascido, também puderam comprovar a manutenção dos primeiros esquemas desenvolvidos nos comportamentos relacionais iniciais.

Apesar de as pesquisas ainda serem raras quando falamos em mecanismos de imitação neonatal e de não sabermos o suficiente sobre o amadurecimento da base dos neurônios-espelho para imitação, sabemos que o cérebro do recém-nascido ainda não possui habilidades cognitivas sofisticadas. Isso sugere um mecanismo de imitação neural bem simples (Iacoboni, 2005).

Conforme Siegel (1999), por meio do estudo da biologia da interação social torna-se possível compreender como a qualidade do padrão de interação e as experiências interpessoais moldam o desdobramento do cérebro humano. É assinalado que os padrões de interação entre a criança e o cuidador são mais importantes do que a estimulação sensorial excessiva nos primeiros anos de desenvolvimento.

Assim, muitos registros negativos e não compreendidos permanecem na memória do recém-nascido. Isto significa que ficam registrados na memória vivências, sentimentos, emoções e interações desde o período em que o recém-nascido esteve hospitalizado na UTI NEO. Para tanto, faz-se necessário que o bebê, em contexto estressante da hospitalização, seja compreendido, apoiado nas suas necessidades de cuidado.

A intervenção do psicólogo busca, por meio do acolhimento e posterior acompanhamento no processo de hospitalização, auxiliar na formação de esquemas funcionais e na base da metacognição em desenvolvimento do bebê pré-termo (Sanchez & Bacin, 2009).

A intervenção do psicólogo no período perinatal

A literatura sobre a intervenção cognitiva com bebês é praticamente inexistente e, portanto, a prática se fundamenta na interação com a neurociência e pesquisas sobre o desenvolvimento cognitivo de 0 a 3 anos, considerando o aperfeiçoamento da arquitetura neurológica e as funções cognitivas que é capaz de desempenhar (Caminha & Kreitchman, 2011; Nunes, 2005). Como sua capacidade neuropsicológica ainda é restrita, a assimilação das intervenções clínicas tem base comportamental.

A qualidade do padrão de interação e as experiências interpessoais moldam diretamente o desdobramento do cérebro humano, portanto, é importante observar os *indicadores de desconforto* para corrigir o registro do estresse tóxico na memória. No caso do bebê, o estresse e o desconforto se manifestam através da alteração do tônus muscular, o que é observado pelo corpo em forma de arco, braços e pernas estendidos e dedos das mãos e/ou pés abertos em forma de leque. O psicólogo, através de uma fala suave e nomeando o que está acontecendo, auxilia o bebê na reorganização dos seus sistemas fisiológicos e comportamentais, promovendo o seu bem-estar. (Nunes, 2005; Sanchez & Bacin, 2009). O quarto e/ou a incubadora levemente escurecida e a massagem corporal também são preciosos recursos. A estimulação sensorial adequada pode induzir o funcionamento de sistemas sensoriais que estão prontos. Intervenções como dar contenção e não interferir no sono profundo auxiliam o bebê na sua organização e no seu desenvolvimento. A identificação dos sinais emitidos pela criança indicará o equilíbrio entre os momentos de proteção e estimulação (Brasil, 2010). A **Figura 15.1** ilustra as principais expressões faciais do bebê diante do desconsolo.

Figura 15.1 Principais expressões faciais do bebê diante do desconsolo.

A **Figura 15.2** ilustra os cinco elementos básicos com os quais os cuidadores podem promover uma fixação segura. Tais ações podem ser realizadas pela mãe do bebê, pelo psicólogo da equipe ou por qualquer membro da equipe da saúde.

Figura 15.2 Cinco elementos básicos para promover uma fixação segura do bebê.

Conclusão

O acolhimento ao bebê hospitalizado se mostra uma valiosa intervenção, a fim de subsidiar estruturação da arquitetura cerebral, formação de esquemas, saúde mental e características de personalidade. Observar, reconhecer, compreender e responder adequadamente às informações e aos sinais do paciente em UTI NEO o auxilia em suas modalidades de contato.

O psicólogo, ao oferecer conforto através da fala suave e nomeando o que está acontecendo, auxilia para que ele reorganize seus sistemas fisiológicos e comportamentais. Apesar de o recém-nascido ainda não possuir a capacidade cognitiva, ele é capaz de sentir-se amparado e de registrar esta sensação positiva.

Referências Bibliográficas

Ainsworth, M., & Bowlby, J. (1991). An ethological approach to personality development. American Psychologist, 46 (4), 333-341.

Barker, D. P., & Rutter, N. (1995). Exposure to intensive procedures in neonatal intensive care unit admissions. Arch Dis Child, 72(1), 8-47.

Bowlby, J. (2002). Apego – a natureza do vínculo. Trilogia apego e perda. (1), (3a ed). São Paulo: Martins Fontes.

Brasil (2010). Ministério da Saúde. Secretaria de Atenção à Saúde. Área de Saúde da Criança. Atenção humanizada ao recém-nascido de baixo peso: Método Canguru/Ministério da Saúde, de Atenção à Saúde, Área Técnica da Saúde da Criança. 2. ed. Brasília: Editora do Ministério da Saúde.

Caminha, R., Soares, T, & Kreitchman, R. S. (2011). Intervenções precoces: promovendo resiliência e saúde mental. In M. Caminha, R. Caminha et al. Intervenção e treinamento de pais na clínica infanti (pp. 31-80). Porto Alegre: Sinopsys.

Cardoso, A., Lima, A. M., Maximino, V. S., & Specian, C. M. (2010). Estudo exploratório de dor em recém-nascidos pré-termos em uma unidade de tratamento intensivo neonatal. Cadernos de Terapia Ocupacional da UFSCar, 18(2), 105-114.

Falcão, A., Sousa, A., Stival, M., Lima, L. R. (2012). Abordagem terapêutica da dor em neonatos sob cuidados intensivos: uma breve revisão. Revista de Enfermagem do Centro-Oeste Mineiro, 2(1), 108-123.

Gomes, C. A., & Hahn, G. V. (2011). Manipulação do recém-nascido internado em UTI: alerta à enfermagem. Revista destaques acadêmicos, 3(3), 113-122.

Guinsburg, R., & Cuenca, M. (2010). A linguagem da dor no recém-nascido. Documento Científico do Departamento de Neonatologia Sociedade Brasileira de Pediatria.

Iacoboni, M., Molnar-Szakacs, I., Gallese, V., Buccino, G., Mazziotta, J. C., & Rizzolatti, G. (2005). Grasping the intentions of others with one's own mirror neuron system. PLoS Biology, 3(3), 33-79.

Medeiros, F., Souza, G., Barbosa, A., & Costa, I. (2010). Basic health unit embracement: focusing on user satisfaction. Revista de Salud Pública, 12(3).

Miyake, R. S., Reis, A. G., & Grisi, S. (1998). Sedação e analgesia em crianças. Revista da Associação Médica Brasileira, 44(1), 56-64.

Nunes, R. S. (2005). Cuidados voltados para o desenvolvimento do pré-termo na UTI neonatal. In M. C. Alves Filho & J. M. Trindade. Avanços em perinatologia. (pp. 35-50). Rio de Janeiro: Medsi/Guanabara Koogan.

Pacheco, A., & Figueiredo, B. (2010). Preferência e habituação pela face/voz da mãe vs. estranha em recém-nascidos. Psicologia, saúde & doenças, 11(1), 137-150.

Rizzolatti, G., & Sinigaglia, C. (2008). Mirrors in the brain: how our minds share actions and emotions. Oxford: Oxford University Press.

Roseiro, C. P., & Paula, K. M. (2015). Concepções de humanização de profissionais em Unidades de Terapia Intensiva Neonatal. Estudos de Psicologia (Campinas), 32(1), 109-119.

Sanchez, M., & Bacin, A. (2009). Estresse Neonatal: Avaliação de sinais e intervenção psicológica com bebês pré-termo. (Pesquisa não publicada). Universidade Luterana do Brasil: Canoas.

Sanchez, M. M., & Wainer, R. Bebês, esquemas iniciais e saúde mental (2013). In R. B. Araújo, N. M. Piccoloto, R. Wainer & Cols. Desafios clínicos em terapia cognitivo-comportamental. São Paulo: Casa do Psicólogo.

Schermann, L. (2007). Avaliação quantitativa e qualitativa da interação mãe-bebê. In C. A. Piccinini & M. L. S. Moura. Observando a interação pais-bebê-criança: Diferentes abordagens teóricas e metodológicas. (pp. 155-175). São Paulo: Casa do Psicólogo.

Selye, H. (1976). Stress in health and disease. Boston: Butterworth.

Shonkoff, J. (2010). Building a new biodevelopmental framework to guide the future of early childhood policy. Child Development, 81(1), 357-367.

Siegel, D. J. (1999). A mente em desenvolvimento para uma neurobiologia da experiência interpessoal. Lisboa: Instituto Piaget.

Silva, A. P., Balda, R. C., & Guinsburg, R. (2012). Reconhecimento da dor no recém-nascido por alunos de medicina, residentes de pediatria e neonatologia. Revista Dor, 13(1): 35-44.

Simons, S. H., Lingen, R. A., Roofthooft, D., Duivendoorden, H. J., Bunkers, C., Smink, E., et al. Routine morphine infusion in preterm newborns who received ventilatory support: a randomized controlled trial. JAMA, 290, 2419- 2427.

Szabo, S., Tache, Y., & Somogyi, A. (2012). The legacy of Hans Selye and the origins of stress research: A retrospective 75 years after his landmark brief "letter" to the Editor of Nature. Stress, 15(5), 472-478.

Wainer, R., Paim, K., Erdos, R., & Andriola, R. (2016). Terapia cognitiva focada em esquemas: integração em psicoterapia. Porto Alegre: Artmed.

Young, J. L. (2003). Terapia cognitiva para transtornos da personalidade – uma abordagem focada no esquema. (3a ed). Porto Alegre: Artmed.

Young, J. L., Klosko, J. S., & Weishaar, M. E. (2008). Terapia do esquema: guia de técnicas cognitivo-comportamentais inovadoras. Porto Alegre: Artmed.

Doenças Crônicas: Intervenções em Terapia Cognitivo-Comportamental para Profissionais da Saúde

Maria Cristina O. S. Miyazaki
Neide Micelli Domingos
Leda Maria Branco

16

Doenças crônicas não transmissíveis (DCNTs) são hoje um problema de saúde global e sua carga recai principalmente sobre os países de baixa e média renda (Schmidt *et al.*, 2011). Todos os anos, as DCNTs são responsáveis por 16 milhões de mortes prematuras no mundo. No Brasil, a probabilidade de se morrer por causa de uma das principais DCNTs (doenças cardiovasculares, câncer, diabetes e doenças respiratórias) entre 30 e 70 anos de idade é de 19% (WHO, 2014).

Embora a evolução da ciência e da tecnologia tenha possibilitado o desenvolvimento de sofisticados recursos para diagnosticar e tratar um número cada vez maior de doenças, sua prevenção e a qualidade do atendimento e da interação entre profissionais e pacientes continuam os aspectos fundamentais da prestação de serviços de saúde (Martin & DiMatteo, 2013; Zolnierek & DiMatteo, 2009).

Um diagnóstico adequado e a prescrição de um tratamento efetivo são essenciais para o manejo de um problema de saúde. Entretanto, a adesão do paciente, especialmente no caso das doenças crônicas, é uma importante barreira para que o tratamento prescrito tenha os resultados desejáveis (Martin, Haskard-Zolnierek, & DiMatteo, 2010; WHO, 2003; Lubkin & Larsen, 2009).

Este capítulo aborda duas questões que têm importante impacto sobre a adesão ao tratamento em doenças crônicas, bem como o papel do psicólogo da saúde em relação a ambas:

1) A primeira está relacionada à formação de psicólogos capazes de identificar e de manejar a presença de sintomas e/ou de transtornos mentais junto a pacientes com doenças crônicas;

2) A segunda refere-se à participação do psicólogo na formação do médico, pensando na relação médico-paciente.

Doenças crônicas e adesão ao tratamento

Existem várias definições de doença crônica. Estas definições têm em comum o caráter permanente ou de longa duração da doença, a presença de sequelas ou de incapacidades, de alterações patológicas que podem ser irreversíveis, a "necessidade de treinamento especial do paciente (ou do cuidador) para reabilitação" e a expectativa de um "longo período de supervisão, observação ou cuidado".* São exemplos de doenças crônicas prevalentes: câncer, diabetes, doenças pulmonares crônicas e doenças cardiovasculares.

O diagnóstico de uma doença crônica tem importante impacto sobre o funcionamento e sobre a qualidade de vida do paciente. Existe a necessidade de um contato estreito com o sistema de saúde e com profissionais de diversas áreas ou equipes multidisciplinares (por exemplo, médicos, enfermeiros, fisioterapeutas, psicólogos) para o diagnóstico e para o tratamento, de procedimentos invasivos ou dolorosos, de medicações que podem acarretar importantes efeitos colaterais e de mudanças no estilo de vida. Um dos principais aspectos relacionados ao manejo de uma doença crônica é a adesão ao tratamento.

A adesão pode ser definida como "a extensão com que o comportamento de uma pessoa – tomar medicação, seguir uma dieta e/ou realizar mudanças no estilo de vida – corresponde às recomendações combinadas com um profissional da saúde" (WHO, 2003, p. 3). Baixas taxas de adesão ao tratamento em doenças crônicas constituem um problema de grande magnitude em todo o mundo. De acordo com a Organização Mundial da Saúde, "em países desenvolvidos, a adesão a tratamentos de longa duração na população geral é em torno de 50% e é muito mais baixa nos países em desenvolvimento" (WHO, 2003, p. 7).

Entre os fatores que afetam a adesão ao tratamento estão características da própria doença, do tratamento, do paciente, fatores socioeconômicos, o próprio sistema de saúde e a relação entre paciente e profissional.

Em relação ao paciente, a literatura aponta um aspecto importante: há associação entre doenças crônicas e transtornos mentais, isto é, pacientes com diagnóstico de uma doença crônica parecem ter uma vulnerabilidade aumentada para transtornos mentais. O risco de depressão e de ansiedade, por exemplo, parece ser o dobro para pacientes com doenças crônicas quando comparados com a população geral (Canadian Mental Health Association, 2008). A presença de um transtorno mental, por sua vez, pode ter um impacto negativo sobre a adesão ao tratamento e sobre o curso da doença.

---

* Bireme, DeCS, disponível em http://pesquisa.bvsalud.org/portal/decs-locator/?output=site&lang=pt&from=1&sort=&format=summary&count=20&fb=&page=1&filter%5Bdb%5D%5B%5D=DECS&q=&index=tw&tree_id=C23.550.291.500&term=doen%C3%A7a+cr%C3%B4nica

COMORBIDADE ENTRE DOENÇAS CRÔNICAS E TRANSTORNOS MENTAIS

Dados de pesquisas constituem importante fonte de subsídios para o trabalho do psicólogo junto a pacientes com doenças crônicas. Assim, formar psicólogos competentes para associar pesquisa e prática clínica na saúde é altamente relevante. Estudo realizado pelo Serviço de Psicologia do Hospital de Base de São José do Rio Preto, em parceria com a Enfermaria de Cirurgia Cardíaca, avaliou sintomas de depressão em pacientes com indicação de revascularização do miocárdio. Os pacientes foram avaliados no pré-operatório, no pós-operatório imediato e no pós-operatório tardio com o Inventário de Depressão de Beck (BDI). Os dados indicaram que idade superior a 65 anos, sexo feminino, revascularização de pelo menos três vasos e sintomas de depressão durante a internação mostraram-se associados a maior número de complicações no pós-operatório de cirurgia de revascularização do miocárdio (Pinton, Carvalho, Miyazaki & Godoy, 2006). Os resultados do estudo são compatíveis com a literatura internacional (Tully & Baker, 2012) e fornecem subsídios para o trabalho do psicólogo em equipes interdisciplinares de cardiologia.

A prática do psicólogo na saúde deve ser baseada em evidências, e os dados do

estudo apresentado apontam a necessidade de intervenção psicológica junto a pacientes internados em hospital geral, candidatos à revascularização do miocárdio. A seguir, apresentamos um estudo controlado randomizado que fornece dados sobre a efetividade de uma intervenção com terapia cognitivo-comportamental para pacientes com doença renal crônica e depressão.

Depressão em doenças crônicas: a efetividade de uma intervenção com terapia cognitivo-comportamental em grupo

Identificar as necessidades dos pacientes é o primeiro passo do trabalho do psicólogo que atua na saúde. Delinear intervenções que respondam às necessidades identificadas, executá-las e avaliar sua efetividade fornecem dados que evidenciam a relevância e a contribuição do psicólogo nas equipes de saúde.

Depressão é um importante alvo terapêutico em pacientes com doenças crônicas porque prediz morbimortalidade e qualidade de vida. Uma tese de doutorado realizada junto ao Serviço de Psicologia do Hospital de Base de São José do Rio Preto investigou pacientes em hemodiálise com diagnóstico de depressão randomizados para dois tipos de tratamento: terapia cognitivo-comportamental em grupo (12 semanas, uma sessão semanal) e tratamento convencional oferecido pela instituição (orientação psicoeducacional para todos os pacientes e interconsulta psiquiátrica quando necessário). O grupo que recebeu terapia cognitivo-comportamental apresentou melhoras significativas quando comparado ao grupo controle (tratamento convencional) em relação aos sintomas de depressão e à qualidade de vida. O estudo, publicado em revista internacional de nefrologia, concluiu que "terapia cognitivo-comportamental em grupo é um tratamento efetivo para depressão em pacientes crônicos em hemodiálise" (Duarte, Miyazaki, Blay & Sesso, 2009, p. 1).

Outro importante fator no atendimento a pacientes crônicos é olhar para o cuidador do paciente. O comportamento do cuidador, que tem sido chamado de paciente oculto, tem também importante impacto sobre o tratamento. Não deve, portanto, ser negligenciado, como concluiu estudo realizado por psicólogos que integram a equipe interdisciplinar de transplante de fígado do Hospital de Base (Miyazaki *et al.*, 2010).

Além de variáveis relacionadas ao paciente e ao cuidador, que devem ser investigadas e adequadamente manejadas pelo psicólogo que trabalha na saúde, o comportamento dos demais profissionais tem importante papel nos cuidados fornecidos a pacientes com doenças crônicas. O comportamento do médico, portanto, será abordado a seguir.

ADESÃO AO TRATAMENTO EM DOENÇAS CRÔNICAS E O COMPORTAMENTO DO MÉDICO

Uma metanálise sobre adesão a tratamento e comunicação entre paciente e médico concluiu que a qualidade da comunicação entre ambos está positivamente correlacionada com a adesão (Zolnierek & DiMatteo, 2009). Os autores apontaram que déficit em habilidades de comunicação, por parte do médico, aumenta em 19% o risco de não adesão por parte do paciente. Isso significa que treinar médicos em habilidades de comunicação é fundamental para melhorar as taxas de adesão.

Habilidades de comunicação incluem habilidades pessoais (redação, assertividade, autopercepção), terapêuticas (habilidades para fazer entrevistas, empatia), para o trabalho em organizações (comunicação com colegas) e acadêmicas (comunicação no ensino/aprendizagem) (Burnard, 1997).

A importância da qualidade da comunicação médico-paciente tem sido apontada desde a década de 1970. A frase "Se você não consegue se comunicar, não importa o que você sabe" ("*If you can't communicate it doesn't matter what you know*") (Dalen, 2005, p. vii) sintetiza a relevância das habilidades de comunicação na prática da medicina. Assim, escolas médicas têm incluído em seu currículo o treino em habilidades de comunicação.

A preocupação com o comportamento do médico começa na graduação. Estudos têm identificado uma vulnerabilidade aumentada entre estudantes de medicina para transtornos mentais, como depressão e ansiedade. Assim, as escolas médicas têm disponibilizado serviços de atendimento psicológico e psiquiátrico aos seus estudantes (Branco, 2014; Jafari, Loghmani & Montazeri, 2012; Grant, Rix, Mattick, Jones & Winter, 2013; Millan & Arruda, 2008). Essa preocupação é compatível com a noção de que uma boa formação profissional prevê um equilíbrio entre habilidades clínicas, autogerenciamento e competência interpessoal. A terapia cognitivo-comportamental tem se mostrado útil para o tratamento de transtornos mentais e para melhorar autocuidados entre estudantes de medicina (Beck Institute for Cognitive Therapy, 2011; Branco, 2014).

A competência profissional do médico inclui conhecimento atualizado, habilidade para solucionar problemas, habilidades de comunicação e para realizar exame físico. Elementos essenciais da comunicação com pacientes incluem comunicação verbal e não verbal, questionamento efetivo, transmissão adequada de informações, expressões de empatia e de preocupação e parceria na tomada de decisões. Habilidades de comunicação com pacientes e equipes faz parte das competências e habilidades descritas nas Diretrizes Curriculares Nacionais do Curso de Graduação em Medicina (Brasil, 2014).

Os benefícios da comunicação adequada entre médicos e pacientes, bem como o impacto da comunicação inadequada, tem sido amplamente descrito na literatura. A comunicação adequada auxilia o fortalecimento do vínculo e da confiança, aumentando a probabilidade de o paciente fornecer as informações necessárias ao profissional. Também aumenta a satisfação do paciente com os cuidados recebidos, torna-o mais envolvido nas decisões relacionadas ao tratamento, leva a expectativas mais realistas dos resultados, reduz a probabilidade de erros e leva a uma prática mais efetiva da medicina (National Health and Medical Research Council, 2004).

Uma das situações mais estudadas em relação à comunicação médico-paciente é a comunicação de más notícias (Gonçalves, Forte, Setino, Salomão Jr. & Miyazaki, 2015). A má notícia pode ser definida como aquela que "...afeta de modo drástico e negativo a visão do paciente sobre o seu futuro" (Buckman, 1992, p. 4). O treinamento de médicos para comunicar más notícias tem sido realizado em diferentes formatos, que incluem diversas técnicas da terapia cognitivo-comportamental. Apesar de a literatura apontar resultados positivos desse tipo de treinamento, uma revisão brasileira sobre o tema concluiu que limitações no delineamento dos estudos impedem conclusões definitivas (Nonino, Magalhães & Falcão, 2012).

Conclusões

Psicólogos que trabalham na área da saúde devem estar preparados para atuar nos problemas relacionados à adesão ao tratamento em doenças crônicas com base em evidências. Além disso, a preocupação com a relação profissional-paciente e seu impacto sobre os resultados do tratamento é crescente na área da saúde. Com o aumento na prevalência das doenças crônicas, em função do envelhecimento da população, essa preocupação tende a crescer ainda mais. Como especialistas em comportamento, os psicólogos devem abordar o tema, fornecer treinamento de habilidades de comunicação para profissionais da saúde e avaliar os resultados dessas intervenções.

Referências Bibliográficas

Beck Institute for Cognitive Therapy (2011). The use of Cognitive Behavioral Therapy as a method to improve self-care in medical students. Disponível em: https://www.beckinstitute.org/cognitive-behavioral-therapy-and-medical-students/

Branco, L. M. (2014). Graduandos e Residentes de Medicina e Enfermagem: consumo de álcool, depressão, ansiedade, estresse e enfrentamento. Tese (doutorado). Faculdade de Medicina de São José do Rio Preto.

Brasil. Ministério da Educação (2014). Diretrizes Curriculares Nacionais dos Cursos de Graduação em Medicina. Disponível em: http://portal.mec.gov.br/index.php?option=com_docman&view=download&alias=15874-rces003-14&category_slug=junho-2014-pdf&Itemid=30192

Buckman, R. (1992). How to break bad news. A guide for health care professionals. Baltimore: Johns Hopkins University Press.

Burnard, P. (1997). Effective communication skills for health professionals, 2nd ed. Cheltenham, GL (UK): Stanley Thornes.

Canadian Mental Health Association (2008). The Relationship between Mental Health, Mental Illness and Chronic Physical Conditions. Disponível em: https://ontario.cmha.ca/public_policy/the-relationship-between-mental-health-mental--illness-and-chronic-physical-conditions/

Dalen, J. V. (2005). Foreword. In J. Silverman, S. Kurtz, & J. Drapper. Skills for communicating with patients, 2nd ed. Oxford: Radcliffe.

Duarte, P. S., Miyazaki, M. C. O. S., Blay, S. L., & Sesso, R. (2009). Cognitive-behavioral group therapy is an effective treatment for major depression in hemodialysis patients. Kidney International, 76, 14-21.

Gonçalves, S. P., Forte, I. G., Setino, J. A., Salomão Jr., J. B., Miyazaki, M. C. O. S. (2015). Comunicação de más notícias em pediatria: a perspectiva do profissional. Arquivos de Ciências da Saúde, 22, 74-78.

Grant, A., Rix, A., Mattick, K., Jones, D., & Winter, P. (2013). Identifying good practice among medical schools in the support of students with mental health concerns. Disponível em: http://www.gmc-uk.org/Identifying_good_practice_among_medcal_schools_in_the_support_of_students_with_mental_health_concerns.pdf_52884825.pdf

Jafari, N., Loghmani, A., & Montazeri, A. (2012). Mental health of medical students in different levels of training. International Journal of Preventive Medicine, 3(Suppl 1), S107-S112.

Lubkin, I. M., & Larsen, P. D. (2009). Chronic illness. Impact and intervention. 7th ed. Boston: Jones and Bartelett.

Martin, L. R., & DiMatteo, M. R. (2013). From communication to healthy behavior and adherence. In: L. R. Martin, & M. R. DiMatteo, eds. The Oxford Handbook of Health Communication, Behavior change, and Treatment Adherence (p. 1-6). New York: OUP.

Martin, L. R., Haskard-Zolnierek, K. B., & DiMatteo, M. R. (2010). Health behavior change and treatment adherence. Evidence-based guidelines for improving healthcare. New York: OUP.

Millan, L. R., & Arruda, P. C. V. (2008). Assistência psicológica ao estudante de medicina: 21 anos de experiência. Revista da Associação Médica Brasileira, 54, 90-94.

Miyazaki, E. T., Santos Jr., R., Miyazaki, M. C. O. S., Domingos, N. A. M., Felicio, H. C., Rocha, M. F., Arroyo Jr., P., Duca, W. J., Silva, R. F., & Silva, R. C. (2010). Patients on the waiting list for liver transplantation: Caregiver burden and stress. Liver Transplantation, 16, 1164-1168.

National Health and Medical Research Council (2004). Communicating with patients. Advice for medical practitioners. Disponível em: https://www.nhmrc.gov.au/guidelines-publications/e58

Nonino, A., Magalhães, S. G., & Falcão, D. P. (2012). Treinamento médico para comunicação de más notícias: revisão da literatura. Revista Brasileira de Educação Médica, 36, 228-233.

Pinton, F. A., Carvalho, M. C., Miyazaki, M. C. O. S., & Godoy, M. F. (2006). Depressão como fator de risco de morbidade imediata e tardia pós-revascularização cirúrgica do miocárdio. Revista Brasileira de Cirurgia Cardiovascular, 21, 68-74.

Schmidt, M. I., Duncan, B. B., Silva, G. A., Menezes, A. M., Monteiro, C. A., Barreto, S. M., Chor, D., & Menezes, P. R. (2011). Doenças crônicas não transmissíveis no Brasil: carga e desafios atuais. www.thelancet.com Disponível em http://dms.ufpel.edu.br/ares/bitstream/handle/123456789/222/1%20%202011%20Doen%C3%A7as%20cr%C3%B4nicas%20n%C3%A3o%20transmiss%C3%ADveis%20no%20Brasil.pdf?sequence=1

Tully, P. J., & Baker, R. A. (2012). Depression, anxiety, and cardiac morbidity outcomes after coronary artery bypass surgery: a contemporary and practical review. Journal of Geriatric Cardiology, 9, 197-208.

WHO. (2003). Adherence to long term therapies. Evidence for action. Disponível em: http://www.who.int/chp/knowledge/publications/adherence_full_report.pdf

WHO. (2014). Noncommunicable Diseases (NCD) Country Profiles, 2014. Brazil. Disponível em: http://www.who.int/nmh/countries/bra_en.pdf

Zolnierek, K. B. H., & DiMatteo, M. R. (2009). Physician communication and patient adherence to treatment: A meta-analysis. Medical Care, 47(8), 826-834.

A Importância da Humanização. Da Desumanização à Subjetivação: as Funções do Psicólogo*

Jean-Richard Freymann
Liliane Goldstaub

O que é o progresso?

O mundo perdeu a clínica em benefício das avaliações, randomizações e protocolos. Alguma coisa aí se perdeu. O grande paradoxo do mundo é que a medicina fez progressos consideráveis e que a fala definhou. O progresso científico é formidável! Chega de fala, chega de troca, chega de relação individual, chega de colóquio inquieto! Sejam eficazes e não custem caro!

Para onde vai um mundo como esse? Podemos nos inquietar pelas gerações que virão. O que acontece quando falta a fala? E, entretanto, vocês me dirão, nós não paramos de falar. A comunicação está em todo lugar. Há os SMS, há os *e-mails* o tempo todo, as pessoas estão penduradas nos seus aparelhos telefônicos como autômatos.

Outro paradoxo é que a psicanálise não foi de modo algum feita para a formação. A psicanálise foi feita para pesquisar o inconsciente. Acontece, pois, que o inconsciente tem uma lógica muito particular. Um pouco inquietante em alguns momentos. E a inquietude tornou-se tão grande que se evita então cada vez mais a existência do inconsciente. Mas em benefício de que? Da vontade de nosso eu, de nossos desejos, de nossos amores? De modo algum. Querem que permaneçamos em nosso lugar e que não nos movamos. O problema é que a psicanálise é algo que concerne ao indivíduo particular.

---

* Conferência proferida no encerramento do 10º Congresso da Sociedade Brasileira de Psicologia Hospitalar, no dia 12/09/2015. Tradução do francês para o português realizada por Bruna Simões de Albuquerque e Pedro Braccini Pereira.

E como podemos fazer para que os psicanalistas possam servir a mais de um? Existem soluções. E sobre isso, aliás, nós não deveríamos ceder. A saber, em particular, instaurar grupos de supervisão no interior de todo estabelecimento para que os profissionais possam falar de suas dificuldades, daquilo que eles experimentaram. Trata-se de algo realmente fundamental, mas há um problema: é que para fazer psicanálise, mesmo em um grupo, em uma supervisão, é preciso que haja um psicanalista. Mas mesmo que o dito psicanalista deite vocês em um divã, mesmo que ele se cale, isso não quer dizer que ele faz psicanálise. E não é suficiente pagar, não é graças ao dinheiro, contrariamente ao que se pensava no tempo de Lacan. Aliás, podemos mesmo considerar, como Freud o fez, vias terapêuticas gratuitas para as pessoas que provêm de meios em dificuldade. A dificuldade que todos nós encontramos nesse momento se situa no discurso comum, no discurso ambiente. É necessário conseguir fazer buracos nesse discurso comum. Nós somos hipnotizados no discurso comum. Vocês sabem muito bem disso, politicamente, sociologicamente, nos debates na TV: nós somos grandes hipnotizados.

Então, é preciso ajudar as pessoas a acordar de vez em quando. É que obrigatoriamente há um efeito de sugestão hipnótica. É preciso diferenciar a questão da linguagem, a questão da fala, a questão do discurso e aquilo que cria discursos. Ou seja, estamos enredados ao longo do dia inteiro na linguagem. Aliás, é isso que nos diferencia dos animais, mesmo dos grandes macacos! O único problema é que eles não falam. Há uma tentativa de cada vez mais nos animalizar. O que acontece é que há algo de específico no humano que é justamente a questão de estar tomado pela linguagem. E essa tomada na linguagem é algo de muito persecutório. Vamos dizê-lo ao contrário. As "pobres crianças" são completamente vítimas da fala do outro. Elas estão tomadas em um banho linguageiro que vai constituí-las. Mas, para se constituir verdadeiramente como sujeito, para se constituir como indivíduo completo, para ter desejo, para poder nascer verdadeiramente para a fala, a criança vai ter que inconscientemente lutar contra esse discurso comum. É uma luta. As crianças são obrigadas a lutar contra nossos discursos.

A dificuldade não é o amor. A dificuldade é deixar um lugar ao discurso do Outro. E nesse ponto, é preciso um pouco de pai. Então, o que é um pai? Enorme questão. É um outro discurso. É a confrontação a pelo menos dois discursos que abre à construção subjetiva. Senão a criança vai se tornar objeto da mãe ou do pai, e tudo que vocês podem imaginar. Ela estará em um discurso dual. A criança, para ter um desejo, é obrigada a lutar inconscientemente ou pré-conscientemente contra a fala do Outro. Não é isso que está escrito nos livros. Se ela não quer lutar, ela vai se tornar louca ou autista, ou seja, a normalidade vista sob o ângulo psicanalítico é uma conflitualidade, mas uma conflitualidade inconsciente.

Qual é o resultado dessa conflitualidade? É criar sintoma; é nisso que a psicanálise se diferencia da psiquiatria. Criar sintoma é uma maneira de tentar se defender contra a fala do outro, de criar sua própria fala. Mas, para isso, é preciso, de todo modo, que alguém escute vocês, que não queira curá-los imediatamente, e tampouco queira submetê-los a eletrochoques. O sintoma é uma formação do inconsciente, ou seja, é uma criação – o que não é unicamente algo da ordem de uma queixa. A questão da linguagem permite então ao sujeito se constituir. Mas tudo isso não se passa com alegria. Há, em um dado momento, algo que acontece na evolução da criança, algo que foi instaurado, e que foi reconhecido, em particular por Jacques Lacan.

E A CRIANÇA?

Do que se trata? Trata-se em um dado momento para a criança de se ver autônoma com relação aos outros, de encontrar um corte; é de qualquer modo um momento mítico. A criança estará plena de júbilo ao ver sua imagem no espelho. Algo vai se constituir apesar de ela ainda estar na incoordenação total, de ela não se sustentar de pé, de ela não possuir a fala, de ela correr para todos os lados sem pernas. Num certo momento, ela vai antecipar sua unidade no espelho. Ela vai antecipar uma imagem que não está ainda adquirida. E é nesse intervalo entre o que ela é realmente e essa imagem que ela vai se constituir como sujeito. É o que chamamos de estádio do espelho. É algo extraordinário. Santo Agostinho foi um psicanalista muito bom. Ele não tratou da questão do estádio do espelho, mas tratou da questão da *"frérocité"** com Rômulo e Remo, que, agarrados à loba romana, não se dão nada bem juntos. Eles poderiam ter cada um uma teta e mamar tranquilamente. Mas um está com ciúme do outro que está grudado à teta. O que quer dizer então que há em cada criança, ao mesmo tempo, pulsões de amor e pulsões agressivas.

No grupo, funcionamos como se não existisse essa ambivalência, como se tudo fosse amor, como se não existisse ódio na sociedade, como se tudo acontecesse da melhor maneira possível, como se não existissem excluídos e perseguidos. Negamos essa ambivalência na qual cada indivíduo é, ao mesmo tempo, composto de amor e de ódio, o que é completamente normal.

A pessoa hospitalizada, a pessoa que está no hospital, se encontra em uma desvalorização considerável. Ela já perdeu algo da ordem de sua imagem e estará então em uma posição infantil de grande desamparo. Então, como fazer para que a pessoa possa tomar a palavra a partir dessa posição?

E aqui se coloca toda a questão da transferência. Essa noção de transferência, da qual vocês já ouviram falar, tem a ver com laços que vocês tiveram durante a infância e que vão progressivamente se instaurando de diferentes maneiras. São esses laços da infância que vocês vão repetir. A psicanálise, ela própria, tem por único objetivo tentar fazer de vocês mestres de si mesmos, sem repetir o que já viveram. É extraordinário. O primeiro laço que vamos ter com o outro, a que chamamos de transferência, é antes de tudo a repetição do estereótipo infantil. Então, vejam vocês o amor. Existe amor no infantil? É uma boa questão. Existem amores adultos? A questão que se coloca é de saber se há diferentes níveis de laços entre as pessoas. Apenas a psicanálise permite localizar os diferentes tipos de laços que vão se estabelecer. Eis então alguns exemplos dessas diferentes relações com a linguagem.

---

* Termo que em francês condensa as palavras irmão (*frère*) e ferocidade (*férocité*), indicando uma rivalidade fraterna.

Os diferentes níveis da relação com a linguagem

Primeiramente, há isso que Lacan chamava de "a estereotipia de bistrô". Na Alsácia, as pessoas se reúnem muito nos *Winstub*. Elas vão nesses restaurantes e se encontram sempre na mesma mesa, no mesmo lugar, e reencontram os mesmos amigos para conversar. Isso não quer dizer que elas escutam o que o outro diz. Esse não é o objetivo da operação. É um nível de fala muito social. É esse que falta, aliás, atualmente. Trata-se de algo da ordem de um laço social que, nesse momento, na Europa em particular, muito se empobreceu.

Em seguida, há um outro nível, que é esse da relação em geral. Vamos tomar como modelo a relação amorosa. A relação amorosa, como o diz Freud, é, antes de tudo, amar "aquilo que somos, aquilo que fomos, ou aquilo que teríamos gostado de ser". Em resumo, não amamos o outro, mas uma imagem. Esse é o primeiro tipo. Mas nessa relação, há às vezes o amor transnarcísico. É excepcional! É o amor que não é unicamente o amor de sua própria imagem, ou o amor daquilo que teríamos gostado de ser, ou daquilo que fomos, ou de sua mamãezinha, ou de seu papaizinho. É algo de "trans", para além de si mesmo, para além de seu eu.

E é aí que a psicanálise inventou uma noção muito importante que é a questão da transferência, a saber, que a transferência é um laço que nós vamos estabelecer e no qual vamos envolver o outro.

Por sua vez, o que é o amor à primeira vista? É um golpe e tanto. Há muitos autores literários que nos mostraram que o que provoca o amor à primeira vista, o amor louco, é um traço do outro. Na análise vamos nos dar conta de que estamos apaixonados por um traço do outro. E então isso provoca algo que é da ordem da paixão. Mas quem não viveu paixão não é humano. É preciso ter vivido isso. Mas a paixão é amor? Tem algo aqui que foi identificado na psicanálise, que permite algo diferente dessa paixão, que é a questão da transferência. Essa transferência é o motor de tudo o que vocês vão fazer em particular no seu trabalho.

Se eu falo disso é porque todos os doentes, notadamente hospitalizados, estão em uma posição regredida. Eles estarão aptos a um amor regredido e nós não devemos tirar proveito disso. Eis então todo o problema da análise e da psicanálise. Como fazer para não confundir esse amor que vai aparecer, esse laço que vai se constituir, com o amor de todos os dias, de nossa família, se ele aí existir? Não há garantia de que as famílias se constituam em torno do amor. Aqui há algo que se constitui que chamamos de transferência. A transferência é o fato de transferir noções inconscientes que têm a ver com nossa história, com nosso passado, com o que nós vivemos, com o que não vivemos, e de enlaçar o outro, de rodeá-lo e contorná-lo. A transferência tem então a ver diretamente com nossos mecanismos inconscientes.

Quando as pessoas estão em posição de fragilidade e, por conseguinte, de dependência, de alienação, absortos na fala do médico, esperando o sorriso da enfermeira, ou o momento de poder falar com o psicólogo, as respostas – isso é muito importante –, as respostas que serão dadas nesse ponto terão um papel considerável. É aqui que o peso da fala vem a ser muito importante. Quanto mais a pessoa está em posição de fragilidade, mesmo se ela tem a impressão de não compreender nada, mais ela se submete às palavras do outro.

Na posição hospitalar isso é um problema, não é necessariamente "hospitaleiro" estar numa posição de dependência considerável, uma vez que a pessoa não estará em seu estado normal. Ela estará em um entre-dois. O doente, podemos dizê-lo em geral, mesmo se tratando de um grande professor, um grande doutor, está em posição regredida, infantil. E, atenção a este ponto, o que vai acontecer? Vocês terão uma sensibilidade inconsciente considerável. O que será dito nesse momento, os diagnósticos que serão colocados, a inflexão da voz, terão um efeito considerável, e poderão provocar, de acordo com sua atitude – é preciso sabê-lo –, isso que nós chamamos de "erotomanias", um tipo de psicopatologia muito precisa.

FUNÇÕES DO PSICÓLOGO

Como psicólogos, vocês não podem estar muito a distância e nem podem estar próximos demais, então vocês são estirados em sentidos opostos. E então é preciso guardar uma coisa que é, de todo modo, completamente analítica e que pode ajudar: todo laço a que chamamos de transferencial é um modo de relação amorosa. É verdade também nos casais, mas, com isso, vocês se viram em casa, mais ou menos bem, como puderem! O que acontece no hospital: há a pessoa ela mesma, há o psicólogo ou a psicóloga, há aquilo que o psicólogo é realmente e, sobretudo, aquilo que se supõe que ele seja. É o que chamamos, em linguagem técnica, do desdobramento transferencial. Como psicólogos vocês são confrontados com isso o tempo todo.

Mas não é obrigatoriamente para vocês que viemos falar. Falamos para vocês porque vocês têm uma certa função. E quanto mais vocês escutam, mais provocam essa transferência. Mas não acreditem que é por causa "de seus belos olhos". É aqui que não se deve fazer confusão. Há um ponto muito importante para a prática: prestem muita atenção à maneira com a qual vão fazer eco àquilo que é dito a vocês, pois as repercussões podem ser consideráveis. A partir do momento em que estão nessa função, o outro vai supor coisas em vocês, ele vai desenrolar todo seu psiquismo sobre vocês, e quanto mais ele se deixar ir, mais ele corre o risco de ficar colado em vocês. Isso tem então consequências práticas que é preciso conhecer. Vocês não podem funcionar em uma cumplicidade, pois estão em uma função profissional.

É aí que as supervisões do tipo Balint são úteis. São grupos nos quais os praticantes se reúnem com um psicanalista para poder falar de suas próprias dificuldades. Porque a dificuldade é de não confundir – isso serve para o psicanalista, o psicólogo, o psiquiatra –, de não confundir o que ele é com o que o paciente supõe que ele seja. Há aí um intervalo, uma distância. Esse é um ponto que é preciso trabalhar todo o tempo e que permite a vocês viver.

É preciso encontrar meios de falar daquilo a que vocês têm que se submeter, ter lugares um pouco de fora que permitam a vocês falar de sua prática, do que vocês viveram etc., sabendo que a maior parte das coisas se curam pelo viés da transferência. Se vocês quiserem, é uma boa utilização da sugestão hipnótica. Mas a questão da psicanálise está para além disso. Podemos ir além da questão da relação, da qual vai nascer algo da ordem do inconsciente do sujeito que vai poder dizer coisas que nunca foram ditas em outro lugar.

É que não há somente o problema disso a que chamamos de neuroses: a neurose fóbica, a neurose obsessiva e a neurose histérica. Isso é uma parte.

Mas, atualmente, devemos avaliar, sobretudo, a questão da somatização, que permanece um enigma. Por que alguém vai "pegar" um câncer? Por que alguém vai ter uma doença sistêmica? Por que alguém vai "fazer" uma úlcera? Como nos viramos com essa história? Trata-se de um terreno de pesquisa muito importante.

Há então coisas para diferenciar na prática. Quando chamamos as manifestações de uma neurose, são manifestações em torno da questão da angústia. Como alguém vai criar fobias, criar obsessões, como vai criar uma histeria? Nós deixamos isso de lado para os psicanalistas. Ainda que eu deva assinalar que nas nosografias internacionais atuais foi inteiramente retirada a noção de neurose, como se as neuroses não existissem mais. Fizemos desaparecer as neuroses. Uma verdadeira catástrofe.

Por outro lado, há a questão da somatização[*] na qual algo de uma lesão existe. Quando há uma lesão, nós estamos em um terreno que concerne à psique. Vocês podem todos participar desta pesquisa porque há uma relação entre a fala e o corpo real, mas nós não sabemos disto de antemão.

O trabalho de vocês, como psicólogos, é um trabalho muito difícil, que é o de reintroduzir a fala.

---

[*] O autor usa aqui o termo somatização em um sentido próprio, articulando-o ao campo da psicossomática.

Time Assistencial: Uma Nova Forma de Trabalho de Equipe

Silvia Maria Cury Ismael

18

Ao contrário do que ocorria por volta do início do século XX, quando as doenças infecciosas representavam a causa preponderante de mortalidade, os problemas de saúde mais sérios que a medicina enfrenta hoje são as doenças crônico-degenerativas. Sabe-se hoje que os índices de morbidade e de mortalidade estão cada vez mais relacionados a comportamentos e estilos de vida prejudiciais à saúde. A mudança na estrutura da morbidade e da mortalidade durante os últimos 80 anos foi em consequência da mudança do perfil demográfico resultante do envelhecimento populacional brasileiro (Lebrão, 2007; Schmidt *et al.*, 2011).

Se formos analisar de modo objetivo o serviço de saúde hoje, o SUS é constituído por um conjunto de ações e serviços de saúde prestados por órgãos e instituições públicas, podendo a iniciativa privada participar em caráter complementar (Brasil, 1990), e a Saúde Suplementar tem a função de suprir a dificuldade de acesso ao sistema público de saúde pelos usuários (Brasil, 2002). O maior desafio deste modelo é transitar de um cuidado voltado para condições agudas para o manejo das condições crônicas (Lebrão, 2007).

A transformação dos padrões das doenças impacta diretamente a dinâmica dos serviços de saúde. Os países em desenvolvimento são os mais comprometidos, pois, além dos desafios consequentes do envelhecimento populacional, como as doenças crônicas, ainda têm que suprir as demandas que já foram controladas em países desenvolvidos, como o controle de doenças infectocontagiosas, desnutrição e complicações no parto. Os serviços de saúde têm que responder às necessidades dessa dupla carga de atenção (WHO, 2001).

A mudança do perfil demográfico impõe a necessidade de uma acelerada transformação do atendimento de saúde, pois o acompanhamento inadequado pode favorecer maiores gastos neste contexto. Isto, associado ao cuidado das doenças crônicas não transmissíveis, exige outra visão de trabalho no âmbito da saúde. A complexidade do cuidado no manejo das patologias que afetam os pacientes pode prolongar o tempo de internação e a necessidade da utilização dos recursos tecnológicos, que contribuem para o aumento dos gastos hospitalares (Weber, 2012).

Associado a tudo isto temos os processos de Acreditação Hospitalar que ocorrem hoje em nosso país e existem nos Estados Unidos há mais de 40 anos. A Acreditação Hospitalar é uma filosofia de trabalho que propõe a implementação de sistematização do trabalho a ser executado pelos profissionais da saúde, estabelecer o melhor processo do fluxo de trabalho, fazer uma melhor gestão da clínica e, com isto, chegar à qualidade esperada com foco no paciente sem perder o conceito de humanização.

A partir da introdução deste modelo diferenciado de cuidado, os hospitais tiveram que passar por inúmeras e constantes mudanças e se adequar a tecnologias cada vez mais avançadas, o que trouxe outro impacto – ter uma mão de obra qualificada e atualizada para atender a esta demanda.

Com isto, os hospitais têm trabalhado cada vez mais com suas equipes em formato de time assistencial. Existe uma busca constante para que haja uma melhora nos processos de trabalho focado na qualidade do atendimento ao paciente, mediante as suas necessidades, como um diferencial nos serviços de saúde.

A introdução deste novo formato de trabalho levou à necessidade de sensibilizar a equipe assistencial para este modelo, e, para tanto, se impõe a necessidade de trabalhar a mudança da cultura institucional. Este processo, inevitavelmente, fez com que os profissionais assistenciais tivessem que repensar seu papel dentro da equipe em uma dinâmica mais integrada, ampla e com uma tarefa de desenvolvimento de competências profissionais e pessoais para atingir este novo modelo de atendimento. Impõe-se a necessidade do profissional ter habilidade de firmar relações interpessoais com os membros da equipe e ser cooperativo além da área de trabalho de sua especialidade. Por exemplo, o psicólogo dentro de sua área de atuação deve ter um olhar para além da psicologia. Ele precisa enxergar este paciente na totalidade de suas necessidades e trabalhar as interfaces necessárias com os membros da equipe multiprofissional. Isto tudo pautado pela missão e pelos preceitos estabelecidos pela instituição e dentro daquilo que ela pretende como planejamento estratégico de atuação e desenvolvimento. Estamos falando aqui de um trabalho de equipe que sai do conceito de atuação individual para um conceito de trabalhar no coletivo (Pinho, 2006). Discute-se, exaustivamente, a questão do engajamento como fundamental para o funcionário aderir a esta nova dinâmica de trabalho. Promover o engajamento permeado pelo comprometimento não é uma tarefa fácil a ser desenvolvida pelas lideranças das equipes multidisciplinares. Ao mesmo tempo em que um profissional pode ser visto como fundamental para uma determinada tarefa, se ele não aderir a este novo modelo passa a ser descartável quando se estabelece uma competitividade dentro da equipe. Ou seja, um profissional mal adaptado faz com que outros membros da equipe procurem se destacar, gerando a competitividade citada. Esta breve introdução vem à tona para que logo a seguir possamos tratar de uma questão muito atual dentro dos hospitais: o Cuidado Integrado com foco no paciente.

O que é Cuidado Integrado?

Este conceito veio da visão de Integralidade da Assistência "entendida como um conjunto articulado e contínuo das ações e serviços preventivos e curativos individuais e coletivos, exigidos para níveis de complexidade do sistema" (Brasil, 2013).

Segundo Weber (2009), a integralidade do cuidado implica um repensar do isolamento do trabalho especializado que pelos avanços terapêuticos, e a hierarquia das estruturas de cuidado acaba por comprometer o contato entre aquele que promove a assistência e aquele que é assistido.

Creio que aqui se faz importante buscar o significado destas duas palavras:

Cuidar significa ter cuidado, tratar e assistir. O cuidado transcende o tempo, e o ser cuidado encontra-se na constituição do ser humano pela sua dimensão ontológica. Neste sentido há um resgate da humanidade revelado como força de agregação e solidariedade (Boff, 2000).

Um segundo modo de cuidado se refere à solicitude, que seria se relacionar com o outro levando este outro em consideração, ajudar o outro para que ele possa aos poucos, e dentro de sua possibilidade, assumir seu próprio caminho.

Para que o cuidado ocorra de modo simples e verdadeiro é importante que a intenção do cuidar fique clara para aquele que será cuidado. Para isto, o profissional de saúde deve desenvolver sua empatia e exercitar sua solidariedade livre de preconceitos (Heidegger, 2007).

Outra autora fala ainda de uma questão subjetiva do cuidar que não está explícita naquilo que se aprende na formação de cada membro da equipe, mas permeia integralmente o cuidado. Trata-se de avaliar o quanto aquele cuidador (profissional de saúde) consegue de fato ouvir aquele que é cuidado em todas as suas necessidades, e, também, o quanto que o vivenciado com o paciente não o atinge, possibilitando ou dificultando o cuidado a ser prestado (Kübler-Ross, 1998).

A palavra **integrado** significa que se integrou, adaptado, incorporado; os elementos ou partes funcionam de maneira complementar.

Assim, o "cuidado integrado" seria conseguir ter uma escuta acolhedora e de maneira integrada por aqueles profissionais que fazem parte da equipe, funcionando de modo complementar (Ismael & Santos, 2013).

A Assistência Integral foi definida como um modo de atendimento no contexto hospitalar de acordo com o qual os cuidados dedicados aos pacientes se traduzem por um único fluxo de ações integradas da equipe multiprofissional. A função básica da assistência integral é acolher o paciente e ter sobre ele um olhar com foco na sua individualidade (Weber, 2009).

O paciente é visto no centro do tratamento e a equipe gravitando em torno dele, suprindo suas necessidades, mas discutindo-as com ele. Neste sentido, o paciente deixa de ser passivo e passa a ser ativo dentro do contexto do cuidado.

Quem é esta equipe de saúde que integra o cuidado?

No século XX, o conceito de equipe multidisciplinar concentrava-se em diversos profissionais da saúde que trabalhavam juntos, mas cada qual na sua área e com um modelo de cura centrado no médico. Quando havia um problema com determinado paciente, o profissional passava a informação àquele que deveria cuidar sem se envolver no problema. No final de século XX e iniciando o XXI passou-se a trabalhar em um modelo de Time Assistencial, com foco na Promoção da Saúde (Bruscato *et al.*, 2004). Existia antes uma preocupação básica de atender a necessidade do aqui e agora do paciente. O cuidado se resumia a tratar e a tentar buscar a possível cura do paciente. Com a Acreditação Hospitalar e a mudança do foco da posição da equipe assistencial, faz-se necessária uma interface constante entre os membros desta equipe. Ela gradativamente deixa de ser uma equipe multiprofissional, onde cada componente faz o seu trabalho, para atuar de modo interdisciplinar. Ou seja, deve haver uma troca de saberes entre os membros da equipe e um olhar consonante em relação a como abordá-lo para seu tratamento. Ainda, na configuração deste novo olhar, a preocupação deixa de ser somente tratar a doença, mas buscar neste momento modos de promover sua saúde e prevenir doenças. Começa-se, portanto, a falar em planejamento do cuidado deste paciente pelo Time Assistencial, buscando avaliar e atender a todas as suas necessidades e promover a educação deste paciente/família para que seja cada vez mais ativo e se aproprie do processo de doença. Aqui se busca o empoderamento do paciente, que irá, em um futuro próximo, contribuir para promoção de sua saúde. Também, a equipe deve buscar traçar um planejamento de alta para que se garanta minimamente que o cuidado pós-alta hospitalar se mantenha para melhor qualidade de vida do paciente. O time de trabalho deve ter pelo menos duas pessoas para que haja uma discussão produtiva sobre o paciente, e quanto mais profissionais discutem o caso, mais se tem um olhar refinado e cuidadoso sobre estes pacientes em diferentes aspectos (Campos, 2009).

Como atualmente se trabalha mediante protocolos de atendimento e metas a serem atingidas, é necessária a integração interdisciplinar dos profissionais para que elas consigam ser atingidas. A equipe deve estar mobilizada para buscar o objetivo proposto de cuidado do paciente e deve ter autonomia e habilidade para conduzir o trabalho (Robbins & Judge, 2004). Segundo este autor, os membros da equipe devem considerar suas diferenças individuais, o quanto conseguem resolver problemas, ter iniciativa e capacidade de comunicação entre seus membros.

Deve haver uma cultura colaborativa que de fato resulte em cooperação entre seus membros. O "empoderar" (*empowerment*) é fundamental para que o cuidado possa ser realizado de modo tranquilo e adequado. O processo colaborativo respeita a *expertise* de cada membro da equipe, que, conjuntamente, trabalham para atingir a necessidade de atenção à saúde do paciente. Neste modelo, todos os membros da equipe têm sua importância preservada, só que, dependendo do problema, alguns estarão em maior evidência que outros em momentos diferentes. Por pior que a situação possa parecer, a equipe deve manter seu equilíbrio e tranquilidade para poder gerir situações mais complexas. A equipe deve ser colaborativa entre si (Hinojosa, 2001; Ismael & Santos, 2013)

Estamos falando aqui de um trabalho em uma visão de equipe interdisciplinar como na visão de Della Nina (2001):

- A equipe é interdisciplinar quando supera organizações regressivas de funcionamento mental, atingindo níveis emocional e interacional de grupo de trabalho; tem rotatividade de papéis em reuniões de equipe, podendo assumir a tarefa como líder; por meio da comunicação diversificada com os membros do grupo aprende com a tarefa grupal. Isto amplia o referencial específico de cada um e possibilita o agir colaborativamente. (p. 41)

Um exemplo deste modelo é o trabalho desenvolvido nos hospitais denominado Ronda, ou "Rounds". A equipe discute casos de pacientes de maior complexidade para compreendê-los melhor em suas necessidades e buscar em cada especialidade quais metas devem ser atingidas para que o trabalho se desenvolva da melhor maneira para recuperação do paciente.

Cabe aqui dizer que o trabalho de equipe com foco no Cuidado Integrado pode não ocorrer do melhor jeito quando os pacientes não estão sendo atendidos sob um protocolo fechado ou um programa de atendimento.

Outra questão é o fato de os corpos clínicos dos hospitais serem abertos, o que dificulta fazer o acompanhamento do paciente de modo uniforme e consistente, garantindo a sua qualidade.

É necessário que o trabalho seja realizado por uma equipe fixa e treinada naquela doença, pois sem isto fica dificultado o seguimento contínuo e constante que o paciente necessita para que o cuidado ocorra adequadamente.

O que se discute cada vez mais nos hospitais que primam pela qualidade de seus serviços é que, além de disponibilizar ao paciente um atendimento de ponta, possam ter a certeza de que as metas estabelecidas para o cuidado, a educação do paciente para que este tenha adesão ao tratamento e a orientação para a alta efetivamente ocorram. Outro benefício indireto trazido neste modelo de Cuidado Integrado em formato de Time Assistencial é que cada membro da equipe precisa exercitar o raciocínio clínico. É preciso entender o que ocorre com aquele paciente pelos diversos olhares da equipe multiprofissional, resultando deste exercício um melhor entendimento sobre quem é este indivíduo, paciente, com sua doença, suas crenças pessoais, suas dificuldades, suas questões emocionais entre outros. Em consequência deste processo, existe a melhora na qualidade do atendimento prestado.

Atualmente, se inicia a busca de acompanhamento do processo de tratamento deste paciente a partir da hospitalização no pós-alta hospitalar. É a análise do chamado desfecho clínico. O desfecho clínico propõe um acompanhamento após a alta hospitalar no intuito de se certificar de que o tratamento efetuado no âmbito hospitalar foi efetivo e trouxe qualidade de vida ao paciente.

Segundo Weber (2009), se o Cuidado Integrado ocorrer de fato, haverá uma melhor adesão do paciente ao tratamento proposto como consequência de a equipe ter tido o movimento de escuta e conduta adequada e de algo fundamental, que é exercer o acolhimento sem julgamento da situação vivenciada naquele momento. Segundo Gadamer (2006), acolher é reconhecer o que o outro traz como legítima e singular necessidade de saúde. O acolhimento deve aparecer e sustentar a relação entre equipes/serviços e usuários/populações. Como valor das práticas de saúde, o acolhimento é construído de modo coletivo, a partir da análise dos processos de trabalho, e tem como objetivo a construção de relações de confiança, compromisso e vínculo entre as equipes/serviços, trabalhador/equipes e usuário com sua rede socioafetiva. Pensar no paciente como usuário de um serviço implica um novo modo de considerar a pessoa doente. Define que o cuidado deve trazer valor agregado dentro da abordagem do tratamento àquele que dele necessita, ou seja, deve ir além daquilo que é tangível para o paciente. Buscar e conseguir o intangível que faça sentido e gere valor ao paciente não é tarefa fácil. A busca dos desfechos de cuidado tem com certeza a meta de garantir a qualidade de vida após o tratamento. Mas tem também uma segunda intenção interessante – a possibilidade de o usuário buscar os melhores serviços em instituições diferenciadas a partir da publicação dos dados de instituições que conseguem desempenhar os melhores serviços em suas especialidades de tratamento. Por exemplo, qual serviço tem o melhor tratamento com melhores resultados de desfecho para infarto agudo do miocárdio?

Ainda, para que o conceito de cuidado integrado com foco no paciente seja exercido de fato, é preciso buscar a autonomia da equipe através da conquista do trabalho transdisciplinar. Ao meu ver isto está ainda um pouco longe de se conseguir, uma vez que nem sempre o médico permite que a equipe discuta e tome condutas que *a priori* seriam somente dele e bloqueia o paciente de ser um "ator" ativo e participativo no processo da doença. Ora, uma vez que nós psicólogos trabalhamos para que se busque o autocuidado, não deixar o paciente se apropriar de sua própria doença é, no mínimo, "remar para trás".

A função do psicólogo na equipe multiprofissional/interdisciplinar é não somente avaliar e conduzir o atendimento do ponto de vista emocional. A devolutiva do atendimento psicológico para a equipe tem como foco traduzir para a equipe como a questão emocional pode interferir em seu tratamento, na manutenção pós-alta, no autocuidado e na adesão ao cuidado proposto. A partir do momento que a equipe compreende melhor a dinâmica daquele indivíduo doente, a condução do caso é definida pelo plano terapêutico, pois redireciona o olhar dos profissionais para a individualidade do paciente, facilita o reconhecimento dos aspectos subjetivos presentes no adoecer, favorece o funcionamento grupal, facilitar a comunicação entre equipe/paciente/família e participa de discussões clínicas, rondas e reuniões multiprofissionais, favorecendo a qualidade do atendimento (Bruscato *et al.*, 2004).

A compreensão e o cuidado do paciente na sua totalidade mediante suas necessidades significam não impor a ele o cuidado exercido por uma equipe, mesmo que esta detenha o saber-fazer fundamentado e validado por aquele que é cuidado.

Referências Bibliográficas

Boff, L. (2000). Saber cuidar: ética do humano – compaixão pela terra (6a ed.) Petrópolis: Vozes.

Brasil. (2002). Ministério da Saúde. Agência Nacional de Saúde Suplementar.

Regulação & Saúde: estrutura, evolução e perspectivas da assistência médica suplementar/Ministério da Saúde, Agência Nacional de Saúde Suplementar. Rio de Janeiro: ANS.

Brasil. (2013). Ministério da Saúde. Lei n. 8.080, de 19 de setembro de 1990. Dispõe sobre as condições para a promoção, proteção e recuperação da saúde, a organização e o funcionamento dos serviços correspondentes e dá outras providências. Brasília: Ministério da Saúde, 1990. Disponível em: <http://portal.saude.gov.br/portal/arquivos/pdf/lei8080.pdf>.

Bruscato, W. L. et al. (2004). A prática da Psicologia Hospitalar na Santa Casa de São Paulo: novas páginas em uma antiga história. São Paulo: Casa do Psicólogo.

Campos, G. W. S. (2009). Reforma da reforma: repensando a saúde. São Paulo: Hucitec.

Della Nina, M. (2001). A equipe de trabalho interdisciplinar no âmbito hospitalar. In M. F. P. Oliveira & S. M. C. Ismael (Orgs.) Rumos da psicologia hospitalar em cardiologia (2a ed.), (pp.3 9-47). Campinas: Papirus.

Gadamer, H. (2006). O caráter oculto da saúde. Petrópolis: Vozes.

Heiddeger, M. (2007). Ser e tempo: Parte 1. (8a ed.) Petrópolis: Vozes.

Hinojosa, J. et al. (2001). Team collaboration: a case study of an early intervention team. Qualitat. Health Res, 11, 206-220.

Ismael, S. M. C. & Santos, J. X. A. (2013). O cuidado integrado na melhoria da qualidade da assistência interdisciplinar. In S. M. C. Ismael & J. X. A. Santos (Eds.) Sobre o adoecimento... Articulando conceitos com a prática clínica (pp. 3-10). São Paulo: Atheneu.

Kübler-Ross, E. (1998). A roda da vida: memórias do viver e do morrer (8a ed.) Rio de Janeiro: Sextante.

Lebrão, M. L. (2007). O envelhecimento no Brasil: aspectos de transição demográfica e epidemiológica. Rev. Saúde Colet, 4(17), 134-140.

Pinho, M. C. G. (2006). Trabalho em equipe de saúde: limites e possibilidades de atuação eficaz. Ciências e cognição, 8, 68-87.

Robbins, S. P. & Judge, P. A. (2004). Fundamentos do comportamento organizacional. (7a ed.). São Paulo: Pearson Education.

Schmidt, M. I., Duncan, B. B., Silva, G. A., Menezes, A. M., Monteiro, C. A., Barreto, S. M. et al. (2011). Doenças crônicas não transmissíveis no Brasil: carga e desafios atuais. The Lancet, 377, 61-74.

Weber, B. (2009). Assistência integral no Hospital Moinhos de Vento: estudo de caso de um modelo de gestão assistencial com foco na pessoa. Dissertação de Mestrado, Pontifícia Universidade Católica do Rio Grande do Sul.

Weber, B. (2012). Tradução, adaptação transcultural e validação do Método INTERMED para língua portuguesa: Estudo em pacientes hospitalizados. Tese de Doutorado, Escola de Enfermagem da Universidade de São Paulo.

World Health Organization – WHO. (2001). Health and ageing: a discussion paper. Geneva: World Health Organization, Department of Health Promotion, 1-40.

Crescimento Pós-traumático em Sobreviventes de Câncer

Tânia Rudnicki
Catarina Ramos
Bruna de Souza

19

Introdução

Desde as últimas décadas, as investigações sobre enfermidades crônicas vêm aumentando por sua alta incidência e prevalência. Na sua maioria, os enfermos enfrentam um penoso tratamento e mudanças de hábitos e de estilo de vida que implicam reajustes psicológicos de grande impacto.

Entre as principais doenças crônicas não transmissíveis estão as cardiovasculares e as neoplasias, sendo que nos últimos anos o índice de pessoas com doença oncológica vem aumentando significativamente. As principais neoplasias são os cânceres de colo uterino e de mama, em mulheres; de estômago, pulmão, cólon e próstata, entre os homens (Campos & Rodrigues Neto, 2009).

Segundo o Instituto Nacional do Câncer (INCA, 2014), câncer é o nome dado a um conjunto de mais de 100 doenças que têm em comum o crescimento desordenado de células que invadem tecidos e órgãos. Dividindo-se rapidamente, tendem a ser muito agressivas e incontroláveis, determinando a formação das neoplasias, que podem espalhar-se para várias regiões do corpo (Caponero, 2008; Gaviria, Vinaccia, Riveros, & Quiceno, 2007).

De acordo com a Organização Mundial da Saúde (OMS), o Projeto Globocan 2012 e a Agência Internacional para Pesquisa em Câncer (IARC), no ano de 2012 foram diagnosticados mais de 14 milhões de novos casos de câncer, totalizando mais de oito milhões de mortes no mundo. Estima-se ainda, que em 2030, a carga global será de aproximadamente 22 milhões de novos casos e 13 milhões de mortes por câncer (INCA, 2014).

A estimativa para o Brasil, biênio 2016-2017, aponta a ocorrência de cerca de 600 mil casos novos de câncer. Excetuando-se o câncer de pele não melanoma, ocorrerão aproximadamente 420 mil casos novos. O perfil epidemiológico observado é semelhante ao da América Latina e do Caribe, onde os cânceres de próstata em homens e de mama em mulheres serão os mais frequentes. Os mais recorrentes entre os homens, sem contar os casos de câncer de pele não melanoma, serão próstata, pulmão, estômago e cavidade oral. Nas mulheres, figurarão ente os principais os cânceres de mama, intestino, colo de útero, pulmão e estômago (INCA, 2015).

As causas são variadas, e podem ser externas ou internas ao organismo, estando relacionadas entre si. As primeiras referem-se ao meio ambiente, aos hábitos ou costumes próprios de uma sociedade, enquanto as demais são, na maioria das vezes, geneticamente predeterminadas, estando ligadas à capacidade do organismo de se defender das agressões (Romano & Demarchi, 2015).

As neoplasias malignas têm sido crescentes objetos de estudo. Abalam significativamente a vida do enfermo e de seus familiares, com seus efeitos nocivos, nas dimensões psicológica, familiar e social. Apesar dos avanços na detecção e no tratamento, o câncer tem um profundo impacto sobre os pacientes e suas famílias. Psicologicamente, os doentes experimentam uma gama de angústias emocionais (Hutton & Williams, 2001), incluindo ansiedade (De Boer, McCormick, Pruyn, Ryckman, & van den Borne, 1999), medo (Llewellyn, Weinman, McGurk, & Humphris, 2008) e raiva (Julkunen, Gustavsson-Lilius, & Hietanen, 2009). A depressão é comumente relatada como sequela relacionada ao câncer (Hammerlid *et al.*, 1999). No entanto, é importante reconhecer que esses fatores estressores não se limitam ao momento do diagnóstico, mas podem aparecer em vários períodos do caminho da doença, até mesmo anos após o final do tratamento.

As modificações da integridade físico-emocional por desconforto, desfiguração, dependência, dor e perda da autoestima são relatadas pela maioria dos doentes, além de perceberem, num curto período de tempo, a qualidade de suas vidas profundamente abalada (Michelone & Santos, 2004). As neoplasias envolvem importantes alterações físicas e psicológicas, resultando em um estressor ambiental e psicofísico, exigindo do enfermo mobilização de recursos psicossociais, além de esforços adaptativos para lidar com o estresse decorrente da doença oncológica. O processo de exigência emocional, cognitivo e comportamental que a enfermidade desencadeia é definido como uma adaptação à situação de estar doente (Peçanha, 2008).

O impacto das modificações ainda pode potencializar, de modo automático, a focalização e sustentação da atenção em sentimentos ou eventos considerados desagradáveis ou ameaçadores (Zanon & Hutz, 2010). Essas modificações advindas do câncer e seu tratamento podem trazer inúmeras perdas, mas algumas pessoas, ao encarar esse evento estressor, podem também perceber algum ganho, experimentando mudanças positivas de vida e de crescimento (Kucukkaya, 2010).

Como um acontecimento traumático, o diagnóstico de um câncer se constitui em experiência de choque emocional, para a qual a pessoa pode não ter obtido preparação psicológica prévia e, consequentemente, não perceber os recursos necessários para lhe fazer frente. Assim considerando, compreende-se que o confronto com um acontecimento traumático como este pode gerar intenso estresse e eclodir em respostas emocionais negativas, como ansiedade, humor deprimido, entre outros (Silva, Moreira, Pinto, & Canavarro, 2009).

Historicamente, a pesquisa na área de psico-oncologia centrou-se principalmente sobre os aspectos negativos do câncer e seu tratamento (Llewellyn, McGurk, & Weinman, 2005, 2006; Rogers, Ahad, & Murphy, 2007).

Emergência do Crescimento Pós-traumático no Contexto Oncológico

Mais recentemente, tem havido uma mudança na investigação dos efeitos positivos de câncer em sobreviventes, especialmente os efeitos em longo prazo (Alfano & Rowland, 2006). Embora a experiência do câncer possa ter impactos físicos e psicológicos substanciais, deparamo-nos com uma consciência crescente de que muitas vezes há aspectos da experiência que os pacientes veem como positivo ou benéfico. Ou seja, a literatura tem mostrado que a exposição a um acontecimento traumático não precipita necessariamente uma constelação significativa de sintomas negativos, a ponto de se constituir como uma perturbação psiquiátrica (Silva *et al.*, 2009).

Ao contrário, frequentemente um acontecimento traumático pode estimular a ocorrência de profundas e significativas mudanças no sistema de crenças do indivíduo, sobretudo no modo como ele vê a si mesmo e ao mundo. Aliás, muitos pacientes relatam melhores recursos pessoais, mais prudência, relações mais próximas com outros e mudanças nas prioridades de vida após a experiência do câncer (Cordova, Cunningham, Carlson, & Andrykowski, 2001). As mudanças positivas percebidas no confronto com o acontecimento traumático, como a doença oncológica, denominam-se Crescimento Pós-Traumático (CPT) (Tedeschi & Calhoun, 1996; 2004), o qual é definido como a percepção de mudanças positivas, resultante dos esforços individuais das formas de lidar com/enfrentar (*coping*) uma situação de crise.

O CPT pode ser descrito, segundo o modelo de Tedeschi e Calhoun (1996; 2004), em cinco dimensões: melhoria e clarificação das relações interpessoais; maior apreciação de vida; aumento da percepção de força individual; abertura à espiritualidade; e mudança nas prioridades e nos objetivos de vida.

No caso de pacientes oncológicos, as pontuações de CPT são significativas e favorecem a busca por estratégias de enfrentamento mais assertivas. De fato, o CPT resulta no seguimento de estratégias de enfrentamento para lidar com o acontecimento que foi percebido pelo enfermo como negativo, estressante, doloroso ou traumático (Calhoun, Cann, Tedeschi, & McMillan, 2000).

CRESCIMENTO PÓS-TRAUMÁTICO: DEFINIÇÃO E PROCESSO

Como esta área de investigação é relativamente nova, pouco se sabe sobre as características das pessoas com diferentes tipos de câncer que estão mais ou menos propensas a perceber benefícios ou crescimento positivo após o tratamento oncológico e como o CPT pode se manifestar (Carver & Antoni, 2004).

Primeiramente, o CPT apenas ocorre se o acontecimento for percebido pelo sujeito como suficientemente traumático ou disruptivo (Tedeschi & Calhoun, 2004). O impacto negativo percebido do acontecimento tem sido, com frequência, associado positivamente com o crescimento percebido (Cordova *et al.*, 2001; Sears, Stanton, & Danoff-Burg, 2003). De fato, o estresse do acontecimento não produz necessariamente CPT, mas é necessário que o sujeito compreenda o acontecimento como estressante ou como uma ameaça ao seu bem-estar biopsicossocial para que, como sobrevivente, se envolva em estratégias de *coping* eficazes para lidar com o acontecimento e para reestabelecer o equilíbrio, que foi destruturado pelo impacto do acontecimento (Cann *et al.*, 2011; Calhoun & Tedeschi, 2006).

Assim, este processo se desenvolve à medida que o indivíduo abarca estratégias para lidar com emoções e consequências negativas associadas ao acontecimento e começa a processar cognitivamente a situação traumática (Tedeschi & Calhoun, 2004).

Pessoas que experimentam traumas severos na vida mostram maior CPT (Kucukkaya, 2010). A severidade do estressor aumenta a possibilidade de o indivíduo experimentar o CPT (Calhoun, Cann, Tedeschi, & McMillan, 2000). Desse modo, para o paciente é muito além do que a simples capacidade para resistir ou recuperar-se diante de uma experiência traumática; envolve uma transformação psicológica que ultrapassa os níveis de adaptação anteriores ao evento.

Importante salientar que a existência de CPT não é simplesmente o regresso ao ponto inicial, mas sim uma experiência de melhoria do funcionamento psicológico, sobretudo, proporcionando alterações profundas de vida e intensas expressões comportamentais (Silva *et al.*, 2009; Tedeschi & Calhoun, 2004). A experiência de CPT é um processo e um resultado, que ocorrem simultaneamente (Tedeschi & Calhoun, 2004).

O CPT corre concomitantemente às tentativas ou aos esforços de adaptação às situações de vida indutoras de elevados níveis de estresse, e não como consequência dos acontecimentos por si só. É um fenômeno que, mais do que a exclusiva integração de novos dados nos esquemas preexistentes (assimilação), requer um processo de transformação das estruturas cognitivas anteriores, de modo a incorporar a nova informação relacionada com a situação traumática (acomodação). Este processo acontece à medida que a pessoa se envolve em estratégias para lidar com suas emoções negativas associadas ao acontecimento e começa a processar cognitivamente a situação traumática (Silva *et al.*, 2009). Para além das estratégias de *coping*, no processo cognitivo da experiência traumática existem dois fatores fundamentais e centrais no desenvolvimento de CPT: a) reconstrução de crenças centrais; b) ruminação (Cann *et al.*, 2010; 2011).

É após a percepção de estresse ulterior ao confronto com o acontecimento traumático que vai ocorrer a disrupção de crenças centrais. Estas são definidas como um conjunto de pressupostos-base sobre si mesmo, os outros e o mundo, utilizados pelo sujeito para definir *a priori* os seus comportamentos e o seu lugar no mundo (Janoff-Bulman, 2006). São as crenças centrais que permitem conferir alguma previsibilidade e certeza ao dia a dia do sujeito. Após o trauma, tudo o que é previamente estabelecido é rompido e questionado, desenvolvendo-se, então, a necessidade de reestruturar e reconstruir cognitivamente as crenças centrais, de modo a reestabelecer o equilíbrio biopsicossocial (Cann *et al.*, 2010). Para tal, o sujeito envolve-se no processo de ruminação cognitiva sobre o acontecimento.

A ruminação é definida como um conjunto de pensamentos repetitivos relacionados com determinada experiência estressante ou preocupante para o sujeito (Cann *et al.*, 2011), e pode ser intrusiva ou deliberada. A primeira define-se como um conjunto de pensamentos de natureza intrusiva, estressante e negativa, que surge de modo automático, sem a permissão do sujeito. Tendencialmente ocorre no período mais próximo do acontecimento traumático, uma vez que se relaciona com os esforços individuais em lidar com o impacto emocional da experiência traumática. Contrariamente, a ruminação deliberada é definida como um conjunto de pensamentos de natureza positiva e construtiva, e o sujeito envolve-se deliberadamente em tentativas de encontrar significado e propósito para o acontecimento traumático. Este estilo de ruminação é posterior aos pensamentos intrusivos; ocorre costumeiramente mais tarde no tempo e à medida que aumenta a adaptação ao trauma (Cann *et al.*, 2011).

Acrescenta-se que a existência de pensamentos repetitivos de caráter negativo, que se perpetuam por tempo indeterminado, pode ser definida como um modo fracassado de autorreflexão. Pode-se entender ruminação como um tipo característico de pensamento de pessoas em estado depressivo e/ou ansioso, frequentemente manifesto em pacientes oncológicos (Zanon & Teixeira, 2006). No entanto, a ruminação, como mencionado anteriormente, pode ser entendida como uma estratégia de regulação emocional, apresentando-se como preditora significativa do CPT (Domingues, 2014). É no âmbito deste processo cognitivo, de restaurar as crenças centrais e de atribuir significado à experiência, que o sujeito começa a compreender que esse experimento traumático pode traduzir-se, também, em benefícios para diversas áreas da sua vida (Calhoun & Tedeschi, 2004). Desse modo, a mudança de crenças centrais e a ruminação deliberada são reconhecidas como fortes preditores de CPT, de acordo com o modelo sociocognitivo (Calhoun & Tedeschi, 2006; 2013).

Nesse sentido, os benefícios percebidos após o trauma estão diretamente associados à busca de significado em meio à incerteza e à percepção de vulnerabilidade (Calhoun *et al.*, 2000). É um processo reparador, uma reestruturação em nível cognitivo que auxilia a encontrar explicações para o acontecido.

Autores como Costa & Gil (2008) referem que tanto o processamento cognitivo como o estilo de enfrentamento contribuem para a ocorrência de crescimento associado a experiências estressantes, embora os recursos de personalidade ou aspectos socioculturais também devam ser considerados importantes contribuições. Tanto aspectos cognitivos como emocionais contribuem para o CPT após um diagnóstico de câncer. Em âmbito cognitivo, a busca por significados para a doença oncológica possibilita a realização de uma avaliação das causas que podem ter levado ao seu desenvolvimento. Neste sentido, facilitar a expressão emocional fomenta o CPT, porém, o objetivo é oferecer ao paciente um espaço e um tempo para depositar as preocupações que acompanham o seu diagnóstico e não racionalizar o seu mal-estar (Manne, Ostroff, & Winkel, 2004).

É importante salientar que o CPT não implica um esquecimento do impacto negativo do trauma, uma vez que ocorre simultaneamente com os sintomas de ansiedade, depressão ou mesmo de transtorno de estresse pós-trauma (TEPT) (Calhoun & Tedeschi, 2006). A relação entre o estresse e o CPT permanece inconclusiva (Koutrouli, Anagnostopoulos, & Potamianos, 2012). A associação entre PTG e estresse percebido ou TEPT é significativa em alguns estudos, mas não é comprovada em outros. Porém, algumas pesquisas adiantam a possibilidade de essas duas variáveis coexistirem simultaneamente (Koutrouli *et al.*, 2012). De fato, elas devem ser consideradas como variáveis opostas, independentes, mas variáveis correlacionadas entre si, como opostos do mesmo contínuo (Ho *et al.*, 2011).

Como é possível constatar, o CPT é um processo dinâmico e complexo que envolve vários fatores em seu desenvolvimento (Taku, Cann, Tedeschi, & Calhoun, 2015), como sociodemográficos (idade, gênero, escolaridade), clínicos ou relacionados com o acontecimento (tempo desde o diagnóstico, severidade da doença, estresse percebido), personalidade (extroversão, otimismo), cognitivos (ruminação, processo cognitivo) e sociais (suporte social, expressão emocional) (Lechner *et al.*, 2004; Taku *et al.*, 2015).

Os preditores de CPT têm sido estudados em diversos tipos de câncer, sendo o de mama o tipo com maior número de estudos (Shand, Cowlishaw, Brooker, Burney, & Ricciardelli, 2015). Uma recente meta-análise demonstrou que em doentes com câncer o CPT associa-se positivamente a suporte social percebido, otimismo, espiritualidade, *coping* religioso e tempo desde o diagnóstico. Esta última variável mantém algumas inconsistências quanto à relação que estabelece com o CPT (Shand *et al.*, 2015). Contrariamente, outras variáveis estabelecem uma associação significativa negativa com o CPT, como depressão, ansiedade e estresse percebido. O CPT apresenta-se, também, negativamente correlacionado com idade e gênero, ou seja, pessoas com menor idade apresentam níveis mais elevados de CPT (Shand *et al.*, 2015).

No entanto, é importante salientar que as especificidades de cada tipo de câncer, nomeadamente, o local do tumor, o estadiamento ou a gravidade, podem levar a diferentes associações entre o CPT e variáveis psicossociais. Especificamente, o câncer de mama tem sido associado a diversos fatores individuais e psicossociais, incluindo idade mais jovem, longo tempo após o diagnóstico e elevado estresse relacionado ao câncer, percebê-lo como ameaça, *coping* positivo e adaptativo, *coping* religioso, expressão emocional sobre o câncer e procura de suporte social (Danhauer *et al.*, 2013).

Considerações Finais

Passar pela experiência de uma doença grave, como a oncológica, é bastante penoso. Torna-se difícil viver o presente, sentir o reencontro com o cotidiano, sem crítica e sem reagir a cada nova experiência. Em realidade, não mudam os acontecimentos, muda a forma de percebê-los – uma transformação do modo com que cada um se relaciona com sua realidade e não da realidade em si.

Podemos afirmar que o crescente número de sobreviventes de câncer aponta para a necessidade de nova compreensão de sua vivência, buscando atender suas demandas emocionais e melhorar sua qualidade de vida. Sendo o CPT um construto multidimensional e facilmente influenciável por acontecimentos passados, é um desafio conseguir controlar todas as variáveis existentes de modo a avaliar apenas a dimensão pretendida – o crescimento pós-traumático.

Deste modo, torna-se essencial continuar investigando o crescimento pós-traumático, como modo de buscar compreender quais estratégias de regulação emocional poderão influenciar no seu desenvolvimento em populações oncológicas.

Referências Bibliográficas

Alfano, C., & Rowland, J. (2006). Recovery issues in cancer survivorship: a new challenge for supportive care. Cancer Journal, 12, 432-443. doi: 10.1097/00130404-200609000-00012

Calhoun, L. G., Cann, A., Tedeschi, R. G., & McMillan, J. (2000). A correlational test of the relationship between posttraumatic growth, religion, and cognitive processing. Journal of Traumatic Stress, 13, 521-527. doi: 10.1023/A:1007745627077

Calhoun, L. G., & Tedeschi, R. G. (2006). The foundations of posttraumatic growth: An expanded framework. In L. G. Calhoun, R. G. Tedeschi, L. G. Calhoun, & R. G. Tedeschi (Eds.) Handbook of posttraumatic growth: Research & practice (pp. 1-23). Mahwah: Lawrence Erlbaum Associates Publishers.

Calhoun, L. G. & Tedeschi, R. G. (2013). Posttraumatic growth in clinical practice. New York: Routledge/Taylor & Francis Group.

Campos, M. O., & Rodrigues Neto, J. F. (2009). Doenças crônicas não transmissíveis: fatores de risco e repercussão na qualidade de vida. Revista Baiana de Saúde Pública, 33(4), 561-581.

Cann, A., Calhoun, L. G., Tedeschi, R. G., Kilmer, R. P., Gil-Rivas, V., Vishnevsky, T., & Danhauer, S. C. (2010). The Core Beliefs Inventory: A brief measure of disruption in the assumptive world. Anxiety, Stress & Coping, 23(1), 19-34. doi: 10.1080/10615800802573013

Cann, A., Calhoun, L. G., Tedeschi, R. G., Triplett, K. N., Vishnevsky, T., & Lindstrom, C. M. (2011). Assessing posttraumatic cognitive processes: The Event Related

Rumination Inventory. Anxiety, Stress & Coping, 1-20. doi:10.1080/10615806.20 10.529901

Caponero, R. (2008). Biologia do câncer. In V. A. Carvalho (Org.). Temas em psico--oncologia. São Paulo: Summus.

Carver, C. S., & Antoni, M. H. (2004). Finding benefit in breast cancer during the year after diagnosis predicts better adjustment 5 to 8 years after diagnosis. Health Psychology, 23, 595-598. doi: 10.1037/0278-6133.23.6.595

Cordova, M. J., Cunningham, L. L. C., Carlson, C. R., & Andrykowski, M. A. (2001). Posttraumatic growth following breast cancer: A controlled comparison study. Health Psychology, 20(3), 176-185. doi: I0.1037//0278-6133.20.3.176

Costa, G., & Gil, F. L. (2008). Respuesta cognitiva y crecimiento postraumático durante el primer año de diagnóstico del cáncer. Revista de Psicooncología, 5(1), 27-37.

Danhauer, S. C., Case, L. D., Tedeschi, R., Russell, G., Triplett, K., Ip, E. H., Forest, W. (2013). Predictors of posttraumatic growth in women with breast cancer. Psycho-Oncology, 22(12). doi: 10.1002/pon.3298

De Boer, M. F., McCormick, L. K., Pruyn, J. F., Ryckman, R. M., & van den Borne, B. W. (1999). Physical and psychosocial correlates of head and neck cancer: A review of the literature. Otolaryngology – Head & Neck Surgery, 120, 427-436.

Domingues, C. I. G. (2014). Vinculação, regulação emocional e crescimento pós-traumático em mulheres com cancro da mama. Dissertação apresentada no Mestrado Integrado de Psicologia, Faculdade de Psicologia e de Ciências da Educação da Universidade do Porto (F.P.C.E.U.P.). Outubro de 2014. 85p.

Gaviria, A. M., Vinaccia, S., Riveros, M. F., & Quiceno, J. M. (2007). Calidad de vida relacionada con la salud, afrontamiento del estrés y emociones negativas en pacientes con cáncer en tratamiento quimioterapéutico. Psicología desde el Caribe, 20, 50-75.

Hammerlid, E., Ahlner-Elmqvist, M., Bjordal, K., Biorklund, A., Evensen, J., Boysen, M., Jeannert, M., Kaasa, S., Sullivan, M., & Westin, T. (1999). A prospective multicenter study in Sweden and Norway of mental distress and psychiatric morbidity in head and neck cancer patients. British Journal of Cancer, 80, 766-774. doi: 10.1038/sj.bjc.6690420

Ho, S. M. Y., Chan, M. W. Y., Yau, T. K., & Yeung, R. M. W. (2011). Relationships between explanatory style, posttraumatic growth and posttraumatic stress disorder symptoms among Chinese breast cancer patients. Psychology and Health, 26(3), 269-285. doi: 10.1080/08870440903287926.

Hutton, J. M., & Williams, M. (2001). An investigation of psychological distress in patients who have been treated for head and neck cancer. British Journal of Oral Maxillofacial Surgery, 39(5), 333-339.

INCA – Instituto Nacional do Câncer. (2014). Estimativa 2014: Incidência de Câncer no Brasil/Coordenação de Prevenção e Vigilância. Disponível em: http://www.inca.gov.br/estimativa/2014/estimativa-24042014.pdf.

INCA – Instituto Nacional de Câncer José Alencar Gomes da Silva. (2015). Estimativa 2016. Incidência de Câncer no Brasil. Coordenação de Prevenção e Vigilância Estimativa 2016: incidência de câncer no Brasil. Rio de Janeiro: INCA. 122 p. Disponível em: http://www.inca.gov.br/estimativa/2016/index.asp?ID=2.

Janoff-Bulman, R. (2006). Schema-change perspectives on posttraumatic growth. In L. G. Calhoun & R. G. Tedeschi (Eds.). Handbook of posttraumatic growth: Research and practice (pp. 81-99). Mahwah: Lawrence Erlbaum.

Julkunen, J., Gustavsson-Lilius, M., & Hietanen, O. (2009). Anger expression, partner support, and quality of life in cancer patients. Journal of Psychosomatic Research, 66(3), 235-244. doi: 10.1016/j.jpsychores.2008.09.011.

Koutrouli, N., Anagnostopoulos, F., & Potamianos, G. (2012). Posttraumatic stress disorder and posttraumatic growth in breast cancer patients: A systematic review. Women & Health, 52(5), 503-516. doi: 03630242.2012.679337

Kucukkaya, P. G. (2010). An exploratory study of positive life changes in Turkish women diagnosed with breast cancer. European Journal of Oncology Nursing, 14, 166-173. doi: 10.1016/j.ejon.2009.10.002

Lechner, S., Zakowski, S., Antoni, M., Greenhawt, M., Block, K., & Block, P. (2004). Do sociodemographic and disease related variables influence benefit finding in cancer patients? Psycho-Oncology, 12, 491-499.

Llewellyn, C. D., McGurk, M., & Weinman, J. (2005). Are psychosocial and behavioral factors related to health related quality of life in patients with head and neck cancer? A systematic review. Oral Oncology, 41, 440-454. doi: 10.1016/j.oraloncology.2004.12.006

Llewellyn, C. D., McGurk, M., & Weinman, J. (2006). Head and neck cancer: To what extent can psychological factors explain differences in health related quality of life (HR-QoL) and individualized QoL? British Journal of Oral and Maxillofacial Surgery, 44, 351-357. doi: 10.1016/j.bjoms.2005.06.033

Llewellyn, C. D., Weinman, J., McGurk, M., & Humphris, G. (2008). Can we predict which head and neck cancer survivors develop fears of recurrence? Journal of Psychosomatic Research, 65, 525-532. doi: 10.1016/j.jpsychores.2008.03.014

Manne, S., Ostroff, J., & Winkel, G. (2004). Posttraumatic growth after breast cancer: Patient, partner, and couple perspectives. Psychosomatic Medicine, 66, 442-454. doi: 10.1097/00006842-200405000-00025

Michelone, A. P. C., & Santos, V. L. C. G. (2004). Qualidade de vida de adultos com câncer colorretal com e sem ostomia. Revista Latino-Americana de Enfermagem, 6(1), 875-883. doi: 10.1590/S0104-11692004000600005

Peçanha, D. L. N. (2008). Câncer: Recursos de enfrentamento na trajetória da doença. In V. A. Carvalho (org.). Temas em Psico-oncologia. São Paulo: Summus.

Rogers, S. N., Ahad, S. A., & Murphy, A. P. (2007). A structured review and theme analysis of papers published on 'quality of life' in head and neck cancer: 2000-2005. Oral Oncology, 43, 843-868. doi: 10.1016/j.oraloncology.2007.02.006

Romano, A. L. & Demarchi, C. (2015). Análise do direito à saúde e em especial dos direitos da pessoa portadora de neoplasia maligna (câncer). Ponto de Vista Jurídico, 4(1), 5-34.

Sears SR, Stanton AL, Danoff-Burg S. (2003). The yellow brick road and the emerald city: Benefit finding, positive reappraisal coping, and posttraumatic growth in women with early-stage breast cancer. Health Psychology, 22(5), 487–497. Disponível em: http://dx.doi.org/10.1037/0278-6133.22.5.487.

Silva, S. M., Moreira, H., Pinto, S., & Canavarro, M. C. (2009). Cancro da mama e desenvolvimento pessoal e relacional: Estudo das características psicométricas do Inventário de Desenvolvimento Pós-Traumático (Posttraumatic Growth Inventory) numa amostra de mulheres da população portuguesa. Revista Iberoamericana de Diagnóstico e Avaliação Psicológica, 28, 105-133.

Shand, L. K., Cowlishaw, S., Brooker, J. E., Burney, S., & Ricciardelli, L. A. (2015). Correlates of post-traumatic stress symptoms and growth in cancer patients: A systematic review and meta-analysis. Psycho-Oncology, 24(6), 624-634. doi: 10.1002/pon.3719

Taku, K., Cann, A., Tedeschi, R. G., & Calhoun, L. G. (2015). Core beliefs shaken by an earthquake correlate with posttraumatic growth. Psychological trauma: Theory, Research, Practice and Policy, 7(6), 563-569. doi: 10.1037/tra0000054

Tedeschi, R. G. & Calhoun, L. G. (1996). The Posttraumatic Growth Inventory: Measuring the positive legacy of trauma. Journal of Traumatic Stress, 9(3), 455-471. doi:10.1002/jts.2490090305

Tedeschi, R. G. & Calhoun, L. G. (2004). Posttraumatic Growth: Conceptual Foundations and Empirical Evidence. Psychological Inquiry, 15(1), 1-18. doi: 10.1207/s15327965pli1501_01

Zanon, C. & Hutz, C.S. (2010). Relações entre bem-estar subjetivo, neuroticismo, ruminação, reflexão e sexo. Gerais: Revista Interinstitucional de Psicologia, 2 (2), 118-127.

Zanon, C. & Teixeira, M.A.P. (2006). Adaptação do Questionário de Ruminação e Reflexão (QRR) para estudantes universitários brasileiros. Interação em Psicologia, 10(1), 75-82. doi: 10.5380/psi.v10i1.5771

Índice Remissivo

A

Acolhimento e intervenção com bebês hospitalizados, 131

  acolhimento e o estresse como fator de risco, 135

  competências do bebê, 137

  hospitalização de bebês recém-nascidos, 134

  intervenção do psicólogo no período perinatal, 138

  introdução, 131

  terapia cognitiva focada em esquemas e a saúde mental do bebê, 132

Alcances e limites da psicoterapia e o uso de escalas/inventários de avaliação no hospital geral sob a perspectiva psicanalítica, 99

Alcances e limites da psicoterapia e o uso de escalas/inventários de avaliação no hospital geral sob a perspectiva da fenomenologia, 105

Alcances e limites da psicoterapia e o uso de escalas/inventários de avaliação no hospital geral sob a perspectiva da terapia cognitivo-comportamental (TCC), 111

  terapia cognitivo-comportamental: uma breve visão, 112

    alcances e limites, 115

Angústia de morte e envelhecimento, 25

dignidade no final da vida. autonomia e diretivas antecipadas de vontade, 30

  uma formação mais humanitária do profissional de saúde?, 32

envelhecimento, 25

  depressão no processo de envelhecimento, 27

  luto, 29

  preparação para a morte, 27

  questão da morte no processo do envelhecimento, A, 26

Aplicabilidade da terapia cognitivo-comportamental no contexto hospitalar, 119

  atendimento psicológico ambulatorial a paciente com câncer de mama, 125

  descrição de intervenção em interconsulta psicológica na enfermaria de nutrologia, 123

  outras possibilidades de atuação: educação e saúde, 126

C

Cartilha "como cuidar da saúde do seu coração – pressão alta", produzida como parte do estudo "elaboração e avaliação da eficácia de material educativo para pacientes hipertensos", 128

Cinco elementos básicos para promover uma fixação segura do bebê, 139

Crescimento pós-traumático em sobreviventes de câncer, 165

emergência do crescimento pós-traumático no contexto oncológico, 167

crescimento pós-traumático: definição e processo, 168

introdução, 165

D

Demanda descrita no Pedido de Interconsulta (PI) enviado à psicologia, 121

Descrição resumida da conduta adotada no atendimento psicológico à paciente Ana, 126

Doenças crônicas: intervenções em terapia cognitivo-comportamental para profissionais da saúde, 143

depressão em doenças crônicas: a efetividade de uma intervenção com terapia cognitivo-comportamental em grupo, 145

adesão ao tratamento em doenças crônicas e o comportamento do médico, 146

doenças crônicas e adesão ao tratamento, 144

comorbidade entre doenças crônicas e transtornos mentais, 145

E

Efeito placebo e subjetividade: dor, desejo e palavra, 69

eficácia do placebo, 70

substância, sugestão, relação, 72

pharmakon, eficácia simbólica e função materna, 73

Exemplos de instrumentos utilizados pela TCC para avaliação, 113

I

Importância da humanização da desumanização à subjetivação: as funções do psicólogo, 151

diferentes níveis da relação com a linguagem, Os, 154

funções do psicólogo, 155

que é o progresso?, O, 151

e a criança?, 153

Infância medicalizada: novos destinos da psicopatologia, 13

M

Medicina preditiva: o candidato a doente, o psicólogo e os dilemas de um futuro incerto, 53

ciência como "a resposta", 53

predições traumáticas?, 56

como escutar uma "doença do futuro" ou um "futuro sem doença", 58

por que, 58

quê, O, 58

quem, 58

Medicina preditiva: o tratamento de um "futuro" doente, 35

papel do psicólogo na medicina preditiva, 48

que é um teste genético preditivo?, O, 36

benefícios e riscos dos testes preditivos, 37

benefícios dos testes genéticos preditivos, 38

auxílio médico no diagnóstico diferencial, 38

benefícios referentes à empregabilidade e à segurabilidade, 40

melhora na qualidade do acompanhamento médico e prevenção de complicações médicas, com consequente melhora do prognóstico, 39

planejamento de vida, 40

possibilidade de determinação e maior controle do risco hereditário, 39

possibilidade de que possam adotar, imediatamente após o surgimento de alternativas de intervenção sobre aquela doença, atitudes para modificar o meio ambiente, estilo de vida ou até na genética da pessoa, com o intuito de reduzir o risco de a doença se manifestar, 40

redução de estresse e ansiedade, 38

redução de procedimentos médicos desnecessários, 40

riscos dos testes genéticos preditivos, 41

coerção de terceiros, 44

lacuna entre diagnóstico e tratamento, 45

lacuna entre diagnóstico e tratamento, 45

limitações técnicas dos testes genéticos, 43

possibilidade de discriminação/ estigmatização, 42

possibilidade de os testes genéticos preditivos gerarem estresse, ansiedade ou depressão, 41

risco de determinismo genético, 42

riscos de erros na interpretação dos resultados de testes genéticos preditivos, 42

riscos de infrações éticas, legais e sociais ao realizar testes genéticos preditivos, 46

riscos quanto a seguro de saúde, de vida e empregabilidade, 42

regras gerais de conduta ética em testes genéticos preditivos, 47

recomendações gerais para testes genéticos preditivos, 48

Múltiplas narrativas do corpo no sofrimento contemporâneo, 89

escuta psicanalítica do corpo doente, 95

presença do corpo na clínica contemporânea, 91

corpo em Freud, 92

P

Principais expressões faciais do bebê diante do desconsolo, 139

Psicanálise e efeito placebo: uma hipótese sobre a determinação clínica do sofrimento, 79

diferença de efetividade entre a droga e o placebo decresce significativamente com o tempo. Ela decresce com a linha de gravidade e cresce com a duração do estudo. O tratamento medicamentoso em estudos comparativos está associado a maior eficácia do que o tratamento medicamentoso nos estudos com placebo-controle, 84

efeito placebo é mais pronunciado no caso de sintomas como a dor e de quadros como a depressão. O efeito placebo corresponde a 68% do efeito das drogas antidepressivas, 83

eficiência e a eficácia do placebo vêm crescendo durante o tempo, particularmente em sociedades de alta medicalização, 85

injeções salinas e acupuntura são mais efetivas que pílulas de placebo. Pílulas placebo coloridas são mais eficazes do que pílulas anódinas em formato e cor convencional, 83

mesmas regiões do cérebro ativadas quando pacientes recebem terapia placebo são ativadas nos cérebros

dos médicos quando eles pensam administrar tratamentos efetivos, As, 84

Psicologia a serviço dos avanços tecnológicos: o que se transforma com o bisturi?, 1

possibilidades biotecnológicas contemporâneas e seus efeitos subjetivos, 2

psicologia a serviço dos avanços tecnológicos, 9

Psicologia da adesão ao tratamento médico na contemporaneidade, 61

R

Reprodução assistida e as novas formas de parentalidade na contemporaneidade, 19

T

Técnicas utilizadas com pacientes e familiares em interconsultas psicológicas no HCFMRP-USP, 122

Time assistencial: uma nova forma de trabalho de equipe, 157

que é cuidado integrado?, O, 159

quem é esta equipe de saúde que integra o cuidado?, 160